Les Années-Mémoire

1970

éditions Notre temps

Notre temps

Direction éditoriale : Marie-Ève Gualbert

Rédaction : Bruno Deniel-Laurent, Marie-Luce Nemo, Laurent Palet

Conseil éditorial : Laurent Palet

Conception et réalisation : graph'm AGENCE DE CRÉATION GRAPHIQUE & ÉDITORIALE

18, rue Barbès, 92 120 Montrouge

ISBN - 979-1-0296-0915-2

Année 1970

SOMMAIRE

70

Adieu les *sixties* ! La décennie qui commence le 1er janvier 1970 va induire de profonds changements en France et dans le monde. Les pays industrialisés d'Occident continuent certes de vivre à l'heure des « Trente Glorieuses » mais les signes de frustration sont palpables. La contestation prend des formes diverses. Inspirées par les exemples venus d'outre-Atlantique, des militantes féministes multiplient les actions en France et fondent le MLF, Mouvement de libération des femmes. Un an et demi après Mai 68, une partie de la jeunesse gauchiste, communiant dans le culte de Mao Zedong ou d'Hô Chi Minh, défie l'État, affronte la police et sème le chaos dans les universités. Promulgation d'une « loi anti-casseurs », dissolution du mouvement maoïste Gauche prolétarienne ou nouvelle réglementation sur les stupéfiants : les pouvoirs publics répondent avec fermeté aux activistes d'extrême gauche et aux nouveaux comportements d'une jeunesse inquiète pour son avenir.

Le grand événement de cette année 1970 restera la mort soudaine du général de Gaulle qui suscite un énorme émoi chez les Français, leur rappelant qu'une page glorieuse de l'histoire nationale vient à jamais de se refermer. Les funérailles de l'homme du 18-Juin sont à la hauteur de son destin singulier : tandis que quatre-vingts souverains et chefs d'État du monde entier assistent à un office religieux sous les voûtes de la cathédrale Notre-Dame de Paris, le corps du général est déposé sur un engin blindé et enterré dans l'intimité familiale au petit cimetière de Colombey-les-Deux-Églises.

L'année 1970 est également riche en événements géopolitiques. Le projet européen entre ainsi dans une nouvelle phase avec l'ouverture de négociations qui aboutiront, trois ans plus tard, à l'entrée du Royaume-Uni au sein de la Communauté économique européenne. Au Moyen-Orient, une grande figure politique disparaît brutalement : alors qu'il vient tout juste de forcer les Palestiniens et les Jordaniens à mettre fin aux massacres de « Septembre noir », le président égyptien Nasser succombe à une crise cardiaque, plongeant le monde arabe dans la consternation et le doute. En Asie du sud-est, la guerre du Viêt Nam n'en finit pas de s'étendre aux pays voisins : les maquisards communistes gagnent du terrain au Laos tandis que le roi du Cambodge Norodom Sihanouk est destitué à l'occasion d'un coup d'État pro-américain. Au Nigeria s'achève la sanglante guerre du Biafra qui a provoqué une atroce famine dont les images ont révulsé le monde entier. La nature peut aussi se montrer cruelle : les côtes du Bangladesh sont frappées par un cyclone qui, faisant un demi-million de victimes, restera le plus meurtrier jamais enregistré et provoquera une guerre fratricide entre les deux Pakistans...

L'Hexagone n'est pas épargné par les catastrophes : cent quarante-six brûlés vifs dans une discothèque, trente-neuf adolescents ensevelis sous la neige à Val-d'Isère, soixante et onze victimes dans le sanatorium du Roc de Fiz, naufrage du sous-marin *Eurydice*... Les nouvelles, dramatiques ou joyeuses, s'immiscent de plus en plus jusqu'au cœur des foyers grâce aux téléviseurs dont chacun veut s'équiper. Les émissions politiques et les feuilletons se multiplient sur le petit écran, et des vedettes de la chanson, comme Michel Sardou, Barbara ou Joe Dassin, se hissent en haut des hit-parades. Les salles obscures sont toujours aussi fréquentées et les « frères ennemis » du cinéma français, Alain Delon et Jean-Paul Belmondo, réussissent, non sans mal, à être réunis dans le film *Borsalino*.

La France pleure cette année-là la disparition de deux de ses monstres sacrés, Bourvil et Luis Mariano, tandis que l'annonce de la séparation des Beatles crée dans le monde entier un psychodrame chez leurs fans. Un an après Woodstock, la jeunesse d'Europe découvre les premiers festivals rock et succombe à la mode hippie et ses aspirations *Peace & Love*... Les amateurs du ballon rond sont aussi à la fête avec une Coupe du monde d'anthologie qui sacre pour la troisième fois de son histoire l'équipe du Brésil, emmenée par le « roi Pelé ».

Pendant ce temps, la conquête nationale de l'espace se poursuit : de nouveaux satellites sont envoyés en orbite, les Soviétiques déposent un astromobile sur la Lune et le télécommandent depuis la Terre, une première, et trois astronautes américains reviennent miraculeusement vivants de la désastreuse mission Apollo XIII... En Europe, les géants de l'industrie aéronautique, rabattant les cartes de l'aviation commerciale, s'unissent pour fonder Airbus. Le Concorde, notre « grand oiseau blanc », atteint la vitesse de mach 2, soit 2 448 km/h, et fait la fierté de la France. Mais c'est bien loin de la vieille Europe, en Californie, que s'ébranle la révolution informatique avec l'acquisition par Apple du brevet de la souris d'ordinateur et le lancement par IBM de la puce électronique...

Janvier 1970

« Grâce au mode de calcul du nouveau SMIC, le salaire des ouvriers français, déjà majoré à la suite des accords de Grenelle en 1968, va se rapprocher de plus en plus du salaire moyen. Ici, une vue des usines Renault, à Boulogne-Billancourt.

Jacques Chaban-Delmas, Premier ministre du président Pompidou depuis juin 1969, appelle de ses vœux une « nouvelle société » dont chaque Français se sent partie prenante. La transformation du SMIG en SMIC participe de cette dynamique. »

02 LE SMIC REMPLACE LE SMIG

Janvier

» Le Parlement a adopté, à l'initiative du Premier ministre Jacques Chaban-Delmas, une loi remplaçant le salaire minimum interprofessionnel garanti (SMIG), créé en 1950, par le salaire minimum interprofessionnel de croissance (SMIC). Ce dernier a, comme son prédécesseur, vocation à assurer « aux salariés dont les rémunérations sont les plus faibles la garantie de leur pouvoir d'achat », mais aussi leur « participation au développement économique de la nation », lequel se montre actuellement très dynamique. En effet, le taux de croissance annuel du produit intérieur brut (PIB) hors inflation s'établit en moyenne à 5,48 % depuis dix ans, et il a même atteint l'an dernier 7,1 %. Chaque Français doit donc y trouver son compte, a estimé le gouvernement.

Le SMIC demeure, comme l'était le SMIG depuis 1952, indexé sur la hausse des prix : dès que celle-ci atteint au moins 2 %, le salaire minimum doit être majoré en conséquence. Cependant, l'évolution du salaire moyen – qui, jusqu'aux fortes augmentations consenties par les accords de Grenelle en mai 1968, progressait bien plus rapidement – sera désormais également prise en compte. Ce nouveau mode de calcul a pour but de permettre au salaire minimum de se rapprocher de plus en plus du salaire moyen.
Le SMIC sera obligatoirement réévalué chaque année au 1er juillet, le gouvernement ayant par ailleurs la possibilité, dans l'intervalle, de lui donner par décret un « coup de pouce » s'il le juge nécessaire. Ce sera le cas le 1er mars prochain, le SMIC s'établissant alors à 3,36 francs de l'heure.

09 Janvier

CLAUDE SAUTET

REÇOIT LE PRIX LOUIS-DELLUC POUR *LES CHOSES DE LA VIE*

>> Surtout connu pour ses polars, Claude Sautet a réalisé avec *Les Choses de la vie* un drame intimiste magnifiquement porté par Romy Schneider, qui y partage l'affiche avec Michel Piccoli. Ce film a conquis le public, mais aussi la critique qui le récompense ce 9 janvier du prestigieux prix Louis-Delluc, honorant depuis 1937 le « meilleur film français » de l'année écoulée. Quant à Romy Schneider, elle va ainsi devenir l'une des actrices fétiches du réalisateur. Claude Sautet obtiendra ce prix une seconde fois, en 1995, pour *Nelly et Monsieur Arnaud*.

Michel Piccoli et Romy Schneider irradient de talent dans *Les Choses de la vie*, un film bouleversant.

09 Janvier

LA CORSE

SÉPARÉE DE LA RÉGION PROVENCE-CÔTE D'AZUR

>> C'est sous le gouvernement de Guy Mollet, en 1956, qu'a été créée la « région de Provence et de Corse », décision motivée par les liens étroits entre l'île de Beauté et les grandes villes du sud de la France, notamment Marseille, Toulon et Nice. Mais au cours de la dernière décennie, une partie des élites corses s'est engagée en faveur d'une reconnaissance de la singularité de l'île. Leurs revendications n'ont pas été vaines. Par décret, la Corse se retrouve ce 9 janvier officiellement séparée de la Provence-Côte d'Azur. Ce décret, qui porte à vingt-deux le nombre de régions métropolitaines, est une première étape vers la constitution d'une entité administrative corse, mais il faudra attendre la loi de 1982 pour que l'île soit reconnue comme une région à part entière, avec la création d'une assemblée élue au suffrage universel.

10 Janvier

OCCUPATION DU SIÈGE DU CNPF

PAR DES MILITANTS MAOÏSTES

>> Suite au décès accidentel de cinq ouvriers maliens dans un local du foyer africain d'Aubervilliers, cent cinquante militants du groupe maoïste Vive la Révolution pénètrent par surprise dans les bureaux parisiens du Conseil national du patronat français. Entraînés par l'architecte Roland Castro, les activistes d'extrême gauche occupent pendant plusieurs heures les locaux du CNPF, considéré comme le « symbole de l'oppression patronale ». À l'issue du rassemblement, cent quinze d'entre eux sont arrêtés par la police, dont les écrivains Maurice Clavel, Marguerite Duras et Jean Genet. Roland Castro, accusé d'avoir commis des violences à l'encontre des forces de l'ordre, sera condamné à un mois de prison avec sursis au terme d'un procès médiatisé au cours duquel se seront succédé de nombreuses figures de l'intelligentsia de gauche.

Plusieurs personnalités de renom se sont donné rendez-vous lors de l'occupation du CNPF. Parmi eux figurent Jean Genet (à droite) et Marguerite Duras (au centre, fumant une cigarette).

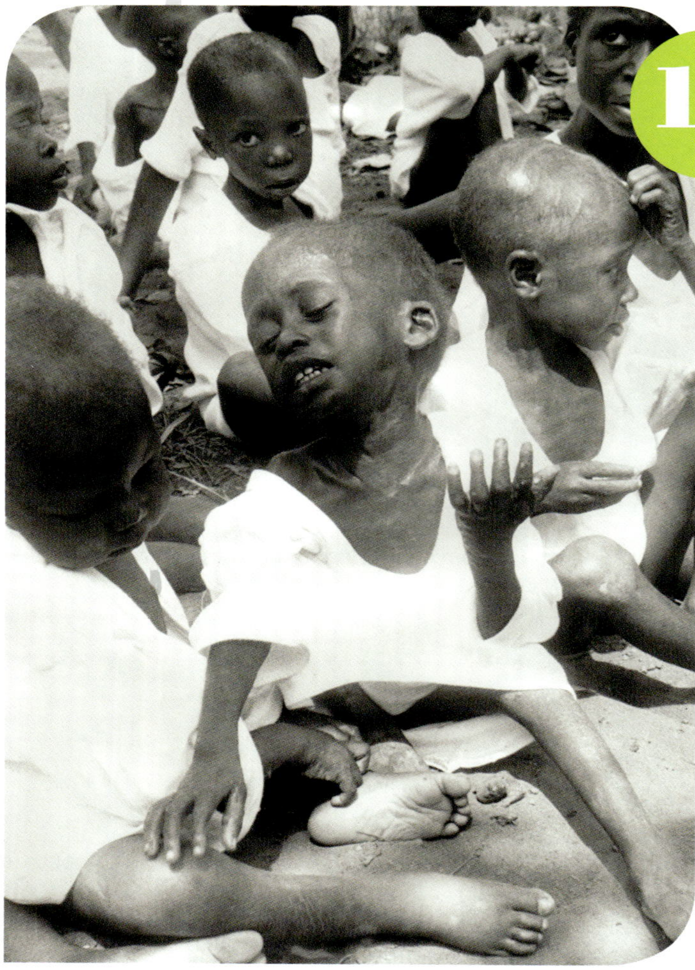

Des enfants biafrais, faméliques, attendent d'être évacués en février 1969.

15 Janvier

LA RÉPUBLIQUE DU BIAFRA EST TOMBÉE

» Encerclée par les troupes fédérales du Nigeria, la République du Biafra a été contrainte de se rendre. Bilan de trois années de guerre : un million et demi de morts et l'une des pires famines du siècle...

Ce 15 janvier est une date sombre pour la République du Biafra : menacé par les troupes de la République fédérale du Nigeria, le gouvernement biafrais n'a d'autre choix que de signer sa reddition. Quelques jours auparavant, le 8 janvier, le président Odumegwu Ojukwu s'est piteusement enfui vers la Côte d'Ivoire. C'est donc au Premier ministre biafrais, Philip Effiong, que revient la charge ingrate de signer la capitulation. Devant les caméras du monde entier, la délégation biafraise est contrainte, ce 15 janvier, de s'incliner face au chef de l'État nigérian, le général Yakubu Gowon, qui la reçoit dans son palais à Lagos. Vêtu d'un costume militaire gris impeccablement taillé, le visage affichant un grand sourire, le vainqueur n'hésite pas à déclarer que dans cette guerre, « il n'y a ni vainqueur, ni vaincu ».

Aucun vaincu, vraiment ? La chute de la province sécessionniste du Biafra signe l'épilogue de l'une des guerres les plus meurtrières qu'ait connues le continent africain : plus d'un million et demi de morts, dont la plupart à cause de la famine. Les bébés ont été les plus touchés par la malnutrition, tandis que d'innombrables jeunes hommes resteront mutilés à vie.

Tout a commencé le 15 janvier 1966, avec le coup d'État du général Ironsi. Le Nigeria est alors un pays neuf, indépendant depuis à peine six ans après avoir été une possession britannique. Mais c'est aussi un pays profondément divisé, avec un sud chrétien et animiste, et un nord musulman. Or le général Ironsi appartient à l'ethnie des Ibos, sudiste et majoritairement catholique. Les ethnies du nord, notamment les Haoussas et les Peuls, refusent de prêter allégeance à Ironsi. Aux émeutes contre le pouvoir succèdent bientôt des massacres contre les Ibos. Ironsi, finalement, est assassiné au cours de l'été 1966 par un chef rebelle du nord, le général Yakubu Gowon. Ce nouveau coup d'État ouvre la voie dans les grandes villes du pays à un processus sanglant de chasse aux Ibos, qui sont assassinés ou mutilés.

Terrorisés par les tueries dont ils sont les victimes, les Ibos font sécession et créent un État indépendant. C'est ainsi que la République du Biafra est proclamée le 30 mai 1967 par le gouverneur Odumegwu Ojukwu. Ce pays de quatorze millions d'habitants, qui ne sera en fait reconnu que par une poignée d'États africains, se dote d'institutions qui siègent à Enugu, capitale du Biafra.

Le chef de l'État nigérian, Yakubu Gowon, ne peut accepter cette sécession, d'autant plus que le Biafra recèle de très

La catastrophe humanitaire du Biafra émeut les opinions publiques du monde entier. Une foule compacte se réunit au Trocadéro, à Paris, le 17 janvier 1970, à l'appel du Mouvement pour la paix au Nigeria-Biafra.

importants gisements pétroliers... L'offensive de l'armée nigériane commence en juillet 1967. Les Biafrais résistent héroïquement et remportent plusieurs victoires, mais les forces nigérianes reprennent le dessus et finissent par occuper Enugu en octobre.
Au cours des deux années suivantes, le Biafra, harcelé par un ennemi surarmé, diminue comme peau de chagrin. On parle bientôt d'un « réduit biafrais », dépourvu d'accès à la mer et au sein duquel s'installe l'une des pires famines du siècle. Les images des enfants biafrais décharnés déclenchent bientôt un élan humanitaire inédit.
Tandis que la France soutient le Biafra – n'hésitant pas y envoyer des mercenaires –, les Britanniques s'engagent derrière le pouvoir central nigérian. C'est d'ailleurs avec l'appui de la Grande-Bretagne que les forces nigérianes lancent leur offensive finale dans les derniers jours de l'année 1969. Plus de cent vingt mille hommes s'élancent à l'assaut des maigres troupes du Biafra.
Le 12 janvier 1970, le Premier ministre, Philip Effiong, sait que le combat est perdu. Il annonce à la radio que « les Biafrais ont combattu comme un peuple blessé, mais qu'un terme doit être mis à leurs souffrances ». Acculé en ce 15 janvier à offrir la reddition de l'éphémère République du Biafra, tandis que les troupes nigérianes écrasent les derniers combattants biafrais, Effiong réprime ses larmes et trouve encore la force de sourire face à un Yakubu Gowon feignant la compassion.

Le Premier ministre biafrais Philip Effiong (à droite) lit son texte annonçant la capitulation de l'armée sécessionniste, le 12 janvier 1970 à Lagos.

C'en est fini du rêve indépendantiste des Ibos. Dévasté, exsangue et meurtri, le Biafra est réintégré au sein de la République fédérale du Nigeria.

Défilé d'une unité de soldats biafrais, en août 1968.

16
Janvier

LE COLONEL KADHAFI
DEVIENT PREMIER MINISTRE DE LA LIBYE

^ Le colonel Mouammar Kadhafi, ici en février 1970, dirigera la Libye pendant près de quarante-deux ans.

˅ Après la révolution « Al-Fateh » qui a renversé la monarchie libyenne, l'État est devenu omnipotent, contrôlant toutes les activités de la société, y compris les services caritatifs. Ici, à Tripoli, en février 1970.

» Le jeune guide autoproclamé de la révolution libyenne cumule désormais tous les pouvoirs, dont celui de signer avec la France de vastes contrats d'armement...

En renversant en septembre 1969 la monarchie libyenne d'Idris Ier, les douze mystérieux « officiers unionistes libres » ont surpris l'ensemble des chancelleries occidentales, décontenancées par cette révolution que personne n'a vu venir. L'un de ces militaires putschistes s'est bientôt imposé comme leur chef suprême : le monde a alors découvert le visage d'un jeune colonel âgé de vingt-sept ans, un certain Mouammar Kadhafi.

Déjà président du Conseil de commandement de la révolution (CCR) – la plus haute autorité exécutive du pays –, le « Guide de la Révolution » franchit en ce 16 janvier un nouveau seuil en s'accordant le titre de Premier ministre : le voici donc désormais à la fois chef de l'État et chef du gouvernement. Autant dire qu'il monopolise l'ensemble des fonctions dirigeantes de l'État.

Cadet d'une famille de bédouins de la région de Syrte, le colonel Kadhafi est animé par un puissant idéal panarabe et socialiste, et ne cache pas sa volonté d'engager la « République arabe libyenne » dans un ambitieux programme de nationalisation et de modernisation. Situant son action dans le sillage de la révolution égyptienne des « officiers libres » de Gamal Abdel Nasser, Kadhafi apparaît clairement aux yeux des chancelleries occidentales comme un obligé de la « Mère du monde », autrement dit l'Égypte.

Il ne fait aucun doute que le jeune dictateur cherche à acquérir une place prépondérante sur l'échiquier géopolitique africain et proche-oriental. Dans le contexte troublé des conflits par procuration que se livrent les deux superpuissances américaine et soviétique, et usant d'une rhétorique volontiers belliqueuse, le colonel Kadhafi ne cache pas son hostilité à Israël. C'est dans cet état d'esprit que le tout nouveau Premier ministre a multiplié les contacts avec le gouvernement français, dirigé par Jacques Chaban-Delmas, et avec le constructeur aéronautique français Dassault Aviation. Pour le groupe Dassault, empêché de contracter avec Israël – qui est sous le coup d'un embargo décidé par le général de Gaulle suite à la guerre israélo-arabe de 1967 –, ce rapprochement avec la Libye du colonel Kadhafi sonne comme une véritable aubaine.

En ce mois de janvier 1970, un gigantesque contrat d'armement a donc été signé entre le chef d'État libyen et Marcel Dassault, ce dernier travaillant main dans la main avec le gouvernement français. La vente à la Libye de cent dix avions de chasse Mirage 5 – le nec plus ultra de la technologie Dassault – est actée, mais elle s'accompagne aussi d'un autre volet de contrats signés par le constructeur Matra. Les forces armées libyennes pourront ainsi compter sur des livraisons de missiles air-air Matra, d'hélicoptères, de missiles de défense antiaérienne ainsi que sur un système de radars de surveillance.

La signature de ces contrats faramineux, dont les détails devaient demeurer secrets, a aussitôt été ren-

due publique à cause de fuites savamment orchestrées par les services de renseignement israéliens. L'État hébreux, gouverné par la très combative Golda Meir, craint en effet que le colonel Kadhafi prête ses redoutables Mirage 5 à l'Égypte de Gamal Abdel Nasser. Les stratèges israéliens ne se trompent d'ailleurs pas puisque parmi les cent dix avions de chasse promis par la France à la Libye, quarante seront effectivement acheminés vers l'Égypte... La divulgation par la presse des contrats signés entre la France et la Libye en ce mois de janvier 1970 met d'ailleurs le gouvernement français dans un certain embarras vis-à-vis d'Israël et de son inconditionnel allié, les États-Unis...

Le colonel Kadhafi (à gauche) et le Raïs égyptien, Gamal Abdel Nasser (à droite), en décembre 1969 à Rabat : deux chefs d'État qui partagent une même vision panarabe et socialiste.

Les contrats d'armement signés entre Kadhafi et les Français seront parfaitement respectés par les parties. Le rythme des livraisons de Mirage 5 à la Libye sera même accéléré ! La « lune de miel » engagée entre la France et la Libye en ce mois de janvier se prolongera durant plusieurs années au cours desquelles d'autres contrats seront signés avec l'homme fort de Tripoli. Qui peut alors imaginer que le colonel Kadhafi tiendra son pays d'une main de fer durant près de quarante-deux ans ? Un record au sein du club très fermé des dictateurs « progressistes » arabes.

Défilé de l'armée libyenne le 1er septembre 1970, un an jour pour jour après le renversement de la monarchie d'Idris Ier.

16
Janvier

CONDAMNATION DU MAFIEUX **BARTHÉLEMY GUÉRINI**

>> En ce 16 janvier 1970, le verdict prononcé à la cour d'assises de Paris est sans appel : Barthélemy Guérini, dit Mémé, est condamné à vingt ans de réclusion. Quelle chute pour celui qui, né en 1908 dans le village corse de Calenzana, s'était élevé au firmament de la voyoucratie de Marseille ! Habiles et prudents, Barthélemy et son frère Antoine n'avaient pas hésité à offrir leurs services à la gauche socialiste et en particulier à Gaston Defferre dont l'élection à la mairie de Marseille en 1947 leur avait permis de régner en maître sur le trafic de drogue. Mais abandonnés par l'édile en 1965, les hommes du clan Guérini ont été victimes d'assassinats ou poursuivis par la justice. Barthélemy ne fera que huit ans de prison : atteint d'un cancer et libéré sous conditions, il abandonnera toutes ses affaires et mourra en 1982.

<< Barthélémy « Mémé » Guérini photographié à Marseille en 1969. Il se soumet menottes aux poignets à la reconstitution du meurtre du cambrioleur Claude Mondroyan « puni » pour avoir visité en 1967 la villa d'Antoine Guérini désertée durant ses obsèques. Il est escorté par un policier et son avocat Paul Lombard.

20
Janvier

DES LYCÉENS S'IMMOLENT PAR LE FEU

>> Dans un contexte géopolitique troublé par les guerres du Viêt Nam et du Biafra dont les images insoutenables ont fait le tour du monde, deux jeunes Lillois ont choisi coup sur coup de s'immoler par le feu. L'un le 17 janvier sur le stade du lycée Faidherbe, l'autre ce 20 janvier sur le terrain de basket du lycée technique Gaston-Berger. Le premier, prénommé Régis, était un excellent élève, catholique pratiquant. Sur un cahier, il a laissé ces simples mots : « Je m'offre pour racheter les fautes commises au Biafra. » Le second, Robert, était un garçon effacé, passionné par l'ornithologie. Avant de mettre fin à ses jours, il a rédigé un courrier dans lequel il écrit qu'il meurt « en signe de protestation contre la violence, parce [qu'il ne peut] pas s'adapter à ce monde ». La presse se perd en conjectures pour donner un sens plus ou moins politique à ces deux drames : *L'Humanité* parle de « malaise de la jeunesse » tandis que *L'Aurore* évoque un « plan de sacrifice » ourdi par une classe politique aveugle aux revendications des jeunes.

Lycéennes devant leur lycée à Paris, quartier du boulevard Saint-Germain, en 1970. >>

22 Janvier — EUGÈNE IONESCO
EST ÉLU À L'ACADÉMIE FRANÇAISE

» Dix-huit voix pour Eugène Ionesco contre seulement neuf pour Jules Roy : les honorables membres de l'Académie française choisissent d'accorder le siège de Jean Paulhan – décédé en octobre 1968 – à l'auteur franco-roumain de *La Cantatrice chauve*, de *La Leçon* et de *Rhinocéros*. Né en 1909 et installé en France depuis le début de la Seconde Guerre mondiale, Eugène Ionesco est considéré comme l'un des grands auteurs du théâtre de l'absurde dont le registre entremêle le burlesque et le dramatique. Proche d'André Breton, de Buñuel et de Cioran, il est aussi en butte à l'hostilité des artistes communistes, qui lui reprochent sa posture d'anarchiste de droite. Son élection à l'Académie française, jugée par certains comme un temple du conservatisme, lui vaudra d'ailleurs d'être raillé par une partie de la presse de gauche. Eugène Ionesco va devoir patienter encore un peu plus d'un an avant de prononcer son discours de réception, donné le 25 février 1971, devant les immortels du quai Conti.

Arborant son éternel sourire mélancolique, Eugène Ionesco fera son entrée officielle sous les ors de l'Académie française le 25 février 1971.

22 Janvier — PREMIER VOL COMMERCIAL DU BOEING 747.
LE GÉANT DES AIRS AMÉRICAIN

» Le nouvel appareil que le constructeur américain Boeing vient de livrer à la Pan American World Airways peut embarquer jusqu'à quatre cent quatre-vingts passagers, ce qui double les capacités des avions de ligne. Surnommé le Jumbo Jet en raison de ses dimensions hors normes – 70 mètres de long, 19 mètres de haut et près de 60 mètres d'envergure –, ce monstre des airs a effectué son premier vol le 9 février 1969. Et il y a tout juste une semaine, le premier 747 réceptionné par la Pan Am a été baptisé à Washington par la First Lady Pat Nixon en personne. Ce 22 janvier, c'est de New York qu'a décollé l'appareil, à destination de Londres. Une surchauffe de l'un des quatre moteurs a certes provoqué un retard de sept heures, mais il ne fait pas de doute que le 747 est promis à un bel avenir au vu de l'accroissement continu du trafic aérien. Les aéroports devront réaliser des aménagements pour être en mesure d'accueillir ce mastodonte. Le premier 747 à atterrir à Orly sera, le 8 février prochain, un avion de la TWA, autre compagnie américaine qui dès avril assurera une liaison régulière entre New York et Paris.

Les premiers 747 qui atterrissent à l'aéroport d'Orly en février volent sous les couleurs de compagnies américaines. Mais à partir du 3 juin, des Jumbo Jets siglés Air France assureront la liaison Paris-New York.

Lubomír Štrougal (au premier plan, 2e à partir de la gauche), nouveau chef du gouvernement tchécoslovaque, aux côtés des dirigeants soviétiques Leonid Brejnev (3e à partir de la droite) et Alexis Kossyguine (à droite), et de quelques hauts gradés de l'Armée rouge, le 16 mai 1970 à Prague.

28 Janvier

LA « NORMALISATION » SOVIÉTIQUE L'EMPORTE À PRAGUE

L'intermède de liberté instauré par le printemps de Prague est définitivement clos. Après l'invasion de la Tchécoslovaquie par les armées du pacte de Varsovie en août 1968, et malgré la résistance passive – et néanmoins héroïque – de la population qui avait sérieusement compliqué la mise au pas par Moscou de l'équipe conduite par Alexander Dubček, la « normalisation » l'a bel et bien emporté. Gustáv Husák, qui a remplacé Dubček à la tête du Parti communiste tchécoslovaque en avril 1969, met en œuvre une purge sans précédent au sein du parti. Jusqu'à aujourd'hui, Oldřich Černik, chef du gouvernement durant le printemps de Prague, demeurait à son poste, en ayant toutefois dû prendre ses distances avec le « socialisme à visage humain » prôné par Dubček et le président de la République, Ludvík Svoboda. Cela n'a pas suffi : Černik est désormais remplacé par Lubomír Štrougal. Quant à Alexander Dubček, il a été éloigné en étant nommé ambassadeur en Turquie. Installé à Ankara depuis trois jours, il y est étroitement surveillé par ses collaborateurs. Il sera bientôt, tout comme Oldřich Černik, lui aussi exclu du Parti communiste tchécoslovaque.

29 Janvier

HEURTS DANS LES UNIVERSITÉS

Dans le contexte d'agitation gauchiste post-68, la guerre « impérialiste » menée par les États-Unis au Viêt Nam et l'occupation israélienne des territoires palestiniens sont des sujets brûlants qui s'invitent bien souvent au cœur des campus universitaires, se mêlant aux revendications des étudiants. Le 19 janvier, des heurts violents ont éclaté à l'université de Nanterre entre des étudiants « bloqueurs » d'extrême gauche et des étudiants de droite, entraînant l'intervention de la police. Ce jeudi 29 janvier, la tension monte d'un cran quand des groupuscules d'extrême gauche et panarabes prennent l'initiative d'organiser au Centre Censier de la faculté des Lettres de Paris, dans le Ve arrondissement, un grand meeting de soutien à la lutte nationale des Palestiniens. Un commando de plusieurs dizaines de militants pro-israéliens liés au Betar, un mouvement radical juif, s'est introduit de force dans le campus déclenchant une rixe violente. La police a, là aussi, été obligée d'intervenir afin de séparer les protagonistes de cette bataille rangée qui se solde par de nombreux blessés de part et d'autre.

Appelées pour séparer étudiants pro-palestiniens et pro-israéliens, les forces de l'ordre quittent l'Université de Nanterre, le 19 janvier 1970.

Vue générale de l'usine de Moyeuvre-Grande.

31 Janvier L'USINE SIDÉRURGIQUE DE MOYEUVRE-GRANDE, EN LORRAINE, FERME SES PORTES

» Une page d'histoire lorraine se tourne aujourd'hui à Moyeuvre-Grande avec la fermeture de l'usine sidérurgique. Ici, au cœur de la vallée de l'Orne, l'activité métallurgique remonte à l'Antiquité. C'est à Moyeuvre que fut édifiée au XIVe siècle la plus ancienne forge hydraulique attestée sur le territoire de la France actuelle. Au fil des siècles, la sidérurgie a construit la richesse de la Lorraine, que *Paris-Match* décrivait en juin 1961 comme le « Texas français ».

La sidérurgie lorraine, au faîte de sa puissance dans les années 1950, est depuis une décennie entrée dans une phase de restructurations qui génère bien des bouleversements. Le minerai de fer lorrain, la « minette », est désormais en concurrence avec le minerai de fer étranger, moins coûteux à extraire et beaucoup plus riche en fer. Comme ses pairs, le groupe De Wendel, propriétaire des forges de Moyeuvre depuis 1811, souhaite moderniser et automatiser ses usines. L'État, qui tout au long de ses plans quinquennaux parie sur la hausse de la production d'acier, l'y pousse depuis plusieurs années.
Cet objectif est au cœur de la Convention générale État-sidérurgie – dite aussi Plan Ferry, du nom du président de la Chambre syndicale de la sidérurgie française –, signée le 29 juillet 1966. Parmi les nombreuses mesures envisagées, la construction d'une nouvelle unité de production géante à Gandrange, à quelques kilomètres seulement de Moyeuvre, dont la première tranche commence à être opérationnelle. Le développement de la sidérurgie sur l'eau, le minerai importé arrivant en France par bateau, est également préconisé. Ainsi les industriels et le gouvernement portent-ils ensemble le projet de Fos-sur-Mer, dans les Bouches-du-Rhône, et le doublement des installations de Dunkerque. L'État va mobiliser des milliards de francs pour accompagner ces mutations. L'usine de Moyeuvre-Grande, fonctionnant suivant le vieux procédé Thomas d'affinage de la fonte brute, ne peut rivaliser avec l'aciérie à oxygène prévue à Gandrange. Les métallos et le maire communiste de la commune mosellane, César Depietri, ont eu beau batailler, notamment lors de la grande grève d'avril 1967, rien n'a pu arrêter la dynamique de rationalisation. Quinze mille suppressions d'emplois avaient été planifiées sur cinq ans dans la sidérurgie par le Plan Ferry. Mais pour l'instant, les reclassements dans les nouvelles usines et les départs à la retraite anticipée financés avec l'aide de l'État parviennent peu ou prou à les absorber.

Février 1970

« Le célibat des prêtres, sur lequel Paul VI (ici en novembre 1970) vient d'exprimer clairement sa position, sera l'un des thèmes abordés lors du synode des évêques convoqué pour le 30 septembre 1971. Le pape sera majoritairement suivi par les pères synodaux.

Ces ecclésiastiques faisant du tourisme à Florence vers 1970 arborent soutane et chapeau romain, une tenue très « préconciliaire ». Il serait cependant hasardeux d'en déduire leur opinion sur le célibat des prêtres... »

01 Février

PAUL VI
RÉAFFIRME LE PRINCIPE DU CÉLIBAT DES PRÊTRES

» Le débat agite l'Église catholique, en particulier aux Pays-Bas. Ne pourrait-on, comme le font d'ailleurs les Églises d'Orient, ordonner prêtres des hommes mariés ? En dépit des avancées du concile Vatican II, l'Église doit en effet faire face à de nombreux défis : évolution des mœurs, mais aussi baisse des vocations et augmentation du nombre de prêtres abandonnant le sacerdoce. Or Paul VI l'a écrit le 24 décembre dernier au cardinal Alfrink et aux évêques hollandais : il convient de se conformer en la matière aux décisions prises, justement, par le concile et réaffirmées dans l'encyclique *Sacerdotalis caelibatus* du 24 juin 1967. Le célibat « conserve toute sa valeur également à notre époque caractérisée par une transformation profonde des mentalités et des structures », écrivait alors le pape. Il n'a pas changé d'avis, ainsi qu'il le rappelle aujourd'hui aux fidèles réunis place Saint-Pierre. Et comme il l'écrira le 2 février au cardinal secrétaire d'État, Mgr Villot, en réaction au communiqué que les évêques hollandais ont publié le 19 janvier : c'est « seulement aux prêtres demeurés fidèles à leurs obligations que, demain comme hier, l'Église continuera de confier le divin ministère de la parole, de la foi et des sacrements de la grâce ». Si aucune rupture n'est à craindre avec l'Église hollandaise, qui dit vouloir réfléchir, certes, mais « en communion avec le Saint-Père », il ne fait guère de doute que la mise au point de Paul VI ne puisse définitivement clore le débat sur ce thème...

Le train « Estrella del Norte », impliqué dans cet accident ferroviaire meurtrier qui fera date, avait pour destination la capitale fédérale argentine, Buenos Aires, dont on reconnaît ici l'avenue du 9-Juillet, photographiée en décembre 1970.

01 Février

TERRIBLE ACCIDENT
DE TRAIN EN ARGENTINE

>> Deux trains sont entrés en collision ce dimanche à 20 h 30 entre les gares de Benavidez et General Pacheco, à environ 35 kilomètres au nord de Buenos Aires. Le train « Estrella del Norte » n° 1016, en provenance de San Miguel de Tucumán, a violemment embouti par l'arrière « El Zarateño » n° 3832, arrêté sur la voie en raison de problèmes techniques. Plusieurs wagons ont déraillé sous le choc. L'accident a fait, selon les chiffres officiels, deux cent trente-six morts et cent dix blessés. La presse avance un bilan bien plus lourd, de quatre cents blessés au moins. Et la catastrophe est vraisemblablement due à une négligence humaine. C'est du moins ce que laisse supposer l'arrestation du chef de gare et de l'opérateur des signaux de Benavidez.

02 Février

GRANDE PREMIÈRE
CHIRURGICALE À MUNICH

>> Une équipe de chirurgiens de la clinique neurochirurgicale universitaire de Munich, en Allemagne de l'Ouest, vient de réussir une transplantation de nerfs humains, permettant à un patient de retrouver la sensibilité de sa main et de son bras droits. Les nerfs transplantés lors de cette délicate intervention ont été préalablement réfrigérés afin de pouvoir être conservés. Le docteur Walter Jakobi, médecin-chef de la clinique munichoise, s'est félicité devant la presse de cette première et du succès de la méthode de transplantation mise au point par son service. Ainsi peut-on espérer que, dans le futur, l'on puisse redonner vie à des zones du corps endommagées par la maladie ou un accident !

06 Février

UN COMMANDO ÉGYPTIEN
ATTAQUE DEUX NAVIRES DANS LE PORT ISRAÉLIEN D'EILAT

>> Depuis la guerre des Six-Jours de 1967, la tension entre l'État juif et l'Égypte n'est guère retombée. En effet, malgré les résolutions votées par l'ONU, Israël n'a nullement l'intention de restituer le Sinaï. Le cessez-le-feu n'est plus d'actualité depuis mars 1969. Il a fait place à une « guerre d'usure » menée par Le Caire. En novembre dernier, le président égyptien Nasser, qui a déclaré vouloir « casser le moral d'Israël », a ainsi lancé une série d'opérations commandos contre son ennemi. Des hommes de l'ombre se sont installés à Aqaba, en Jordanie, juste en face du port israélien d'Eilat. Le 15 novembre, ils ont parcouru à la nage les trois kilomètres qui séparent les deux sites pour poser des mines-ventouses sur des navires civils. Cette nuit, ils ont récidivé : un navire de commerce armé a été coulé et un bateau de débarquement lourdement endommagé.

La « guerre d'usure » menée par l'Égypte prend notamment pour cibles les navires israéliens, civils ou militaires, comme ce destroyer amarré dans le port d'Haïfa.

« Le chancelier allemand Willy Brandt, le président français Georges Pompidou et le Premier ministre néerlandais Piet de Jong lors du sommet de La Haye en décembre 1969.

07 Février

SIGNATURE D'UN ACCORD HISTORIQUE SUR LE FINANCEMENT DE LA POLITIQUE AGRICOLE COMMUNE

» **En signant un accord sur le financement du marché agricole commun, les chefs d'État de l'Europe des six s'engagent dans une coopération toujours plus étroite.**

« Messieurs les Anglais, la porte de l'Europe vous est ouverte. » C'est en substance le message que les chefs d'État des six pays de la Communauté européenne du charbon et de l'acier (France, Allemagne, Belgique, Italie, Luxembourg, Pays-Bas) veulent signifier au gouvernement britannique suite à la signature à Bruxelles, ce 7 février, d'un accord définitif sur le financement des marchés agricoles. La Communauté européenne doit désormais assumer la totalité des dépenses de la politique agricole commune (PAC), l'Assemblée parlementaire européenne voit donc ses pouvoirs budgétaires étendus.

Cet accord historique – qui de l'aveu même de ses six signataires doit « rendre irréversible l'entreprise européenne » – entérine donc les priorités qui ont été exprimées les 1er et 2 décembre 1969 lors du sommet de La Haye. Celles-ci tiennent en trois mots : « achèvement », c'est-à-dire pérennisation de la politique agricole commune ; « élargissement », à la Grande-Bretagne mais également au Danemark, à l'Irlande et à la Norvège ; et « approfondissement » de la coopération dans le domaine agricole.

La signature de l'accord est chaudement saluée par le président français Georges Pompidou qui, il y a quelques jours encore à La Haye, a eu ces mots définitifs : « Pas d'Europe sans marché commun agricole, et pas d'Angleterre en Europe sans marché commun agricole. » La nouvelle de l'accord est accueillie avec enthousiasme – voire même parfois triomphalisme – par les éditorialistes des grands magazines et journaux pour qui la création de ce marché commun agricole n'aura que des avantages pour la paysannerie française. Car cette dernière pourra ainsi bénéficier d'aides communautaires dédiées.

Le Premier ministre français, Jacques Chaban-Delmas, salue lui aussi l'accord sur le financement des marchés agricoles, tout en déclarant qu'il doit être un exemple pour d'autres projets de coopération, notamment dans les secteurs technologiques, dans les politiques d'aide au développement ainsi que dans les processus de convergence monétaire.

Un paysan du Tarn-et-Garonne au milieu de son champ de maïs en 1970.

08 Février — GEORGES MARCHAIS CLÔT LE XIXe CONGRÈS DU PCF

>> Ouvert il y a quatre jours à Nanterre, le XIXe congrès du Parti communiste français (PCF) s'achève ce dimanche 8 février par la conférence de presse finale de Georges Marchais. Figure montante de l'organisation, ce fils d'ouvrier né dans le Calvados en 1920, a été triomphalement élu au poste de secrétaire général adjoint, ce qui le met en position d'être le dauphin naturel du secrétaire général Waldeck Rochet, absent du congrès pour raison de santé. Depuis la tribune invariablement ornée du marteau et de la faucille, le nouvel homme fort du parti déclare face à un parterre de journalistes sur le qui-vive que l'action du PCF doit être orientée vers la construction d'une véritable « union de la gauche, union à la base et au sommet ».

Georges Marchais, ici à la Mutualité, à Paris, lors des célébrations du centenaire de la naissance de Lénine, en avril 1970.

09 Février — VISITE HISTORIQUE D'UN MINISTRE FRANQUISTE À PARIS

>> Entre la France du président Georges Pompidou et l'Espagne du général Franco, l'heure est à la détente : pour la première fois depuis trente ans, les autorités françaises reçoivent un membre du gouvernement espagnol, en la personne du ministre des Affaires étrangères Gregorio López-Bravo. Ce dernier a profité de son séjour parisien pour négocier la signature d'un contrat d'armement avec le constructeur aéronautique Dassault. Confronté à une guérilla indépendantiste au Sahara espagnol, le gouvernement du général Franco a ainsi commandé trente avions de chasse Mirage III dont les prouesses techniques – versatilité, furtivité et rayon d'action – ont su séduire son état-major.

10 Février — LA FRANCE SUBIT LA PIRE AVALANCHE DEPUIS 370 ANS

>> Le jour se lève à peine sur la commune de Val-d'Isère quand une gigantesque vague de poudreuse dévale depuis les hauteurs de la pointe du Front jusqu'à la vallée. Elle s'y fracasse contre le foyer de l'association sportive UCPA. Des dizaines d'adolescents qui prennent leur petit déjeuner dans la salle à manger du foyer se retrouvent piégés sous la neige. Débordés, les secours retrouvent trente-neuf corps tandis que trente-sept blessés sont pris en charge. Cette avalanche, exceptionnelle par sa violence, est la plus mortelle qu'ait connue la France depuis celle de Chèze en février 1600 ! Le drame de Val-d'Isère conduira les autorités à créer l'Association nationale pour l'étude de la neige et des avalanches (ANEMA) afin de prévenir les séismes de la montagne.

Des sauveteurs sondent la neige aux abords du foyer de l'UCPA, à la recherche de victimes de l'avalanche.

11 Février — LANCEMENT DU PREMIER SATELLITE JAPONAIS

» Après l'Union soviétique, les États-Unis et la France, le Japon est le quatrième pays du monde à avoir lancé avec succès un satellite dans l'orbite de la terre. Baptisé Ōsumi – du nom de la péninsule où se situe la base de lancement d'Uchinoura –, ce satellite a été propulsé grâce à une fusée-sonde multi-étages conçue par l'équipe scientifique de celui que l'on surnomme au Japon le « Docteur Fusée », Hideo Itokawa. La joie ressentie par les Japonais en ce 11 février est à la mesure des déceptions qui s'étaient succédé depuis septembre 1966, plusieurs tentatives de propulsion s'étant révélées de cuisants échecs. Ironie du sort, le « Docteur Fusée » n'a pas participé directement à la réussite du projet Ōsumi puisqu'il avait été conduit à la démission en 1967 suite à une virulente campagne de presse…

12 Février — NOUVEAU SPECTACLE DE ZIZI JEANMAIRE AU CASINO DE PARIS

» La danseuse de ballet Zizi Jeanmaire fait salle comble avec son nouveau spectacle, *La Revue de Roland Petit*, présenté au Casino de Paris. La célèbre chanteuse a su s'entourer de grands talents, au premier rang desquels son mari Roland Petit, qui assure la mise en scène de ce music-hall particulièrement chatoyant. Le couturier Yves Saint-Laurent et le sculpteur César ont créé une grande partie des décors et des costumes, tandis que la musique et les paroles ont été conçues par Jean-Jacques Debout, Roger Dumas et Jean-Claude Vannier. Zizi Jeanmaire, bien évidemment, ravit son assistance en interprétant son célèbre numéro *Mon truc en plumes* !

« Zizi Jeanmaire dans l'un de ses extravagants costumes en plumes conçus par Yves Saint-Laurent pour ce nouveau spectacle.

16 Février — JOE FRAZIER DÉCROCHE LE TITRE DE CHAMPION DU MONDE DES POIDS LOURDS

» La victoire est sans appel : en ce 16 février, devant plus de dix-huit mille personnes rassemblées au Madison Square Garden de New York, le boxeur afro-américain Joe Frazier a littéralement écrasé Jimmy Ellis sous une pluie ininterrompue de puissants crochets du gauche, mettant K.-O. son adversaire en seulement quatre rounds ! Celui que ses fans surnomment affectueusement « Smokin' Joe » est désormais le champion officiel des boxeurs poids lourds. Mais Joe Frazier devra patienter encore un peu plus d'un an avant de pouvoir affronter l'autre monstre sacré de la boxe américaine, l'impressionnant Mohamed Ali, qu'il réussira à vaincre en mars 1971 lors du fameux « combat du siècle », une rencontre qui le propulsera au sommet de sa carrière.

» Joe Frazier, ici photographié en février 1968.

17 Février — FRANK SINATRA SOUPÇONNÉ DE LIENS AVEC LA MAFIA

» Le célèbre acteur et crooner américain est interrogé par une commission d'enquête de l'État du New Jersey sur ses liens présumés avec plusieurs parrains de la mafia. Et la rumeur à ce sujet ne date pas d'hier. Ne dit-on pas que c'est grâce à l'intervention d'un parrain auprès de la Columbia que Frank Sinatra a obtenu en 1953 son rôle dans *Tant qu'il y aura des hommes*, pour lequel il reçut un Oscar ? Et ce fils d'immigré sicilien n'a-t-il pas investi dans un casino de Las Vegas, où il n'est guère possible de faire des affaires sans avoir à s'entendre avec le milieu ? Sinatra nie et a tout fait pour éviter de comparaître. Mais la Cour suprême, qu'il avait saisie, l'y a contraint. Pour autant, en l'absence de preuves ou d'aveux, Sinatra ne sera pas poursuivi…

Frank Sinatra entretient des relations avec un grand nombre de vedettes du cinéma ou de la chanson, d'hommes politiques mais aussi de gangsters notoires. Ses liens avec des mafieux comme Sam Giancana ou Lucky Luciano intéressent au plus haut point le FBI. Ici, dans le film *Tony Rome*, en 1967.

18 Février — LA BELGIQUE VEUT UNE NOUVELLE CONSTITUTION

» La question communautaire et linguistique divise les Belges. Le Premier ministre Gaston Eyskens, en poste depuis juin 1968, souhaite mettre fin à ces tensions. Son gouvernement a créé pour ce faire une commission, dite « Groupe des 28 », réunissant des représentants de tous les partis politiques. Leurs travaux se sont achevés en novembre dernier. « L'État unitaire, avec ses structures et ses procédures, est dépassé par les événements », a affirmé Gaston Eyskens devant la Chambre en présentant ce 18 février son projet de réforme constitutionnelle. Le texte prévoit la création de trois communautés culturelles : francophone, néerlandophone et germanophone ; et de trois régions : flamande, wallonne et bruxelloise. La nouvelle Constitution sera adoptée le 24 décembre 1970.

19 Février — RIKA ZARAÏ SE SOIGNE PAR LES PLANTES

» À la suite d'un très grave accident de la route survenu le 9 novembre 1969, Rika Zaraï est restée six jours dans le coma et demeurée un temps amnésique. La chanteuse va mieux désormais, mais elle doit rester pour l'instant éloignée de la scène et des studios d'enregistrement. Immobilisée pour encore plusieurs semaines, Rika Zaraï a décidé de se battre face à l'adversité et de réussir à reprendre une vie normale. Elle a confié à la radio ce jour que, sur les conseils d'un ami médecin, elle a fait le choix de se soigner par les plantes, notamment pour traiter les problèmes de décalcification qui nuisent à son rétablissement. Au menu de l'interprète de *Casatchok* : jus de fruits, de légumes, et cataplasmes à base d'argile !

Grâce à une volonté de fer et, assure-t-elle, un traitement original à base de plantes, Rika Zaraï réussit à remarcher plus vite que prévu. Si bien que, dès mai 1970, elle peut se rendre au festival de Cannes.

Pris entre le feu des belligérants, les civils laotiens, et en particulier de nombreux Hmongs, vont massivement devoir fuir les zones de combat.

20 Février LES MAQUISARDS COMMUNISTES

DU PATHET LAO PRENNENT LE CONTRÔLE DE LA PLAINE DES JARRES

» Active depuis les années 1950, la guérilla communiste laotienne vient de remporter l'une de ses plus éclatantes victoires. La guerre civile tourne clairement à l'avantage des « rouges ».

En réussissant, en ce 20 février 1970, à prendre le contrôle de la zone stratégique de la plaine des Jarres, située au nord du Laos, les maquisards communistes du Pathet Lao viennent d'infliger au gouvernement royal du prince Souvanna Phouma une cuisante défaite. Mais la victoire sans appel du Pathet Lao est aussi et surtout une victoire pour le régime communiste nord-vietnamien d'Hanoï. Le Laos occupe en effet une position géostratégique : situé entre le Nord-Viêt Nam et la Thaïlande (alliée des États-Unis), le petit royaume partage aussi une frontière avec le Sud-Viêt Nam. Le rêve « neutraliste » défendu par des citoyens laotiens depuis les accords de Genève (1954) n'a pas réussi à s'imposer face aux ingérences des pays voisins. Divisé entre un gouvernement royal que soutiennent les Thaïlandais et les Américains, et le Pathet Lao aligné sur l'agenda du Parti communiste nord-vietnamien, le « Royaume du million d'éléphants » est devenu l'un des théâtres les plus sanglants de la guerre du Viêt Nam, et sans doute l'un des pays les plus bombardés au monde...

Partageant 1 130 kilomètres de frontières avec le Nord-Viêt Nam, le Laos – et en particulier la plaine des Jarres – est devenu la base arrière des maquisards vietnamiens. La piste Hô Chi Minh, véritable colonne vertébrale qui permet aux communistes vietnamiens de transporter hommes, armes et nourriture, est d'ailleurs principalement située sur le territoire laotien.

Les bombardements américains, qui ont atteint une intensité extraordinaire dans les dernières semaines, n'ont pas réussi à entamer le moral des maquisards qui continuent à grignoter les positions des troupes gouvernementales, et ce malgré le soutien que ces dernières reçoivent de la part des populations montagnardes de l'ethnie hmong. L'opiniâtre résistance des Hmongs, dirigée par le général Vang Pao, a cette fois fini par céder face aux assauts méthodiques des communistes.

Le déluge de feu des bombardiers américains pousse les habitants de la plaine des Jarres, dont de nombreux Hmongs, à fuir vers les territoires situés à l'ouest, encore administrés par un gouvernement royal qui semble, plus que jamais, incapable d'enrayer l'irrésistible avancée des rebelles communistes.

Un maquisard communiste du Pathet Lao manœuvre une batterie de missiles sol-air.

20 Février — OUVERTURE DU PREMIER TRONÇON OUEST DU RER

» Le réseau express régional d'Île-de-France, qui traverse l'agglomération parisienne d'est en ouest, inaugure ce 20 février son nouveau tronçon Étoile-La Défense. Le premier coup de pioche de ce chantier a été donné sur l'île de Neuilly en juillet 1961, il aura donc fallu près de dix ans pour que le nouveau tronçon soit effectivement mis en service. Ce dernier répond au besoin de desservir le nouveau quartier de La Défense, centre d'affaires nouvellement créé. Les travaux du RER A, qui à terme reliera Saint-Germain-en-Laye, Cergy et Poissy à l'ouest, à Boissy-Saint-Léger et Marne-la-Vallée à l'est, en passant par le cœur de Paris, connaîtront leur phase majeure en décembre 1977 lors de l'inauguration du tronçon central de la ligne, de la gare d'Auber à Nation. La construction de la ligne se poursuivra encore durant de nombreuses années.

Vue intérieure de la station du nouveau tronçon transportant les voyageurs en quatre minutes de La Défense à l'Étoile. »

21 Février — FIN DE CAVALE POUR LE RAVISSEUR DE LA PETITE SOPHIE DUGUET

» « Votre enfant vient d'être enlevée, nous exigeons une rançon d'un million de nouveaux francs, faute de quoi vous ne reverrez plus l'enfant. » C'est par ces mots que le père de la petite Sophie Duguet, trois ans et cinq mois, a appris le 24 octobre 1969 le rapt de sa fille, enlevée près du domaine familial à Saint-Bandry, dans l'Aisne. Ce cultivateur aisé a cédé aux exigences des ravisseurs. L'enfant a été libérée quatre jours plus tard devant le commissariat de Soissons, mais sans que les kidnappeurs ne puissent être appréhendés par la police. Grâce à l'opiniâtreté du SRPJ de Lille, il a bientôt été démontré que le cerveau de l'opération était Michel Fauqueux, un garagiste de vingt-huit ans, mais celui-ci est resté introuvable durant plusieurs semaines. En arrêtant puis en relâchant sa compagne, Thérèse Lemadre, les policiers ont tendu un piège à Fauqueux, finalement appréhendé ce samedi 21 février. Le ravisseur a expliqué que son rêve était de faire fortune au Venezuela afin de couvrir sa douce amie de cadeaux... Celle-ci a de nouveau été arrêtée : c'est en effet dans sa maison de Bertry, dans le Nord, que la petite Sophie a été retenue pendant sa courte détention.

21 Février — 47 MORTS DANS UN CRASH D'AVION REVENDIQUÉ PAR L'EXTRÊME GAUCHE PALESTINIENNE

» Il est 12 h 15, ce 21 février, quand une bombe explose dans la soute arrière du Convair CV-990 de la compagnie aérienne Swissair. L'avion, qui vient de décoller de l'aéroport de Zurich à destination de la capitale israélienne Tel Aviv, tente de faire demi-tour, en vain. Il s'écrase neuf minutes seulement après son décollage dans les environs de Würenlingen, dans le district suisse de Baden. Le bilan est très lourd : aucun des trente-huit passagers et des neuf membres d'équipage n'a survécu au crash. L'attentat est aussitôt revendiqué par le Front populaire de libération de la Palestine (FPLP) de Georges Habache. Il s'agit là du premier attentat d'ampleur perpétré par cette organisation socialiste-révolutionnaire palestinienne qui s'affirme « panarabe, antisioniste et anti-impérialiste ».

« **Membre fondateur du FPLP, Georges Habache, ici en août 1970, était l'une des principales figures de l'extrême gauche palestinienne.**

Georges Pompidou s'exprimant devant des journalistes américains du National Press Club lors de sa tournée aux États-Unis.

Claude Pompidou et Patricia Nixon, aux côtés de leurs époux, lors du dîner officiel à l'ambassade de France, à Washington, le 25 février 1970.

23 Février

PREMIER VOYAGE OFFICIEL DU PRÉSIDENT POMPIDOU AUX ÉTATS-UNIS

Le président Pompidou se rend pour la première fois en visite officielle aux États-Unis, où il est confronté à l'hostilité des lobbys pro-israéliens américains.

Le voyage officiel que le président Georges Pompidou effectue à partir de ce 23 février aux États-Unis est d'une importance cruciale : première visite du nouveau président français, elle doit marquer un nouveau tournant dans les relations franco-américaines qui ont parfois été tendues sous l'ère De Gaulle. Le président Richard Nixon, qui reçoit son homologue français le 24 février, se montre apparemment conciliant, prêt en tous cas à se départir du préjugé antigaulliste de la majorité de ses compatriotes... Lors du dîner d'État à la Maison-Blanche, les deux présidents font assaut d'amabilités : Nixon et son épouse adressent un hommage vibrant à La Fayette et à son rôle héroïque lors de la guerre de l'Indépendance américaine ; Pompidou leur rend la politesse en louant la démocratie américaine et le général Eisenhower.

L'ambiance est moins chaleureuse le 25 février lors du discours du président Pompidou devant le Congrès. Hostiles à la position française sur le conflit israélo-arabe qu'ils trouvent trop favorable aux Palestiniens et aux États arabes « progressistes », plusieurs dizaines de membres de la Chambre des représentants et du Sénat liés aux lobbys sionistes choisissent de boycotter la rencontre. La divulgation par la presse, quelques jours plus tôt, de la signature de contrats d'armement entre la France et la Libye du jeune colonel Kadhafi est l'un des éléments déclencheurs de leur colère.

La tension monte encore le 28 février : alors que le président Pompidou se rend à l'Alliance française de Chicago pour y prononcer un discours sur l'écologie – discours qui fera date –, il est conspué par plusieurs milliers de juifs américains particulièrement remontés. Des contestataires réussissent même à s'introduire dans le Palmer House pendant l'allocution du président français et hurlent des slogans en hébreux. Choquée par la violence des manifestants, Madame Pompidou décide de rentrer prématurément en France... Richard Nixon, voulant dédramatiser l'affaire, va avoir à l'égard du président Pompidou ces mots piquants : « Vous savez, moi-même, lorsque je sors dans la rue, je ne suscite pas que l'enthousiasme ! »

Georges Pompidou, accueilli le 24 février 1970 par le président américain, Richard Nixon, à la Maison-Blanche.

23 Février — LE GUYANA
DEVIENT UNE « RÉPUBLIQUE COOPÉRATIVE »

>> Formellement indépendant depuis mai 1966 – après avoir été une colonie britannique –, l'État sud-américain du Guyana est devenu ce 23 février une « République coopérative ». La date choisie par le parti au pouvoir – le Congrès national du peuple, d'obédience socialiste – ne doit rien au hasard : c'est en effet le 23 février 1763 qu'avait commencé le soulèvement des esclaves de la plantation de Magdalenenburg, provoquant une gigantesque révolte dans les différentes colonies de Guyane et entraînant la réaction des troupes coloniales européennes. La proclamation de la République s'est accompagnée d'une déclaration du Premier ministre guyanien Forbes Burnham qui affiche sa résolution de couper tous les liens avec la monarchie britannique, mais aussi de faire progresser son pays dans la « voie du socialisme ». Un programme volontariste de nationalisation et de création de coopératives agricoles et industrielles va ainsi être mis en branle. La transformation du Guyana en « République coopérative » s'accompagnera d'une nouvelle politique étrangère et notamment d'un rapprochement avec le régime cubain et le Mouvement des pays non-alignés.

<< **Forbes Burnham, fer de lance de la politique socialiste du Guyana.**

25 Février — ELVIS PRESLEY
EN CONCERT À L'ASTRODOME DE HOUSTON !

>> Attendu comme le Messie, le King arrive ce 25 février, à Houston, Texas, dans le jet privé de son ami Kirk Kerkorian. Escorté par son père et par le « colonel » Parker – son imprésario exclusif –, Elvis se dit fier de revenir sur ces terres texanes où il a déjà électrisé les foules dans les années 1950. Le rocker, âgé de trente-cinq ans, s'est quelque peu empâté mais, dans son habit de lumière rouge, blanc et doré, il n'a rien perdu de son magnétisme. Les six concerts qu'il va donner à guichets fermés à l'Astrodome de Houston attireront plus de trois cent mille personnes, un record de fréquentation pour cette salle mythique, ce qui lui vaudra de recevoir une Rolex en or de la part de la Houston Livestock Association...

<< **Vue aérienne de l'Astrodome de Houston, au Texas, où Elvis Presley débute le 25 février une série de six concerts au succès retentissant.**

Le King Elvis Presley en 1970, revêtu de son célèbre costume immaculé. >>

Mars 1970

03 Mars

HEURTS VIOLENTS
ENTRE ÉTUDIANTS GAUCHISTES ET POLICIERS À LA FACULTÉ DE NANTERRE

<< La cité universitaire de Nanterre, théâtre de nombreux troubles depuis la fin des années 1960. Ici, en avril 1969.

>> Haut lieu du gauchisme estudiantin durant les événements de Mai 68, la faculté des lettres et des sciences humaines de Nanterre a de nouveau été le théâtre d'incidents violents ces deux derniers jours. Cela fait plusieurs mois qu'un grand désordre règne sur le campus, principalement provoqué par l'incursion de groupuscules d'extrême gauche d'obédience maoïste composés d'étudiants, d'ouvriers et de militants professionnels. Et c'est la présence de la police, ce lundi 2 mars, qui a mis le feu aux poudres. Se sentant impuissant à ramener le calme dans son université, le doyen Paul Ricœur a en effet pris la décision d'en appeler aux forces de l'ordre... Mais, voyant dans ce déploiement policier une insupportable provocation, les militants gauchistes et de nombreux étudiants, pour certains casqués et armés de barres de fer, s'en sont pris à ces dernières. Finalement, chargés à plusieurs reprises, les jeunes insurgés ont fini par se retrancher dans les halls et étages de l'université, lançant une pluie d'objets sur les policiers, chaises, bureaux, machines à écrire, morceaux de vitres et de miroirs... La journée du 3 mars est plus violente encore, mais les charges de la police finissent par avoir raison des émeutiers, et une centaine de personnes, retranchées dans les locaux du restaurant universitaire, sont finalement appréhendées. Choqué par les événements, Paul Ricœur démissionnera de ses fonctions le 9 mars et partira enseigner à l'étranger.

Le philosophe Paul Ricœur le 17 mars 1970, quelques jours après sa démission de sa charge de doyen de l'université de Nanterre.

04 Mars

LE SOUS-MARIN FRANÇAIS L'*EURYDICE* COULE AU LARGE DU CAP CAMARAT

>> Mis à flots en juin 1962, l'*Eurydice* a coulé ce 4 mars au large du Cap Camarat, dans le Var, provoquant la mort de ses cinquante-sept membres d'équipage. La coque de ce sous-marin français a implosé lorsque l'appareil est tombé sous la barre des 600 mètres de profondeur, entraînant une violente détonation qui a été ressentie jusqu'au port de Toulon. Quatrième sous-marin de la série des Daphné, l'*Eurydice* a effectué en 1963 une mission aux Canaries et a été le premier de ce type à franchir l'équateur. Les causes de cet accident resteront indéterminées... Si certains experts évoquent une voie d'eau accidentelle ou une avarie de barre, l'hypothèse la plus probable de cette tragédie reste tout de même celle d'une collision avec un cargo tunisien, le *Tabarka*, sur la coque duquel figurent des traces suspectes de rayure.

L'*Eurydice* et son équipage, photographiés dans la rade de Toulon.

09 Mars

DES COMMERÇANTS EN COLÈRE ORGANISENT UNE OPÉRATION-ESCARGOT SUR LE PÉRIPHÉRIQUE PARISIEN

>> Le mouvement de colère des commerçants français – lancé en 1969 par un cafetier de 22 ans, Gérard Nicoud – se fait une fois encore entendre ce lundi 9 mars à Paris. Toujours aussi remontés contre les grandes surfaces et un système fiscal qu'ils jugent injuste et inefficace, quarante mille sympathisants du CID (Comité d'information et de défense) et de l'UNATI (Union nationale des travailleurs indépendants) se réunissent au Parc des Princes. Plusieurs orateurs s'y succèdent en tribune. Sept porte-paroles se rendent dans l'après-midi à Matignon mais le Premier ministre Jacques Chaban-Delmas n'est pas disposé à les recevoir. En conséquence, une opération-escargot sur le périphérique parisien est mise en place à l'initiative de Gérard Nicoud, ce qui ne manque pas de provoquer d'importants bouchons...

Gérard Nicoud lors du grand meeting du 9 mars 1970 au Parc des Princes, à Paris.

10 Mars

PREMIÈRE MISE EN ORBITE D'UN SATELLITE ÉTRANGER PAR UNE FUSÉE FRANÇAISE

>> Incontestable succès, ce mardi 10 mars, du programme de coopération spatiale franco-allemand, qui permet au satellite allemand DIAL/WIKA d'être lancé en orbite grâce à une fusée française du Centre national d'études spatiales (CNES). Le lancement a lieu depuis le centre spatial guyanais de Kourou grâce à l'utilisation d'une fusée Diamant B. C'est en outre la première fois que le CNES lance un satellite étranger.

Fonctionnant à l'énergie solaire, le satellite DIAL/WIKA est en fait le second satellite envoyé en orbite par la RFA, le premier, baptisé Azur, ayant été placé en orbite en novembre 1969 par une fusée américaine. DIAL/WIKA, dont la mission devait à l'origine s'achever au terme de vingt-six jours, restera finalement en fonction jusqu'au 20 mai, après quoi ses batteries cesseront de produire de l'énergie.

11 Mars — SIGNATURE D'UN ACCORD DE PAIX
ENTRE LES KURDES D'IRAK ET SADDAM HUSSEIN

S'il n'occupe alors officiellement que la charge de vice-président (le président étant Ahmad Hassan al-Bakr), Saddam Hussein, ici en 1971, tient déjà les rênes de l'État irakien, dont il deviendra président en 1979.

» La paix, enfin ! Des dizaines de milliers de Kurdes irakiens sortent dans les rues pour célébrer l'accord signé entre le vice-président irakien Saddam Hussein et le général Mustapha Barzani, chef du Parti démocratique du Kurdistan (PDK). Intervenant après des années marquées par une violente insurrection des populations kurdes et une féroce répression, cet accord est le fruit de négociations secrètes qui ont eu lieu au cours des dernières semaines dans le quartier général kurde de Nawperdan. Quinze points d'accord ont été exprimés qui prévoient notamment la reconnaissance du caractère binational – arabe et kurde – de l'État irakien, la nomination d'un vice-président kurde et la création d'une région largement autonome. L'usage des langues kurdes est également censé être légalisé dans l'administration et l'enseignement. L'accord prévoit en outre que les troupes armées kurdes – les *peshmergas* – ne soient pas dissoutes, et qu'une branche kurde soit créée au sein de l'armée nationale irakienne. Mais les espoirs suscités par la signature de cet accord vont malheureusement bientôt se réduire comme peau de chagrin, et le gouvernement irakien reportera l'application concrète des mesures pourtant promises.

Engagé dans la lutte militaire pour l'indépendance depuis les années 1930, Mustafa Barzani est l'un des principaux leaders kurdes d'Irak.

12 Mars — LE TURBOTRAIN
RELIE PARIS À CAEN EN MOINS DE DEUX HEURES

» Parti de la gare parisienne de Saint-Lazare à 10 h 27 ce jeudi 12 mars, le nouveau turbotrain ETG effectue un voyage inaugural qui restera dans les annales : l'engin réussit à rallier la gare de Caen en seulement une heure et quarante-neuf minutes, puis celle de Cherbourg en deux heures et cinquante-neuf minutes ! Capable d'atteindre une vitesse de pointe de 160 km/h, le turbotrain est équipé d'une « super-turbine » à gaz – la même que celle des hélicoptères Super Frelon – qui fonctionne avec un mélange de kérosène et de gasoil.

Désormais, ce ne sont pas moins de dix turbotrains qui relieront Paris à Caen et Cherbourg. Le succès de l'opération incitera bientôt la SNCF à lancer d'autres lignes équipées de turbotrains de seconde génération (RTG) reliant Lyon à Nantes, Strasbourg et Bordeaux. Mais la carrière des turbotrains va rapidement connaître un coup d'arrêt. Jugés trop gourmands en énergie fossile, ils vont progressivement disparaître après le choc pétrolier d'octobre 1973 et seront peu à peu remplacés par des trains propulsés par des moteurs électriques.

L'un des turbotrains de la SNCF, photographié à la gare Saint-Lazare, à Paris, en 1974.

14
Mars

L'EXPOSITION UNIVERSELLE
D'OSAKA EST OUVERTE !

» Des milliers d'objets technologiques ultrasophistiqués, des dizaines de millions de visiteurs : l'« Expo 70 » d'Osaka est un succès international !

Trois ans après l'« Expo 67 » de Montréal, c'est au tour de la ville japonaise d'Osaka d'accueillir, à partir du 14 mars, l'Exposition universelle de 1970. Centré autour du thème « Un progrès humain dans l'harmonie », cet événement, exceptionnel par son ampleur, vise à rendre un hommage appuyé aux avancées technologiques tout en exerçant un œil critique sur les possibles dangers d'un développement incontrôlé des sciences appliquées. Soixante-dix-huit pays ont répondu présents. L'Exposition se tient dans la ville nouvelle de Suita, une cité « modèle » créée pour l'occasion dans la banlieue d'Osaka et pourvue de vastes espaces verts. Afin d'accueillir les nombreux visiteurs – il y en aura plus de soixante-quatre millions au total jusqu'à la fermeture, le 13 septembre ! –, l'aéroport d'Osaka a été agrandi, une ligne ferroviaire à grande vitesse reliant la ville à Tokyo a été modernisée et une autoroute spéciale a été construite entre le centre-ville et le site de l'Exposition.
Parmi les milliers d'objets exposés, certains marqueront les esprits. Les visiteurs peuvent ainsi s'approcher d'un microscope électronique possédant une échelle de grossissement d'un demi-million, et observer un prototype de train à sustentation magnétique capable de dépasser les 500 km/h ! Le domaine spatial est aussi à l'honneur : il est ainsi possible de découvrir des échantillons de roche lunaire rapportés sur terre par les astronautes américains du programme Apollo, ainsi que plusieurs véhicules spatiaux soviétiques ou américains.
Les organisateurs de l'Exposition d'Osaka ont voulu accorder à l'informatique une place de choix. Une centaine d'ordinateurs et des robots géants sont installés, chargés notamment d'assurer les services d'accueil, d'éclairage, de projections ou d'enregistrement. Le groupe américain IBM – qui est depuis peu la première capitalisation boursière au monde – profite évidemment de l'événement pour promouvoir ses ordinateurs personnels et son nouveau système d'exploitation, l'OS/360.
Une tour de 70 mètres est par ailleurs installée au cœur du bâtiment central de l'Exposition. Créée par l'artiste Tarō Okamoto, cette « Tour du Soleil » deviendra l'un des plus célèbres monuments de l'agglomération d'Osaka, souvenir glorieux de l'« Expo 70 ».

Vue générale de l'Exposition universelle d'Osaka.

Artère principale de l'Exposition universelle d'Osaka avec, au second plan, la célèbre « Tour du Soleil ».

L'Astrorama, au premier plan, était une sorte de cinéma multidimensionnel dans lequel les visiteurs étaient plongés au cœur d'une multitude d'écrans et d'effets lumineux.

15 Mars

ÉLECTIONS CANTONALES : LES GAULLISTES ET LEURS ALLIÉS SORTENT VAINQUEURS, MAIS LE PCF ET LE PSU PROGRESSENT...

Les élections cantonales de mars 1970 ont permis au PSU de Michel Rocard – ici interrogé par le journaliste Alain Duhamel le 16 juin 1970 lors de l'émission *À armes égales* – de remporter vingt-deux sièges.

» Quatorze millions d'électeurs étaient invités, ce dimanche 15 mars, à voter pour le second tour des élections cantonales visant à renouveler la moitié des conseillers généraux du pays. Les résultats confirment les grandes tendances observées lors du premier tour, qui s'est tenu le 8 mars. La majorité présidentielle de droite l'emporte : les gaullistes de l'Union des démocrates pour la République (UDR) gagnent trente-neuf sièges et leurs alliés modérés en remportent douze. Les communistes, avec plus de 21 % au second tour, retrouvent leur étiage habituel, parvenant même à gagner treize sièges. Les candidats de la gauche non communiste – socialistes et divers gauche – ont en revanche souffert, perdant quarante-quatre sièges, alors même que ces élections leur sont traditionnellement favorables ! Seul le Parti socialiste unifié (PSU) de Michel Rocard a su tirer les marrons du feu : il a rassemblé 3,14 % des voix au premier tour, gagne deux sièges à l'issue du second, portant à vingt-deux le nombre de ses conseillers généraux.

18 Mars

TARN-ET-GARONNE : ÉVELYNE BAYLET, PREMIÈRE FEMME À PRÉSIDER UN CONSEIL GÉNÉRAL EN FRANCE

» Pour la première fois en France, une femme est choisie par ses pairs pour assurer la présidence d'un conseil général. Réélue le 15 mars à son poste de conseiller général du Tarn-et-Garonne sur la liste du PRRRS (Parti républicain, radical et radical-socialiste), Évelyne Baylet est élue présidente avec une très confortable majorité. Née en 1913 en Algérie, Évelyne Baylet, née Isaac, a épousé en 1940 l'un des hommes forts de la vie politique valencienne, le radical de gauche Jean Baylet. Avant de mourir sur la route le 29 mai 1959, ce dernier avait dirigé d'une main de fer *La Dépêche du Midi*, l'omnipotent quotidien régional d'Occitanie. Depuis le décès de son mari, Évelyne Baylet a récupéré la plus grande partie de ses responsabilités professionnelles, éditoriales et électives, évoluant comme lui au sein du radicalisme de gauche.

Évelyne Baylet, au centre, une personnalité du radicalisme de gauche du sud-ouest de la France.

18
Mars

CAMBODGE : DESTITUTION DE « MONSEIGNEUR PAPA »

» Entraîné depuis plusieurs années dans une spirale de violence provoquée par l'action des guérillas communistes provietnamiennes, le royaume du Cambodge plonge dans l'inconnu avec la destitution par les parlementaires du chef de l'État, Norodom Sihanouk.

Un véritable séisme politique frappe le royaume du Cambodge : à Phnom Penh, le parlement cambodgien vote à la quasi-unanimité une motion de défiance à l'encontre du chef de l'État, le prince Norodom Sihanouk. La démarche des parlementaires cambodgiens respecte en apparence les formes institutionnelles du pays, mais ce vote n'en est pas moins un coup d'État, fomenté par le lobby pro-américain du très droitiste général Lon Nol, Premier ministre depuis août 1969. Le prince Norodom Sihanouk, en voyage depuis janvier, a été informé de la nouvelle de sa destitution par le Président du Conseil des ministres de l'URSS, Alexis Kossyguine, alors qu'il s'apprêtait à décoller de l'aéroport de Moscou pour se rendre à Pékin.

Pour comprendre pourquoi le destin du Cambodge bascule ce 18 mars 1970, il est nécessaire de revenir quelques années en arrière. Après avoir été l'une des plus brillantes civilisations de l'Asie du Sud-Est, comme en témoignent les monumentaux temples khmers d'Angkor, le Cambodge est devenu un protectorat français au XIXe siècle, uni au Viêt Nam et au Laos au sein de l'Union indochinoise. Le jeune roi-artiste Norodom Sihanouk – monté sur le trône en 1941 – a su habilement négocier l'indépendance de son pays. Le Cambodge est officiellement devenu un royaume souverain le 9 novembre 1953. Profondément patriote, Norodom Sihanouk – surnommé « Monseigneur Papa » par le petit peuple du Cambodge – a décidé d'abdiquer en 1955 au profit de son père afin de pouvoir être plus libre de mener son combat politique. Devenu simple prince, il a pris la tête de l'État cambodgien en s'appuyant sur un mouvement politique de masse, le Sangkum Réastr Niyum. Il a alors dirigé le Cambodge d'une main de fer.

^ Le prince Sihanouk, à gauche, étreint en 1969 le général Giap, l'une des principales figures communistes vietnamiennes.

Promouvant une idéologie nationaliste « socialiste bouddhiste », il a su susciter et accompagner le développement économique du pays khmer.
Le royaume cambodgien, malheureusement, n'a pas tardé à être entraîné dans les conflits déchirant les territoires voisins du Viêt Nam : la guerre qui oppose la dictature communiste du Nord-Viêt Nam d'Hô Chi Minh et la république autocratique du Sud-Viêt Nam (que soutiennent les États-Unis) n'a pas manqué de susciter l'apparition de guérillas au Cambodge. Norodom Sihanouk s'est donc retrouvé au cours des années 1960 face à l'émergence de deux oppositions : une guérilla marxiste-léniniste soutenue par le Nord-Viêt Nam (c'est Norodom qui les surnommera les « Khmers rouges ») et une opposition militaro-affairiste de droite souhaitant écraser la « subversion communiste » en faisant appel aux ressources militaires des États-Unis.

« Une rue de Phnom Penh, capitale du Cambodge, dans les années 1960.

Mars 1970

AFP-130
URGENT
CAMBODGE
LE COMMUNIQUE OFFICIEL METTANT FIN AUX FONCTIONS DU PRINCE SIHANOUK
PHNOM PENH 18/3 (AFP) - RETARDEE EN TRANSMISSION - DE JEAN BARRE
VOICI LE TEXTE OFFICIEL DU COMMUNIQUE DU GOUVERNEMENT ROYAL DISTRIBUE MERCREDI A 18 H LOCALES A LA PRESSE : ''A LA SUITE DE LA CRISE POLITIQUE PROVOQUEE PAR LE PRINCE NORODOM SIHANOUK DURANT CES DERNIERS JOURS, L'ASSEMBLEE NATIONALE ET LE CONSEIL DU ROYAUME REUNIS EN CONGRES, CONFORMEMENT A LA CONSTITUTION DU ROYAUME, ONT RETIRE A L'UNANIMITE DES VOIX LEUR CONFIANCE AU PRINCE NORODOM SIHANOUK. A COMPTER DE CE JOUR, 18 MARS 1970, A 13 HEURES, LE PRINCE NORODOM SIHANOUK CESSE D'ETRE LE CHEF DE L'ETAT DU CAMBODGE. M. CHENG HENG, PRESIDENT DE L'ASSEMBLEE NATIONALE, ASSUMERA LES FONCTIONS DE CHEF DE L'ETAT JUSQU'A L'ELECTION D'UN NOUVEAU CHEF DE L'ETAT, EGALEMENT SUIVANT LE TEXTE DE LA CONSTITUTION DU PAYS.''
AFP HEU SPP 09.50

Dépêche AFP du journaliste Jean Barre annonçant, le 18 mars 1970, la destitution du prince Norodom Sihanouk.

Voulant lutter contre les influences extérieures tout en appliquant une stricte ligne « neutraliste », Norodom Sihanouk a constamment cherché à manœuvrer entre les actions déstabilisatrices de ces deux « cliques ». En 1965, jugeant dangereuse la présence américaine dans la péninsule indochinoise, il a été jusqu'à rompre ses relations diplomatiques avec les États-Unis. Désireux de couper l'herbe sous le pied des opposants de gauche, il a aussi autorisé les communistes vietnamiens à établir des « sanctuaires » sur le territoire cambodgien. Mais en mars 1969, Norodom Sihanouk a dû se rendre à l'évidence : ses concessions à l'égard des communistes vietnamiens, loin d'amadouer ceux-ci, font peser un risque majeur sur le Cambodge. Effrayé par l'ampleur des violences commises par les jeunes gardes rouges lors de la « Grande Révolution culturelle » en Chine, le prince est alors devenu de plus en plus sensible aux arguments de ses conseillers anti-communistes. C'est dans cet esprit qu'il a décidé de dénoncer publiquement la menace communiste vietnamienne et sollicité l'aide militaire des États-Unis qui, sans aucun égard pour les vies humaines, ont commencé à déverser des tonnes de bombes sur le territoire du Cambodge.

En octobre 1969, le prince Norodom Sihanouk a imposé à contrecœur un « gouvernement de sauvetage » résolument anti-communiste et pro-américain, dirigé par le général Lon Nol. Malade, isolé, soumis à d'intenses accès dépressifs, Norodom Sihanouk s'est alors réfugié dans ses passions, notamment le cinéma et la chanson, délaissant peu à peu ses charges de chef d'État. Il est d'ailleurs devenu très prolifique sur ce terrain : il a réalisé deux long-métrages sentimentaux en 1968, et deux autres en 1969 !

Des volontaires des forces loyalistes cambodgiennes vers 1967.

« Le prince Sirik Matak (au premier rang) et, à ses côtés, le général Lon Nol (en uniforme), les deux principaux acteurs du coup de force de mars 1970.

Les membres des deux Assemblées – l'Assemblée nationale et le Conseil du Royaume réunis en Congrès –, trop souvent heurtés par l'autoritarisme de Norodom Sihanouk et ses nombreuses sautes d'humeur, ne se sont pas fait prier bien longtemps...
Les termes utilisés par les parlementaires ce 18 mars 1970 sont très sévères. Norodom Sihanouk est en effet accusé d'avoir « trahi les intérêts de l'État et du peuple, violé la Constitution et conclu des accords secrets avec les forces nord-vietnamiennes ». Ulcéré mais combatif, Norodom Sihanouk jure depuis Pékin qu'il saura se venger de la « clique américaine de Lon Nol »...

Personnalité forte et fantasque, le prince Sihanouk a hérité de plusieurs surnoms dont celui de « fou génial ».

Et tant pis pour ses ministres qui se sont si souvent trouvés dans l'incapacité de pouvoir s'entretenir avec le prince...
Le 2 janvier 1970, Norodom Sihanouk, surmené, s'est fait admettre à l'hôpital Calmette de Phnom Penh puis, quatre jours plus tard, s'est envolé vers la France afin de poursuivre son traitement.
Pendant ce temps, dans un contexte de violentes manifestations anti-vietnamiennes dans les grandes villes du pays, des personnalités de droite – dont le prince Sisowath Sirik Matak – ont cherché à profiter de son absence pour faire appliquer des mesures économiquement libérales, refonder l'armée et opérer un alignement plus étroit de la politique cambodgienne sur l'agenda américain. Malgré les conseils de ses proches soutiens, Norodom Sihanouk n'a pas jugé bon de revenir en urgence au Cambodge. Le 11 mars, il a quitté Paris pour Moscou, espérant convaincre les autorités soviétiques d'user de tout leur poids pour freiner les ambitions des Nord-Vietnamiens sur le Cambodge. C'est dans ce contexte que le général Lon Nol et le prince Sisowath Sirik Matak, malgré leurs quelques divergences, ont pris la décision de demander aux parlementaires cambodgiens de faire jouer l'article 122 de la constitution royale qui leur a permis de voter la destitution de « Monseigneur Papa ».

Une partie de l'aristocratie cambodgienne a été contrainte d'approuver la destitution du prince Sihanouk, dont SAR la Reine-Mère Sisowath Kossamak.

« Poignée de main historique entre le leader est-allemand Willi Stoph (à gauche) et le chancelier de la RFA Willy Brandt.

» La visite de Willy Brandt dans la ville d'Erfurt a été saluée par de nombreux citoyens est-allemands.

19 Mars

WILLY BRANDT ET WILLI STOPH ROUVRENT
LE DIALOGUE ENTRE LES DEUX ALLEMAGNES

» Cruellement symbolisée par la construction en 1961 du Mur de Berlin, la relation conflictuelle qui sépare les deux Allemagnes – la République fédérale d'Allemagne (RFA) à l'ouest et la République démocratique d'Allemagne (RDA) à l'est – est entrée ce 19 mars dans une phase nouvelle, basée non plus sur la tension mais sur la détente et la négociation. Rendue possible par l'élection en octobre 1969 du social-démocrate Willy Brandt au poste de chancelier fédéral de la RFA, cette nouvelle « politique de l'Est » – *Ostpolitik* – s'est concrétisée par la rencontre historique d'Erfurt, en RDA. Willi Stoph, chef du Parti communiste est-allemand et président du Conseil des ministres de la RDA, serre longuement la main du chancelier fédéral de la RFA devant un parterre de photographes immortalisant la scène. Tout sourire, Willy Brandt se paie même le luxe d'être chaudement applaudi par une foule d'Allemands de l'Est, une scène inimaginable il y a encore quelques années lorsque la chancellerie de la RFA était occupée par Konrad Adenauer. Loin d'être un feu de paille, la « poignée de main d'Erfurt » ouvre la voie à une coexistence pacifique entre les deux Allemagnes qui finiront par se reconnaître mutuellement en décembre 1972.

24 Mars

INCIDENTS SANGLANTS
ENTRE MILICIENS PALESTINIENS ET LIBANAIS

» Le Liban n'en finit pas d'être déstabilisé par la présence sur son sol des miliciens palestiniens de l'OLP – les *fedayin* – dont les discours et les actions de résistance contre la politique israélienne continuent de diviser l'opinion libanaise. Régulièrement frappé par l'aviation israélienne depuis plusieurs mois, le « pays du Cèdre » est aussi le théâtre, ces 24 et 25 mars, de combats sanglants entre des unités de *fedayin* et des Libanais de toutes confessions qui refusent d'être entraînés dans un conflit sans fin. À Beyrouth, une fusillade entre des contrebandiers libanais et des miliciens palestiniens se solde le 24 mars par trois morts. Et le lendemain, dans le village chrétien de Kahale, une bataille rangée entre des *fedayin* et les villageois en armes fait cette fois neuf morts et seize blessés.

28 Mars

UN SÉISME DE MAGNITUDE 7,4 ÉBRANLE LA TURQUIE

» Un tremblement de terre, ce 28 mars vers 23 heures, provoque la mort de mille cinquante personnes. L'épicentre du séisme – de magnitude 7,4 – se situe à 27 kilomètres au nord de la petite ville de Gediz, dans la province de Kütahya. Les autorités turques estiment que trois mille cinq cents maisons sont totalement détruites et que près de vingt mille sont endommagées. Dans la ville d'Alaçaalan, des incendies violents éclatent, compliquant d'autant le travail des équipes de secours. Suite à ce tremblement de terre de grande intensité, plus de quatre-vingt mille habitants de la région de Gediz trouvent refuge dans des hébergements de fortune, pris en charge par les autorités sanitaires turques et les sauveteurs du Croissant rouge. Plusieurs répliques, heureusement de plus faible ampleur, se produisent dans les heures qui suivent le premier tremblement de terre, provoquant de nouveaux dégâts matériels. Située sur la faille nord-anatolienne, la Turquie est régulièrement touchée par des secousses sismiques. Celui-ci est le plus meurtrier qu'ait connu la Turquie depuis le séisme de 1966 de Varto, qui avait fait près de deux mille quatre cents morts.

Quinze jours après le tremblement de terre, des habitants de Gediz prient sur les ruines de leur mosquée détruite.

Rick Wright, Roger Waters, Nick Mason et David Gilmour, les membres du groupe britannique Pink Floyd, vedettes du festival rock du Bourget.

28 Mars

POUR LA PREMIÈRE FOIS, UN FESTIVAL ROCK EN FRANCE

» Organisé dans le sillage de Woodstock qui a rassemblé en août 1969 près d'un demi-million de personnes dans l'État de New York, un festival de rock ouvre ses portes au Bourget, ce 28 mars. Des foules de jeunes gens s'y pressent, bien décidés à se déhancher au rythme de musiques « psychédéliques ». C'est la première fois qu'un tel événement a lieu sur le territoire français. Les autorités, craignant des débordements, ont d'ailleurs exigé que le festival, organisé par le producteur Claude Rousseau, ne mentionne pas dans son intitulé le mot « pop », lié selon elles à l'univers des hippies et des psychotropes hallucinogènes... Les concerts, au cours desquels se produisent une trentaine de groupes, se tiennent dans une ambiance bon enfant. La prestation du groupe britannique Pink Floyd est l'un des moments forts de ce festival « modèle », qui encouragera de nombreuses autres initiatives en France dès l'été prochain !

Médias & People 1970

Après avoir vécu son enfance en Israël, c'est en France que Moshé Brand, dit Mike Brant, s'est fait un nom dans la chanson. Ici, au début des années 1970, sur l'esplanade du Trocadéro, à Paris. »

CHARLES AZNAVOUR AU MUSIC BOX THEATER DE NEW YORK

De toutes les gloires nationales de la chanson française, Charles Aznavour est le seul artiste à avoir réellement conquis le public américain. Et quel chemin parcouru depuis sa première prestation américaine, en mars 1963, où il avait dû louer à ses frais la scène du Carnegie Hall ! À partir du 4 février et durant trois semaines, il chante au Music Box Theater de New York. En costume blanc et mocassins Gucci, il interprète dix-sept chansons en anglais et douze en français, devant une salle comble de quelque mille personnes venues applaudir un homme capable d'assurer à la fois la voix, l'écriture et la composition de chansons dont la sincérité et la charge autobiographique, voire introspective, emportent avec brio l'adhésion des New-Yorkais.

Charles Aznavour lors d'un passage dans le show *Varieté-Zauber*, diffusé à la télévision ouest-allemande en 1970.

MIKE BRANT DEVIENT UNE STAR

Quasi inconnu en France au début de l'année 1970, le chanteur israélien Moshé Brand, dit Mike Brant, a besoin d'un seul tube, « Laisse-moi t'aimer », pour devenir une vedette nationale et l'enfant chéri des amateurs de variété. Œuvre de Jean Renard, cette chanson avait été écrite pour Johnny Hallyday qui l'avait refusée. Traduite phonétiquement – Mike Brandt ne parlant pas français –, elle s'écoule à plus d'un million d'exemplaires, assurant aussitôt une grande popularité à ce jeune homme de vingt-deux ans qui a appris à chanter dans les chœurs de la synagogue d'Haïfa. Celui que l'on surnomme bientôt « le chanteur à la voix d'or » réussira à renouveler l'exploit en 1972 avec « Qui saura », une reprise du tube italien « Che sarà », mais, pollué par l'environnement délétère de son manager et traumatisé par un séjour en Israël lors de la guerre du Kippour, Mike Brant s'enfoncera dans une terrible dépression qui lui sera fatale en 1975...

MICHEL POLNAREFF BRILLE À L'OLYMPIA

Arborant ses fameuses lunettes noires et une veste bleu ciel signée Yves Saint-Laurent, Michel Polnareff offre à son public venu le voir en janvier à l'Olympia un spectacle tour à tour envoûtant, intimiste et explosif. Escorté par une étrange armée d'automates et des musiciens encastrés dans un podium vertical noyé d'aveuglants jeux de lumière, le chanteur russo-breton pousse plus loin encore ses expérimentations scéniques, qui le confirment comme l'une des figures les plus excentriques – mais aussi critiquées – de la variété française. Agressé en mai après un concert donné à Périgueux, Michel Polnareff fera taire les rumeurs sur son homosexualité en écrivant la chanson « Je suis un homme » dont les paroles crues raviront ses fans : « Les gens qui me voient passer dans la rue / Me traitent de pédé / Mais les femmes qui le croient / N'ont qu'à m'essayer. »

Convié à participer à l'émission de télévision *L'Invité du dimanche*, le 1er novembre 1970, Johnny Hallyday a troqué sa veste de cuir pour un sage costume-cravate. »

JOHNNY HALLYDAY TOUJOURS AU SOMMET !

C'est un Johnny Hallyday en excellente forme, et toujours plus adepte de la « rebelle attitude », qui enflamme les salles de concert en cette année 1970. La chanson « On me recherche », écrite par l'écrivain et journaliste Philippe Labro, enferme le rocker dans la peau d'un gangster vengeur recherché « dans les faubourgs de Marseille et les clandés de Saint-Malo » par des gendarmes « qui pointent leurs sales gueules aux carrefours »... Tour à tour imberbe, moustachu, barbu ou affublé de broussailleux favoris, Johnny Hallyday enchaîne les concerts tout au long de l'année avec une représentation spéciale, le 21 mars, dans la célèbre salle parisienne du Golf-Drouot où, vêtu d'un marcel et d'une veste en jean, il électrise ses fans, n'hésitant pas à se laisser approcher par les plus audacieux.

LES JACKSON FIVE SORTENT DEUX NOUVEAUX ALBUMS

Les célèbres Jackson Five, parrainés par la compagnie de disque américaine Motown, reviennent cette année avec deux nouveaux albums, l'un sorti en mai, *ABC*, et l'autre en septembre, *Third Album*. Les cinq frères – Jackie, Tito, Jermaine, Marlon et le benjamin Michael, âgé de seulement douze ans – sont restés fidèles aux styles soul, funk et R&B qui font leur succès depuis que Motown a entrepris de miser, à grands renforts de marketing et de publicité, sur cette fratrie originaire de Gary, dans l'Indiana. Prétendument « découverts » par la chanteuse Diana Ross, les Jackson Five sont devenus l'incarnation la plus ostentatoire de ce nouveau style *bubblegum pop* promu par les grandes compagnies américaines dont les productions musicales commercialisées à la chaîne se destinent à un public adolescent, voire préadolescent.

Sa victoire au Concours Eurovision de la chanson a valu à la chanteuse irlandaise Dana de se produire à l'étranger. On la voit ici au cours de l'émission allemande *Studio B.*, le 27 avril 1970.

L'IRLANDE REMPORTE L'EUROVISION

Avec sa douce chanson « All Kinds of Everything » (« Toutes sortes de choses »), la jeune chanteuse irlandaise Dana a su convaincre les jurés de la quinzième édition du Concours Eurovision de la chanson, qui s'est déroulé le 21 mars dans le RAI Congrescentrum d'Amsterdam. Réussissant à se placer derrière la chanteuse galloise britannique Mary Hopkin et l'Allemande Katja Ebstein – qui ont donc respectivement offert la deuxième et la troisième place à leurs pays – le Français Guy Bonnet a recueilli huit points avec la chanson « Marie-Blanche », qu'il a interprétée au piano. Ce faisant, la France se hisse à la quatrième position, qu'elle partage avec l'Espagne et la Suisse, représentées par Julio Iglesias et Henri Dès.

SERGE GAINSBOURG ET JANE BIRKIN LANCENT « JE T'AIME… MOI NON PLUS » AUX ÉTATS-UNIS

Le couple formé en 1968 par Jane Birkin et Serge Gainsbourg a souvent défrayé la chronique et fait la joie des photographes mondains. Ce cliché a été pris à la fin de l'été 1970.

Il flotte comme un parfum de scandale autour du couple Serge Gainsbourg et Jane Birkin en ce mois de mars 1970 aux États-Unis – scandale savamment orchestré par les intéressés ! – où le duo fait la promotion de sa nouvelle chanson « Je t'aime… moi non plus ». Interdite de diffusion sur plusieurs radios européennes, notamment en Italie et en Suède, la chanson a été décrite comme « obscène » par un éditorialiste du quotidien vaticaniste *L'Osservatore romano*, une véritable aubaine pour le label Philips Phonogram qui a pu ainsi tirer grand bénéfice, en terme de publicité, de l'aura de scandale entourant le titre. Les paroles, interprétées par Serge Gainsbourg et Jane Birkin présentée comme « mineure » – elle était à un mois de ses vingt-deux ans lors de l'enregistrement –, dressent une douce apologie de pratiques sexuelles… Le titre sera en tête de plusieurs classements musicaux, notamment au Royaume-Uni, mais ne dépassera pas la 58e place du Billboard Hot 100, classement hebdomadaire des cent chansons les plus populaires aux États-Unis.

LE FAUX MALAISE DE CLAUDE FRANÇOIS

Nous sommes le 15 mars 1970 : Claude François se trémousse frénétiquement devant plusieurs milliers de fans lors d'un concert donné dans la salle Vallier de Marseille quand soudain il vacille et s'écroule sur scène. Évacuée par les airs puis transférée à bord d'une Caravelle d'Air Inter, la vedette fait aussitôt la une de la presse. La nouvelle du malaise est hystérisée par son producteur Paul Lederman, qui affole les journaux en confiant que le cœur du chanteur s'est arrêté durant quelques minutes… Les admirateurs de « Cloclo », effondrés, pour certains pris de panique, se mettent à craindre pour la vie de leur idole, tandis que les journalistes se perdent en conjectures… On apprendra par son biographe Bertrand Tessier, des années plus tard, que tout ceci n'était en fait qu'une mise en scène concoctée par le chanteur qui, avide de faire rebondir une carrière alors déclinante, n'a pas hésité à impudemment tromper ses fans et simuler un grave malaise à la seule fin de réorienter vers sa personne les feux médiatiques.

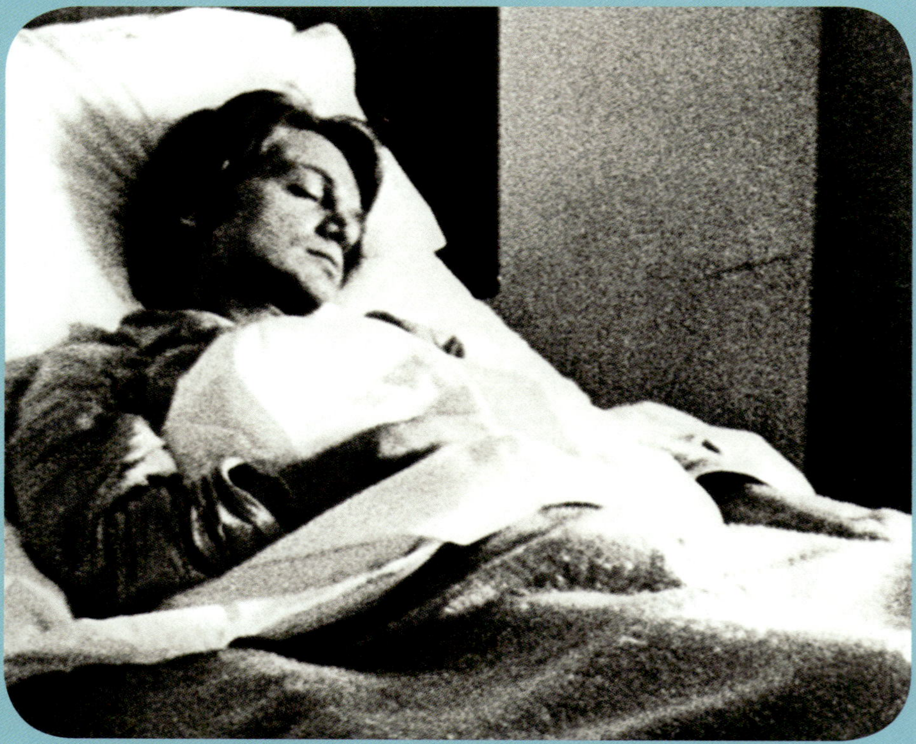

Deux jours après le concert qu'il a donné le 15 mars 1970 à Marseille, Claude François est photographié sur son lit d'hôpital, dans la même ville.

« Devenu une vedette de la chanson avec « Tu veux ou tu veux pas », Marcel Zanini est ici en compagnie de son amie la chanteuse Annabel Buffet, le 28 avril 1970.

LE SUCCÈS DE MARCEL ZANINI « TU VEUX OU TU VEUX PAS »

Avant tout connu pour la carrière de clarinettiste et saxophoniste ténor de jazz qu'il a menée à Marseille et aux États-Unis aux côtés du pianiste américain Eddy Louiss ou du grand Georges Arvanitas, Marcel Zanini cartonne en 1970 avec la chanson « Tu veux ou tu veux pas ». Adaptée par le parolier Pierre Cour sur la base d'un morceau brésilien de Carlos Imperial, ce titre léger et délicatement déjanté s'est immédiatement hissé en haut du hit-parade français, servi par l'étrange apparence de Zanini qui, avec son bob, ses petites lunettes et sa moustache fine, semble directement sorti d'un album de Tintin. Le succès de « Tu veux ou tu veux pas » est tel que la chanson est bientôt reprise par Brigitte Bardot en personne !

GÉRARD LENORMAN REPREND *HAIR*

Un jeune homme timide, totalement inconnu du grand public, s'est fait un nom en cette année 1970 en remplaçant Julien Clerc dans le premier rôle de la comédie musicale *Hair* à la porte Saint-Martin, à Paris. Créé à Broadway en 1967, ce spectacle théâtral rock qui intègre des scènes dénudées est un pur produit de la contre-culture psychédélique américaine, mêlant joyeusement un antimilitarisme forcené et une apologie radicale des « amours libres ». En reprenant le rôle-titre de la version française, Gérard Lenorman s'attire les faveurs et regards des producteurs, et notamment du label CBS Disques, qui lui permettront bientôt de s'imposer auprès du grand public grâce à de sages ritournelles dont, en 1975, la célèbre « Ballade des gens heureux ».

BARBARA AU HIT-PARADE GRÂCE À « L'AIGLE NOIR »

« Ça y est, Barbara fait de la pop music ! » La presse musicale, en cette année 1970, salue avec humour l'entrée tonitruante dans le hit-parade des meilleures ventes de disques de la chanteuse Barbara, dont les précédents albums – *Le Mal de vivre* ou *Le Soleil noir* – s'adressaient à un public beaucoup plus confidentiel. La chanson « L'Aigle noir », tirée de l'album du même nom, fait son entrée dans le hit-parade en août à la 24e place puis connaît une ascension fulgurante jusqu'à se classer deuxième en octobre ! Mais Barbara ne parvient pas à détrôner l'indéboulonnable Johnny Hallyday et son titre « Deux amis pour un amour ». « L'Aigle noir » – dont le texte donnera lieu à nombre d'interprétations psychanalytiques ou politiques nébuleuses – restera l'une des chansons préférées des Français.

Le registre obscur de ses chansons et ses robes sombres ont justifié les différents surnoms donnés à Barbara : « La dame en noir » ou « la chanteuse de Minuit ».

Figure incontournable du show-business de l'époque, le chanteur Antoine pousse ici la chansonnette auprès de la célèbre meneuse de revue Michèle Frascoli, en 1970.

ANTOINE
EN TOURNÉE D'ÉTÉ SUR LE PODIUM RMC

Vedette des années yé-yé, le chanteur Pierre Muraccioli, alias Antoine, sillonne en cet été 1970 les stations balnéaires de France grâce à Radio Monte-Carlo, qui l'a choisi comme tête d'affiche de son fameux « Podium RMC ». C'est en se délassant dans un restaurant de nuit marseillais que l'interprète des célèbres « Élucubrations d'Antoine » – dans lesquelles il propose d'enfermer Johnny Hallyday dans une cage du cirque Medrano ! – croise par hasard une autre grande vedette de la chanson, Joe Dassin, lui aussi en pleine tournée estivale. Parallèlement à sa carrière française, Antoine s'investira en Italie – où il sera plusieurs fois numéro un des ventes – avant de se passionner pour l'opérette des années 1930 et de larguer les amarres pour aller sillonner les océans.

LES ROLLING STONES
SILLONNENT L'EUROPE

Pour la première fois depuis 1967, les Rolling Stones se produisent en Europe, débutant leur tournée en août 1970 en Suède pour l'achever en octobre à Amsterdam. Entre ces deux concerts, vingt représentations dans les grandes capitales du continent dont deux dates au Palais des Sports de Paris. Tournée électrique, s'il en est, puisqu'à plusieurs reprises, des heurts se produisent entre des jeunes rockers et les polices locales. À Hambourg, où un millier de billets falsifiés ont été frauduleusement vendus, les agents de sécurité épaulés par les policiers ont le plus grand mal à calmer les fans déçus. À Milan, la situation dégénère à cause de plusieurs centaines de resquilleurs et tourne à l'émeute. À Paris, suite à une trouble affaire de drogue, les Rolling Stones se voient notifier par la police une interdiction du territoire français de trois ans…

Les Rolling Stones en plein concert lors de leur prestation à Hambourg en septembre 1970. On reconnaît, de gauche à droite, Mick Taylor, Mick Jagger, Keith Richards et Charlie Watts.

JOAN BAEZ
À AIX-EN-PROVENCE

Internationalement révélée lors du festival de Woodstock en août 1969, la chanteuse new-yorkaise Joan Baez se produit à l'été 1970 devant plus de trente mille jeunes amateurs de rock lors du festival de Saint-Pons, près d'Aix-en-Provence. Envahi par des filles aux seins nus, des groupes de dévots de la secte Hare Krishna et des militants d'extrême gauche, le camp de Saint-Pons est le théâtre de quelques échauffourées avec la police mais dans l'ensemble, le festival se tient dans une ambiance bon enfant. Si la prestation de Leonard Cohen, jugée trop bavarde et pontifiante, lasse le public, celle de Joan Baez, toujours très engagée contre la politique étrangère des États-Unis, est chaudement applaudie.

MICHEL SARDOU AU HIT-PARADE AVEC « LES BALS POPULAIRES »

Censuré en 1967 par un pouvoir gaullien agacé de l'enthousiasme pro-américain de sa chanson « Les Ricains », Michel Sardou connaît en 1970 un succès fulgurant grâce à son tube « Les Bals populaires ». Le morceau, pour lequel le chanteur n'a guère de tendresse, s'écoule à plus d'un demi-million d'exemplaires. Dubitatifs et n'anticipant pas son succès, les responsables de Philips avaient choisi de la reléguer en face B de la chanson « Et mourir de plaisir »... Ce premier succès ouvre à Sardou les portes de la gloire, mais les paroles de ses chansons, à rebrousse-poil des combats « contre-culturels » des années 1970, lui valent d'être vertement conspué par des groupes féministes, maoïstes ou trotskistes. Des comités anti-Sardou, téléguidés par la Ligue communiste révolutionnaire, tenteront même de faire annuler ses concerts, au grand dam de Serge Reggiani, Maxime Le Forestier ou Bernard Lavilliers, qui prendront sa défense au nom de la sacro-sainte liberté d'expression.

« En 1970, Michel Sardou est invité à de multiples reprises dans les émissions de radio ou de télévision, où son franc-parler fait mouche.

Après son grave accident de voiture, Sylvie Vartan a réussi à faire un retour sur scène très remarqué. Elle est ici en pleine répétition du « Show Vartan 70 » à l'Olympia, en septembre 1970.

SYLVIE VARTAN RENAÎT À L'OLYMPIA

La route entre Strasbourg et Besançon est glissante ce 20 février 1970 quand, près de Belfort, une Citroën DS 21 qui roule à vive allure dérape et heurte un aqueduc en béton. Le chauffeur, un certain Johnny Hallyday, s'en sort avec un nez cassé mais le visage de son accompagnatrice traverse le pare-brise. Sylvie Vartan, en convalescence aux États-Unis durant de longs mois, se remet de l'accident, tout en suivant les cours du professeur de danse de Barbra Streisand. La série de concerts qui s'ouvre en septembre à l'Olympia – le « Show Vartan 70 » – suscite donc l'intérêt de la presse et du public, qui saluent cette belle renaissance. Remise de cette sortie de route qui aurait pu lui être fatale, celle qui partage la vie de Johnny et avec qui elle a un fils, David, fait ainsi un retour sur scène remarqué. Après l'Olympia, elle se produit notamment au Gymnase de Marseille où, lors de cinq soirées consécutives, elle déchaîne l'enthousiasme de ses fans phocéens.

Joe Dassin, ici photographié le 27 décembre à Paris, a fait danser la France entière avec son tube « L'Amérique ».

MIREILLE MATHIEU EN VEDETTE SUR LE *FOCH* !

Elle a chanté sur tous les continents, côtoyé les plus grands, enlacé chefs d'État et têtes couronnées. Mireille Mathieu, petite Avignonnaise d'extraction populaire devenue diva à l'aura internationale, embarque, en octobre 1970, sur le porte-avions *Foch* qui mouille en rade de Brest. La jeune femme de vingt-quatre ans, invitée à participer à une émission de la station RTL animée par le présentateur Philippe Bouvard, chante plusieurs de ses grands titres, dont « Paris en colère », et danse une valse avec des marins. Pimpante et souriante, elle réveille les passions des membres d'équipage, qui se pressent autour d'elle pour obtenir de chastes baisers, demander des autographes ou s'amuser à la déguiser en matelot.

La présence de la jeune Mireille Mathieu sur le porte-avions *Foch* à l'occasion d'une émission de RTL n'est pas passée inaperçue !

JOE DASSIN CHANTE « L'AMÉRIQUE »

C'est l'année de tous les succès pour le chanteur franco-américain Joe Dassin dont le dernier morceau, « L'Amérique », cartonne. Adaptée d'un standard anglais – « Yellow River », chanté par le groupe londonien The Tremeloes –, « L'Amérique » s'écoule à plus de six cent soixante-dix mille exemplaires ! À l'origine de cette réussite, deux pointures du monde de la variété : le producteur Jacques Plait et le célèbre parolier Pierre Delanoë, qui ont transformé le récit original de la chanson – l'histoire d'un soldat américain rangeant son arme pour retrouver sa belle sur les bords de la rivière jaune – en une apologie du « rêve américain ».
Le thème colle parfaitement à la vie du jeune Joe Dassin qui, exilé pendant sa jeunesse en Europe à cause des activités politiques de son père, le cinéaste Jules Dassin, s'est promis de reconquérir le nouveau continent… Surfant sur ce tube entraînant, il effectue en août et septembre une grande tournée qui l'impose définitivement comme l'une des vedettes préférées des Français.

DANI À L'OLYMPIA

Figure singulière du show-business, la chanteuse Dani se produit pour la première fois à l'Olympia le 16 décembre 1970, assurant la première partie d'un jeune chanteur en vogue, un certain Julien Clerc… Originaire de Castres et issue d'un milieu populaire, Dani – de son vrai nom Danièle Graule – est depuis le milieu des années 1960 l'une des égéries du Tout-Paris, qui s'est entiché de cette très belle brune à l'apparence androgyne et vénéneuse. Peu connue du grand public mais bénéficiant d'un vrai succès d'estime, la jeune femme de vingt-six ans a l'occasion d'interpréter ses chansons yé-yé les plus caustiques, dont « Papa vient d'épouser la bonne », « Je travaille autant qu'un garçon » ou « C'est malheureux d'être méchant ».

CES CHANSONS ONT MARQUÉ L'ANNÉE 1970

En cette année 1970, une chanson dépasse tous les records ou presque : le 45 tours « In the Summertime » du groupe anglais Mungo Jerry s'écoule en effet à plus de trente millions d'exemplaires à travers le monde, se hissant à la première place de presque tous les hit-parades ! Cinquante ans plus tard, cette chanson enjouée continuera de camper dans le trio de tête des disques les plus vendus de l'histoire… Composée dans le style folklorique *skiffle*, elle a été sculptée par Ray Dorset qui, selon ses dires, n'a mis que dix minutes pour l'écrire au moyen d'une guitare Fender Stratocaster d'occasion… Dans un autre style, la chanteuse de soul Diana Ross, qui a quitté son groupe Les Supremes, entame une carrière solo avec le morceau « Reach Out and Touch », qui culmine à la 20e place du classement américain Billboard Hot 100. Cette année 1970 voit aussi l'irruption sur la scène musicale d'un excentrique pianiste britannique de vingt-trois ans, un certain Elton John, qui avec sa ballade romantique « Your Song » s'impose en quelques semaines seulement comme l'une des vedettes les plus prometteuses du moment. En France, Jacques Dutronc surprend encore et toujours en proposant une étrange chanson loufoque, « L'Hôtesse de l'air », qui s'élance sur un *yodel* tyrolien particulièrement discordant puis enchaîne avec un rythme de polka d'Europe centrale…

L'enfant terrible de la variété française prouve une fois encore qu'il est capable de se frotter à tous les styles, après avoir lorgné du côté du swing manouche, des rythmes sud-américains, de l'accordéon musette, du jazz ou des expérimentations psychédéliques hippies… C'est également en cette année 1970 que le Breton Alain Barrière fait danser la France avec l'entraînant « Rien qu'un homme ». Révélé en 1964 avec « Ma vie » – une chanson langoureuse qui s'est affichée au firmament des hit-parades brésiliens, argentins ou péruviens –, Alain Bellec, dit Alain Barrière, continue donc sa carrière de « crooner de ces dames », pour le plus grand plaisir des amateurs de mélodies romantiques…

La pochette du 45 tours « L'Hôtesse de l'air », de Jacques Dutronc.

L'Américaine Diana Ross, interprète de « Reach Out and Touch », pose ici au début des années 1970.

EDDIE BARCLAY
SE MARIE POUR LA QUATRIÈME FOIS

Et de quatre ! Le 5 juin 1970, le producteur Édouard Ruault, dit Eddie Barclay, convole pour la quatrième fois. L'élue de son cœur, Béatrice Chatelier, est une jeune actrice de dix-neuf ans que le public a pu découvrir dans *Le Bal du comte d'Orgel* de Marc Allégret, une comédie dramatique dans laquelle elle donne la réplique à Jean-Claude Brialy. Celui que l'on surnomme « l'Empereur du microsillon » a fondé en 1954 la maison Disques Barclay qui signera une multitude de grands artistes, de Dalida à Jacno en passant par Jimi Hendrix, Alain Bashung et Charles Aznavour. Figure du Tout-Paris connu pour ses frasques, Eddie Barclay divorcera en 1972 de Béatrice Chatelier mais contractera encore quatre autres mariages !

Les scènes de joie du mariage entre le producteur Eddie Barclay et Béatrice Chatelier ont été immortalisées par le très populaire acteur Darry Cowl.

Anouk Aimée et Albert Finney se sont mariés dans le très mondain quartier londonien de Kensington.

MINOU DROUET
DEVIENT MADAME FONT

Son nom reste attaché à une polémique qui avait enflammé le milieu littéraire français des années 1950 : Minou Drouet, jeune poétesse « prodige » de huit ans, était apparue sur la scène publique en 1955, éditée par René Julliard. Très vite, des doutes étaient apparus sur l'authenticité de ses poèmes et l'on avait bientôt accusé sa belle-mère d'en être la véritable auteure… Minou Drouet est désormais, en cette année 1970, une jeune femme de vingt-trois ans oubliée, ou presque, de tout le monde. De sept ans son aîné, l'humoriste chansonnier Patrick Font l'a épousée en mars, un mariage qui tournera rapidement court. Célèbre pour les spectacles concoctés avec son compère Philippe Val à partir de 1970, Patrick Font sera accusé en 1996 d'attouchements sexuels sur des mineures puis condamné à six ans de prison.

ANOUK AIMÉE
ÉPOUSE ALBERT FINNEY

Ils se sont dit oui ! L'actrice Anouk Aimée a épousé à Londres, en ce mois d'août 1970, Albert Finney, l'un des monstres sacrés du cinéma britannique. Magnifiée par Federico Fellini, qui l'avait choisie pour interpréter le rôle de Maddalena dans *La Dolce Vita*, Anouk Aimée convole donc en justes noces pour la troisième fois, après avoir divorcé du réalisateur Nikos Papatakis puis du compositeur Pierre Barouh. Belle, altière, cultivée, Anouk Aimée occupe une place singulière au sein du monde du cinéma, où elle a donné la réplique aux plus grands. Particulièrement appréciée par les réalisateurs italiens (elle a joué sous la direction de Vittorio De Sica, Sergio Corbucci ou Dino Risi), elle a obtenu en 1967 le Golden Globe de la meilleure actrice dans un film dramatique pour son rôle dans *Un homme et une femme* de Claude Lelouch.

ENRICO MACIAS
UN PÈRE DE FAMILLE COMBLÉ

Marié depuis 1962 à Suzy Leyris, qui lui a donné deux enfants – la petite Jocya, née en 1964 et Jean-Claude, né en 1969 –, le chanteur Enrico Macias est un père de famille comblé. Né en Algérie sous le nom de Gaston Ghrenassia, il avait dû quitter son pays en juillet 1961 suite à l'assassinat de son beau-père, le célèbre joueur de oud et chanteur sépharade Cheikh Raymond, probablement abattu par des activistes du FLN algérien. Installé à Argenteuil, Enrico Macias a enchaîné plusieurs petits boulots avant d'être remarqué lors d'une émission du magazine *Cinq colonnes à la une*. Il n'aura de cesse de chanter son Algérie natale, devenant ainsi l'une des voix de la mémoire des Pieds-Noirs, des rapatriés et des juifs d'Afrique du Nord.

Dans leur appartement du boulevard Malesherbes à Paris, Enrico Macias, son épouse Suzy et leur fille Jocya à la table de la cuisine. Photo de 1970.

NANA MOUSKOURI
EST DE NOUVEAU MAMAN

Le 7 juin est née en Suisse la petite Hèlène Petsilás, second enfant de la chanteuse crétoise Nana Mouskouri et du producteur Geórgios Petsilás. Le couple, marié depuis 1961, est exilé depuis plusieurs années en territoire helvétique, préférant éviter de se rendre dans une Grèce que gouverne la « dictature des colonels ». Douée de multiples talents musicaux, la jeune Nana Mouskouri avait tenté sa chance à Paris en 1960 puis participé, comme représentante du Luxembourg, au Concours Eurovision de la chanson en 1963. Au cours de sa longue carrière, elle enregistrera plus de mille cinq cents chansons, interprétées dans plus de vingt langues différentes, lui assurant un public fidèle aux quatre coins du monde. Surnommée Lenou, Hèlène Petsilás montera parfois avec sa mère sur scène, l'accompagnant au chant.

Nana Mouskouri, son mari Geórgios Petsilás et leur fils Nicolas exultent de joie après la naissance d'Hélène.

MARINA VLADY
ÉPOUSE VLADIMIR VYSSOTSKI

Le mariage de l'actrice franco-russe Marina Vlady et du poète et chanteur Vladimir Vyssotski, célébré cette année à Moscou, est un événement qui n'est pas passé inaperçu dans les chancelleries : mère de trois garçons (deux du comédien Robert Hossein et un de l'aviateur Jean-Claude Brouillet), Marina Vlady est une actrice à la renommée internationale tandis que l'ombrageux Vyssotski est un poète adulé par les Russes mais persécuté par le pouvoir communiste et frappé d'interdiction de sortie du territoire soviétique… Son mariage avec la lumineuse actrice lui permettra de voyager en France, au Mexique et aux États-Unis, mais les persécutions dont il continuera à faire l'objet le mineront peu à peu. Marina Vlady ne quittera pas son mari, surmontant courageusement de nombreuses épreuves, jusqu'à ce qu'il meurt d'épuisement et d'excès en tous genres en 1980, seulement âgé de quarante-deux ans.

« Embarqué sur les quais de Seine à bord de la péniche *Le Borde-Fretigny* à l'occasion de la 1 212e du Pop-Club, le 10 juin 1970, Françoise Hardy serre la main du directeur de l'ORTF, Roland Dhordain.

« Charles Trenet cherche chaque matin à promouvoir de jeunes chanteurs de variété française avec *La Chance aux chansons*.

FRANCE-INTER VIBRE AUX RYTHMES DE *LA CHANCE AUX CHANSONS* ET DU *POP-CLUB*

C'est devenu l'un des rendez-vous préférés des amateurs de chansons françaises : chaque matin, à 7 h 45 tapantes, Charles Trenet présente *La Chance aux chansons* sur les ondes de France Inter. Intimement convaincu que les maisons de disques, obsédées par la rentabilité et la soumission aux modes d'outre-Atlantique, ne remplissent plus leur rôle de découvreur de talents, le célèbre interprète se fait un devoir de présenter chaque jour un nouvel artiste, à qui il donne ainsi une chance inespérée de trouver un public. Nombreux sont évidemment les candidats qui, chaque mois, se pressent dans les studios de France Inter pour des auditions supervisées par le « Fou chantant ». Dans un autre style mais toujours sur France Inter, l'émission nocturne *Le Pop-Club* présentée par José Artur explore quant à elle les nouvelles tendances musicales du rock, du jazz ou de la musique électronique expérimentale. L'émission, qui deviendra culte – elle va durer quarante ans avec le même présentateur ! –, permettra à des chroniqueurs musicaux, tels Bernard Lenoir ou Pierre Lattès, de faire leurs premières armes radiophoniques.

JEAN-JACQUES SERVAN-SCHREIBER DÉPUTÉ

Dévoré par le démon de la politique, le patron de presse Jean-Jacques Servan-Schreiber a profité de l'organisation d'une élection partielle en Meurthe-et-Moselle, en septembre 1970, pour se faire élire député de la première circonscription. Fondateur de l'hebdomadaire libéral *L'Express*, auteur du très américanophile *Défi américain* et opposant acharné à la politique « non-alignée » du général de Gaulle, JJSS – comme il aime à se faire appeler – a mobilisé sa force de frappe médiatique et une nébuleuse de riches notables, ce qui lui a permis de s'imposer, à la surprise générale, contre le député sortant, Roger Souchal, un héros de la Résistance qui s'était illustré dans le maquis de Saint-Dié-des-Vosges. Surnommé « le turlupin » par les gaullistes, l'ambitieux et charmeur Jean-Jacques Servan-Schreiber se voyait en « Kennedy français », mais son intransigeance et son réformisme un brin glacé lui vaudront de s'attirer de profondes inimitiés. Il finira par abandonner la politique et vendra *L'Express* en 1977.

« L'ORTF EST LA VOIX DE LA FRANCE »

Le processus de libéralisation de l'Office de radiodiffusion-télévision française (ORTF) est toujours à l'ordre du jour en cette année 1970. Comptant plus de dix mille employés qui, depuis la Maison de la Radio, assurent la diffusion des deux chaînes télévisées et des stations radiophoniques publiques, l'ORTF continue toutefois d'être dénoncée par l'opposition politique, qui pointe du doigt sa partialité et sa collusion supposée avec la ligne gouvernementale. Si plusieurs émissions de débat, laissant la place à toutes les sensibilités politiques, sont diffusées (notamment *À armes égales*, lancée en février 1970 ou *Les Dossiers de l'écran*), l'ORTF continue d'assurer ce qui est sa mission, édictée par le gouvernement du général de Gaulle en 1945 : être la « voix de la France ». C'est d'ailleurs ce que rappelle le président Pompidou en juillet 1970 : « Être journaliste à l'ORTF, ce n'est pas la même chose que d'être journaliste ailleurs. Que vous le vouliez ou non, vous engagez la France, et il y a une certaine hauteur de ton et de pensée qui vous est réclamée. »

LA PUB À LA TÉLÉ PASSE À 10 MINUTES PAR JOUR

Présentes sur la première chaîne de l'Office de radiodiffusion-télévision française depuis le 1er octobre 1968, les coupures publicitaires télévisées sont une importante source de revenus pour l'organisme public. Jusque-là, seules les salles de cinéma étaient autorisées à diffuser des spots de publicité. Réglementées par la RFP (Régie française de publicité), les coupures publicitaires étaient limitées à deux minutes par jour en 1968. Étendue à six minutes en 1969, la durée en est augmentée en 1970, passant à dix minutes. Cet envahissement publicitaire sera de plus en plus important au cours des années suivantes et il faudra attendre 2009 pour que les « réclames », devenues entre-temps « publicités », disparaissent des antennes du service public après vingt heures.

LES VISAGES DE L'ORTF

« Michel Drucker et Philippe Gildas, téléphone à l'oreille, sur le plateau d'*Information Première*, le journal télévisé de l'ORTF, le 15 mai 1970. S'ils officient déjà depuis plusieurs années derrière les micros, une très longue carrière les attend encore.

Animateurs de *Monsieur Cinéma* et de *Midi Magazine*, Pierre Tchernia et Danièle Gilbert apparaissent ici à Megève en janvier 1970.

La généralisation des téléviseurs dans les foyers va de pair avec l'émergence d'un « star système » auquel s'agrègent des journalistes et des présentateurs. Tout le monde connaît désormais Catherine Langeais – « speakerine » de la première chaîne – et son mari Pierre Sabbagh, animateur du jeu culturel télévisé *L'Homme du xxe siècle*. Pierre Tchernia occupe aussi une place de choix au sein de l'ORTF grâce à son émission *Monsieur Cinéma* ou ses commentaires lors des Concours Eurovision de la chanson, tout comme Danièle Gilbert et *Midi Magazine* qu'elle présente avec Jacques Martin. En 1970, le journaliste Philippe Leprêtre – connu sous son pseudonyme de Philippe Gildas – fait ses premières armes au sein de l'ORTF, tandis que Michel Drucker, évincé de la télévision en 1968 à cause de sa participation à la grève, y revient en tant que commentateur sportif.

À ARMES ÉGALES FAIT SON APPARITION À L'ÉCRAN

La première de la nouvelle émission politique de l'ORTF, baptisée *À armes égales*, est diffusée en direct le 17 février à 21 heures. Autour du thème « L'idée de patrie », le ministre de la Défense nationale Michel Debré et le sénateur communiste Jacques Duclos débattent, devant aussi faire face aux questions des journalistes Michel Bassi, André Campana et Alain Duhamel ainsi qu'à celles du public. Diffusée mensuellement en début de semaine, l'émission sera l'occasion pour certains politiciens « forts en gueule », tels Georges Marchais, Gaston Defferre ou Jean-Jacques Servan-Schreiber, de multiplier les bons mots et les polémiques, pour le plus grand plaisir des téléspectateurs et des présentateurs.

Le 17 mars 1970, le ministre de l'Économie et des Finances Valéry Giscard d'Estaing est l'invité de l'émission *À armes égales* face à Jean-Jacques Servan-Schreiber et aux journalistes Michel Bassi et Alain Duhamel.

SCIENCES ET SUJETS DE SOCIÉTÉ SONT AU PROGRAMME

L'offre télévisuelle en matière culturelle ou abordant les sujets de société est abondante en cette année 1970 sur les chaînes de l'ORTF. À partir de mars, le journaliste Marc Gilbert présente chaque mois l'émission *Volume* dont les invités, philosophes, écrivains ou scientifiques, explorent de façon rigoureuse un sujet unique : l'espace, l'ordinateur, l'espionnage industriel, la prospective, etc. S'intéressant aussi au monde scientifique, l'émission *Eurêka*, présentée par le même Marc Gilbert et le philosophe Brice Parain, se penche avec pédagogie sur des sujets souvent pointus : la cybernétique, l'ethnologie, la radioactivité, etc. L'émission *L'Hexagone*, dans laquelle intervient le journaliste Henri Marque, privilégie pour sa part les reportages au cœur du pays : des immersions dans les grands ensembles – par exemple celui de la Duchère, à Lyon – coexistent avec un focus sur les familles nombreuses de la Mayenne.

AUJOURD'HUI MADAME PREMIÈRE ÉMISSION DÉDIÉE AUX FEMMES

Les Françaises ont, depuis le 19 mai 1970, une émission spécialement dédiée aux problématiques féminines, familiales et ménagères. *Aujourd'hui madame*, diffusée quotidiennement en début d'après-midi sur la deuxième chaîne de l'ORTF, est présentée par Alain Jérôme – qui anime aussi *Les Dossiers de l'écran* –, Évelyne Pagès et Jacques Garat. L'émission, qui se poursuivra durant douze ans, débute par les arpèges survoltés d'un générique composé par Jo Moutet, et se poursuit par une alternance de reportages et de débats en plateau qui accueillent aussi bien des personnalités médiatiques que des téléspectatrices invitées à apporter leurs témoignages sur des sujets tour à tour graves et légers, comme la lingerie féminine, la stérilité, l'argent de poche, la ménopause ou les femmes de dictateurs…

Pionnière des émissions télévisées spécialement dédiées aux femmes, *Aujourd'hui Madame* était notamment présentée par Évelyne Pagès, ici sur le plateau en mai 1970.

MICHEL POLAC LANCE L'ÉMISSION *POST-SCRIPTUM*

Filmée caméra à l'épaule par le réalisateur Maurice Dugowson, l'émission *Post-scriptum*, dont la première est diffusée sur la deuxième chaîne de l'ORTF le 7 octobre 1970, se veut radicalement novatrice. Présenté chaque semaine par Michel Polac – l'un des fondateurs en 1955 de l'emblématique émission radiophonique *Le Masque et la Plume* –, ce nouveau programme se présente sous la forme d'un café littéraire télévisé volontiers cacophonique où les invités, attablés devant des verres et des cendriers, bavardent, argumentent, polémiquent et s'invectivent. Voulant jouer la carte de l'impertinence et de la liberté d'esprit, *Post-scriptum* ne connaîtra qu'une saison : l'émission du 28 mai 1971, au cours de laquelle s'engage un débat sur l'inceste, est considérée comme « outrageante » et signe la fin de l'aventure.

***Post-Scriptum* ne sera pas avare de polémiques en tous genres. Cette émission d'avril 1971, au cours de laquelle intervenaient l'écrivain Alberto Moravia et le réalisateur Louis Malle, sera l'une des dernières.**

DERNIÈRE ÉMISSION DU *MOT LE PLUS LONG*

Il s'agissait de l'une des institutions télévisuelles du dimanche midi : depuis septembre 1965, les Français étaient invités à plancher sur les énigmes de l'émission *Le Mot le plus long*, au cours de laquelle les candidats devaient former un mot à partir d'un panel de sept lettres. Mais le 29 septembre 1970, l'émission, présentée par l'actrice Christine Fabréga – devenue célèbre pour son rôle dans *Le Deuxième Souffle* de Jean-Pierre Melville –, est diffusée pour la dernière fois, au grand dam de ses fidèles spectateurs. Le concept du *Mot le plus long* sera recyclé et complexifié en 1972 avec la création des *Chiffres et des Lettres*, qui existe toujours cinquante ans plus tard, un record à la télévision française. L'émission-jeu *Le Francophonissime*, réunissant des candidats issus de six pays francophones, explore quant à elle les trésors de la langue de Molière, sous l'arbitrage de Jacques Capelovici, dit maître Capelo.

LE SACHA SHOW UNE ÉMISSION DE VARIÉTÉ À L'AMÉRICAINE

Faire un show à l'américaine, à l'image de *The Ed Sullivan Show* sur la chaîne CBS, tel est le concept des producteurs Maritie et Gilbert Carpentier. C'est dans cet esprit qu'est diffusé, à partir de 1963, le *Sacha Show*, présenté par le chanteur à succès Sacha Distel. Comme eux fasciné par la culturelle télévisuelle d'Outre-Atlantique, le présentateur est comme un poisson dans l'eau au milieu des vedettes souriantes, des costumes à paillettes, des strass, des décors étincelants et des ballets endiablés. Serge Gainsbourg collabore activement à l'émission, généralement comme auteur de chansons interprétées par des duos de stars, tandis que Jean Yanne écrit des sketchs plus ou moins inspirés. Parmi les autres programmes musicaux que propose l'ORTF en 1970 figure *Accords d'accordéon*, émission spécialisée dans le musette et diffusée chaque samedi après-midi.

Petula Clark et le chanteur présentateur Sacha Distel lors d'un enregistrement du *Sacha Show* en mars 1970. S'inspirant des shows télévisés américains, l'émission s'arrêtera en décembre 1971.

LES AVENTURES DE COLARGOL ENCHANTENT LES ENFANTS

Les Aventures de Colargol, une talentueuse série d'animation pour enfants créée par Albert Barillé et réalisée par Tadeusz Wilkosz.

La deuxième chaîne de l'ORTF diffuse à partir de novembre 1970 une série d'animation pour enfants, baptisée *Les Aventures de Colargol*. Créée par Albert Barillé – qui se rendra ultérieurement célèbre grâce à sa série pédagogique *Il était une fois... l'Homme* –, cette série de cinquante-trois épisodes met en scène un ourson désireux de chanter mais incapable d'émettre des sons mélodieux... L'ORTF ayant refusé de financer la production des *Aventures de Colargol*, Albert Barillé est contraint de la financer sur ses propres deniers. Connaissant l'excellente réputation de la tradition cinématographique de l'école de Łódź, il en confie la réalisation à Tadeusz Wilkosz, qui s'appuie sur les studios polonais d'animation Se-ma-for. Parallèlement, les enfants peuvent aussi se délasser devant les petits clips musicaux de l'émission américaine *Banana Split*, dans laquelle s'agitent des musiciens affublés de déguisements d'animaux. Pierre Tchernia propose également chaque année un épisode de l'émission *L'Ami public numéro un*, centré sur l'univers de Walt Disney.

DES FEUILLETONS QUI PLAISENT

Le premier épisode du feuilleton britannique *La Dynastie des Forsyte* est diffusé en octobre 1970 sur la première chaîne de l'ORTF. Décrivant les vies de trois générations de bourgeois anglais de l'ère victorienne, cette fresque ne durera qu'une saison de vingt-six épisodes. D'autres feuilletons ou séries captivent les spectateurs en cette année 1970, notamment *Les Cinq Dernières Minutes*, centré sur le commissaire Bourrel – interprété par Raymond Souplex –, qui n'a pas son pareil pour confondre les assassins et autres malfaiteurs. Mais cette année voit aussi, en mars, la fin de la diffusion des aventures des pilotes de chasse Michel Tanguy et Ernest Laverdure. Apparus en 1967, les épisodes des *Chevaliers du ciel* s'achèvent en effet au terme d'une troisième saison qui a fait la part belle aux décors exotiques : Antilles, Pérou, Floride...

GOOD BYE EMMA PEEL, HELLO TARA KING !

L'engouement des spectateurs pour la série britannique *Chapeau melon et bottes de cuir* – *The Avengers*, en anglais – ne se dément pas en cette année 1970 puisque la sixième saison est diffusée sur la deuxième chaîne de l'ORTF. La figure centrale de la série, John Steed, est un très chic agent des services secrets britanniques affichant chapeau melon et parapluie noir. Mais cette sixième saison voit le remplacement du personnage d'Emma Peel – interprétée par Diana Rigg – par celui de l'agent 69 Tara King, jouée par la magnétique Linda Thorson. Présentée comme une femme « délectable, délicieuse, un cerveau supérieur dans un corps adorable », Tara King apparaîtra dans les trente-trois épisodes de la sixième saison, puis la série se métamorphosera avec l'apparition autour de John Steed de la blonde Purdey et de son partenaire Mike Gambit. Moins populaire, une autre série britannique d'espionnage, *L'Homme à la valise*, est aussi diffusée à partir de mars 1970, avec Richard Bradford dans le rôle d'un agent de la CIA, mais celle-ci ne durera qu'une seule saison.

L'agent 69 Tara King (interprétée par Linda Thorson) et l'agent spécial John Steed (Patrick Macnee), duo de choc de la sixième saison de la série *Chapeau melon et bottes de cuir*.

Marc Michel et Gérard Depardieu dans une scène de l'étrange téléfilm *Le Cyborg ou le voyage vertical* de Jacques Pierre.

LE CYBORG OU LE VOYAGE VERTICAL
UN TÉLÉFILM DE L'ORTF

Avec la généralisation de la télévision, un nouveau système de production cinématographique s'est développé : les chaînes financent et supervisent elles-mêmes des œuvres destinées à une diffusion strictement télévisée. C'est ainsi que la première chaîne de l'ORTF propose le 15 septembre 1970, à une heure de grande écoute, un téléfilm de 80 minutes, *Le Cyborg ou le voyage vertical*. Interrogeant le rapport de l'homme à la machine, ce téléfilm de science-fiction met en scène sept personnages réunis pour une expérience scientifique, enterrés à 12 000 mètres sous terre, et au sein desquels se camoufle un cyborg que les autres doivent tenter d'identifier. Parmi les acteurs, on découvre un jeune débutant de vingt-deux ans, un certain Gérard Depardieu... Déroutant, alourdi par des dialogues pompeux qui sonnent un peu faux, *Le Cyborg ou le voyage vertical* subira des critiques sévères. Dans le magazine *Télé 7 jours*, Georges Hilleret se montrera cruel vis-à-vis de ce téléfilm : « Nous rendre la vie sinistre sur un écran en couleur, c'est tout de même un comble ! »

AU THÉÂTRE CE SOIR

L'idée de diffuser à la télévision des pièces de théâtre est née suite à une grève du personnel de l'ORTF en 1966 : obligée de combler l'antenne avec une représentation filmée – *La Bonne Planque* de Michel André, avec Bourvil en vedette –, la direction de la chaîne reçoit un important courrier lui demandant de renouveler l'expérience. C'est dans cet esprit que le producteur Pierre Sabbagh lance au cours de l'été 1966 l'émission *Au théâtre ce soir*, qui diffusera plus de quatre cents pièces jusqu'en 1985, dont la plupart appartiennent au registre du théâtre de boulevard. Les vaudevilles de Georges Feydeau occuperont donc une place de choix dans la programmation d'*Au théâtre ce soir*. Pierre Sabbagh veillera cependant à ne pas se restreindre à un seul genre. Ainsi, au cours de l'année 1970, vingt-six pièces sont présentées sur l'ORTF, dont *Douze hommes en colère*, mis en scène par Michel Vitold, *Le Bourgeois gentilhomme* (par Jean Le Poulain) ou *Dix petits nègres* (par Raymond Gérôme). William Shakespeare lui-même est mis à l'honneur avec la diffusion de la pièce *Les Joyeuses Commères de Windsor* mise en scène par Jacques Fabbri. Les spectateurs découvrent aussi le vaudeville policier *Assassins associés* de Robert Thomas, un grand succès populaire mis en scène par Jean Piat avec à l'affiche Denise Grey et Martine Amarande.

Jean Le Poulain et Francis Joffo, deux fins connaisseurs de l'œuvre de Molière, jouant ici une scène du *Bourgeois gentilhomme*, pièce télédiffusée dans l'émission *Au théâtre ce soir*.

Avril 1970

07 Avril — HOLLYWOOD : **JOHN WAYNE** ENFIN PRIMÉ AUX OSCARS !

» Enfin un Oscar pour « le Duc » ! La 42e cérémonie des Oscars du cinéma, qui se tient au Dorothy Chandler Pavilion de Los Angeles, donne l'occasion aux jurés de décerner un prix à John Wayne, dans la catégorie du Meilleur acteur, pour son interprétation du marshal Cogburn dans le western *100 dollars pour un shérif* d'Henry Hathaway. Il était temps ! Ce film est en effet le 130e de la carrière du célèbre acteur qui, âgé de soixante-trois ans, souffre depuis quelques années d'un cancer du poumon. S'il est considéré avec un certain dédain par une frange de la critique cinématographique américaine, qui lui reproche notamment sa sensibilité républicaine, John Wayne s'est imposé dans le cœur de beaucoup de cinéphiles en interprétant des rôles de durs au cœur tendre dans les plus grands chefs-d'œuvre de John Ford (*Le Massacre de Fort Apache*, *La Prisonnière du désert* ou *La Charge héroïque*) ou d'Howard Hawks (*Rio Bravo* ou *El Dorado*). Le rôle qui lui permet de recevoir cet Oscar tardif est paradoxalement à l'opposé de ceux qui lui ont assuré sa notoriété puisque John Wayne interprète dans le film d'Hathaway un marshal véreux, borgne et alcoolique... Dans la catégorie du Meilleur film étranger, un Oscar, remis par Clint Eastwood et Claudia Cardinale, est décerné au film *Z* de Costa-Gavras, qui reçoit également l'Oscar du meilleur montage. Ce film très politique – un implacable réquisitoire contre le régime des colonels en Grèce – a déjà reçu en 1969 le Prix du jury du festival de Cannes.

L'affiche américaine du film *True Grit* d'Henry Hathaway, distribué en France sous le titre *100 dollars pour un shérif*.

Le baiser de Barbra Streisand à John Wayne restera l'un des grands moments de la 42e cérémonie des Oscars du cinéma.

10
Avril

PAUL MC CARTNEY
QUITTE LES BEATLES !

» Miné par les dissensions internes de ses membres, le célèbre groupe britannique se saborde à l'initiative de Paul McCartney.

« Paul quits the Beatles » : la une du quotidien britannique *Daily Mirror*, en ce 10 avril, fait l'effet d'une bombe pour les fans des Beatles. Destinataire d'un entretien avec Paul McCartney distribué la veille à un groupe restreint de journalistes, l'éditorialiste du *Daily Mirror*, Don Short, n'a pas pu résister à la tentation d'offrir à l'événement la première page du tabloïd. Et même s'il n'est pas question dans l'entretien d'une dissolution du groupe, le départ de Paul McCartney, figure centrale des Beatles, signifie *de facto* la fin de la plus célèbre formation rock du XXe siècle. Pour leurs fans, qui ignoraient tout des tensions grandissantes entre les membres du groupe, l'annonce est une catastrophe.
L'aventure des Beatles est née le 6 juillet 1957 : ce jour-là, un adolescent de seize ans, un certain John Lennon, leader d'un groupe folklorique de Liverpool, fait la rencontre d'un guitariste de quinze ans, Paul McCartney, qu'il invite à rejoindre sa formation. En février 1958, ils s'adjoignent les services de George Harrison : le noyau dur du groupe est formé. Écumant les salles de Liverpool, les trois ados se produisent devant des publics restreints mais enthousiastes.

DAILY Mirror
Friday, April 10, 1970 No. 20,616

Kidnappers send girl home by taxi

PAUL QUITS THE BEATLES

By DON SHORT

PAUL McCARTNEY has quit the Beatles. The shock news must mean the end of Britain's most famous pop group, which has been idolised by millions the world over for nearly ten years.

Today 28-year-old McCartney will announce his decision, and the reasons for it, in a no-holds-barred statement.

It follows months of strife over policy in Apple, the Beatles' controlling organisation, and an ever-growing rift between McCartney and his song-writing partner, John Lennon.

McCartney and Lennon are rated one of the greatest popular songwriting teams of the century.

But there is little doubt that McCartney's decision will bring it to an end.

'Deeply cut up' after policy row

Safe

In his statement, which consists of a series of answers to questions, Mccartney says:

... about it all and his attitudes towards Mr. Klein.

Since the Klein appointment, Paul has refused to go to the Apple offices to work daily.

He kept silent and stayed at his St. John's Wood home with his photographer wife Linda, her daughter Heather, and their own baby Mary. He was obviously deeply cut up.

... that hastened Paul's decision to quit. John Lennon, on his marriage to Yoko Ono, set out on projects of his own. Ringo went into films, and George stepped in as a record producer.

Today McCartney will reveal his own plans for a solo programme.

It will include a full-length film based on the much-loved children's book character Rupert.

Secret

Geniuses

McCartney . . . a deadlock over policy with John Lennon

DON'T MISS CUP FINAL MIRROR ! SPECIAL 4-PAGE PULL-OUT IN THE DAILY MIRROR TOMORROW

PUNTERS PARADISE ! YOUR CHANCE OF A FRONT SEAT AT EPSOM

« Paul quitte les Beatles » : la une du *Daily Mirror* du 10 avril 1970 a profondément ému les fans du groupe britannique.

En août 1960, ils adoptent un mot-valise – « Beatles », formé des mots anglais *beat* (« rythme ») et *beetle* (« scarabée ») – puis partent à Hambourg, où ils jouent dans plusieurs clubs de Sankt Pauli, le « quartier chaud » de la ville.
Les titres composés par le binôme Paul McCartney / John Lennon valent au groupe d'être bientôt remarqué par des professionnels. Pris en main en 1961 par Brian Epstein, un manager aussi ambitieux que créatif, les Beatles sont recrutés l'année suivante par George Martin, directeur du label Parlophone. McCartney et Lennon sont alors encouragés à se séparer de leur batteur d'origine, Pete Best, jugé trop brouillon. Il est remplacé par Ringo Starr, qui devient le « métronome » du groupe.
Des tournées à travers le Royaume-Uni sont organisées en 1963 par Brian Epstein au cours desquelles les jeunes hommes, négligemment cravatés et coiffés à la mode « mop top », déclenchent de véritables scènes d'hystérie. Hurlements, pleurs et évanouissements jalonnent chacune de leurs prestations. Les cris de leurs fans sont tellement stridents que le groupe parvient à peine à s'entendre jouer ! Cette « beatlemania » devient dès lors un véritable phénomène de société et finit par indisposer John, Paul, George et Ringo.
Le 4 novembre 1963, ils se produisent devant la famille royale lors d'un concert au Prince of Wales Theatre de Londres. Leur succès ne tarde pas à traverser l'Atlantique et la Manche. Ils font l'Olympia, à Paris, au début de l'année 1964, où ils

Scène d'hystérie » à l'Olympia, à Paris, lors d'un concert des Beatles en janvier 1964.

« Composée par McCartney, la chanson « The Long and Winding Road » est l'un des morceaux phares de l'ultime album des Beatles, *Let It Be*, sorti en 1970.

Le quatuor et son esthétique inimitable lors de la tournée, en 1968, de leur huitième album, *Sgt. Pepper's Lonely Hearts Club Band*.

ont l'heureuse surprise d'interpréter leurs tubes devant un public plutôt masculin, ce qui leur permet de pouvoir enfin jouer dans des conditions sonores relativement acceptables. Leur tournée estivale aux États-Unis, en 1964, leur apporte la preuve que leur musique a réussi à conquérir l'Occident. En 1965, plusieurs membres des Beatles s'initient au LSD, en même temps qu'ils s'éloignent de leurs influences premières – rock'n'roll, blues, etc. – pour explorer des registres plus expérimentaux. Leur réputation de chanteurs sages et romantiques s'écorne après la publication d'un entretien de Lennon qui déclare : « Le christianisme disparaîtra. Il sera prouvé que j'ai raison. Nous sommes plus populaires que Jésus, désormais. » La phrase choque.

La mort de leur manager, Brian Epstein, victime d'une overdose à l'âge de trente-deux ans au cours de l'été 1967, assombrit l'horizon du groupe. Apprenant la nouvelle à leur retour d'un séjour dans l'ashram du gourou Maharishi Mahesh Yogi, les quatre musiciens commencent à montrer d'inquiétants signes de fatigue, même s'ils sont toujours très productifs. L'influence grandissante au sein du groupe de l'artiste japonaise Yoko Ono, la compagne et muse de John Lennon, sème la zizanie. Cette accumulation de gloire, de folie et de recherche d'absolu, mêlée à des luttes d'ego, a donc fini par avoir raison des Beatles. Le départ de McCartney, affichée à la une du *Daily Mirror* ce 10 avril, crève l'abcès et permet à chacun de reprendre sa liberté.

John Lennon et sa compagne Yoko Ono en vacances à Antibes en juillet 1970.

16 Avril
UNE COULÉE DE BOUE FAIT 72 MORTS DANS LE SANATORIUM DU ROC DES FIZ

» Deux mois après la catastrophe de Val-d'Isère, la montagne a encore tué plusieurs dizaines d'enfants sur le plateau d'Assy.

À 00 h 10, ce 16 avril, une énorme déflagration – un « bruit de roulement épouvantable » rapportent des témoins – se fait entendre sur le plateau d'Assy, non loin de la ville savoyarde du Fayet. 70 000 mètres cubes de boue, de rocher et de neige se mettent soudainement à dévaler, engloutissant avec fracas une partie du sanatorium pour enfants du Roc des Fiz, situé sur la commune de Passy. Toute l'aile ouest de ce fleuron des établissements médicaux du Mont-Blanc disparaît sous la coulée meurtrière.

Venus de la France entière, plusieurs centaines de petits « tubards » – c'est ainsi que l'on appelle alors les enfants atteints par des maladies pulmonaires – sont présents dans les différents bâtiments de l'institution lors de ce cataclysme. Cinq cents secouristes arrivent rapidement sur place, mais il faut bientôt se rendre à l'évidence : les deux pavillons ouest du sanatorium – fondé en 1932 – ainsi que le logement des infirmières et des puéricultrices ont totalement disparu sous une masse compacte qui, après avoir charrié des arbres sur 400 mètres, s'est brisé contre les bâtiments. Cinquante-six enfants et nourrissons, ainsi que quinze employés du sanatorium ont perdu la vie.

Quatorze familles portent plainte auprès du procureur, car un premier éboulement a déjà eu lieu le 5 avril 1970, sans que personne ne prenne en compte cet avertissement. La justice estimera que la catastrophe a eu pour cause des circonstances météorologiques exceptionnelles et difficilement prévisibles. Elle condamnera toutefois la commune de Passy, cette dernière étant reconnue coupable du vice de terrain dont elle a la garde. Des indemnités seront versées à plusieurs familles endeuillées. L'ensemble du sanatorium sera rasé suite à la catastrophe, et une stèle en granite sera élevée ainsi qu'un oratoire.

Cette avalanche, survenant deux mois après celle de Val-d'Isère, encouragera les autorités à établir de nouvelles cartographies des zones dangereuses et des terrains inconstructibles dans les régions alpines.

Considéré comme un établissement modèle, l'établissement médical du Roc des Fiz recevait chaque année, depuis plusieurs décennies, des centaines d'enfants atteints de maladies pulmonaires. Ici, une photo des années 1930.

Des sauveteurs s'affairent sur les débris du sanatorium du Roc des Fiz au lendemain du glissement de terrain.

17
Avril

Décollage le 11 avril 1970 de la fusée Saturn V depuis le centre spatial Kennedy, en Floride.

RETOUR EN URGENCE
DES ASTRONAUTES AMÉRICAINS
DE LA MISSION APOLLO 13

Organisée en vue de déposer deux astronautes américains sur la Lune, la mission Apollo 13 tourne au casse-tête pour la NASA... et frôle la catastrophe !

Vivants, ils sont vivants ! En réussissant ce 17 avril à mener à bien l'amerrissage dans l'océan Pacifique du module lunaire d'Apollo 13, les ingénieurs de la NASA parviennent à éviter le pire. Certes, la mission spatiale se solde par un échec technique cuisant, mais les vies des trois astronautes sont sauvées *in extremis*.
Faisant suite à deux missions au cours desquelles des astronautes américains ont pu fouler le sol de la Lune – la célébrissime mission Apollo 11 en juillet 1969, première du genre, puis Apollo 12 en novembre 1969 –, Apollo 13 devait permettre à deux de ses trois membres d'équipage – James Lovell et Fred Haise – de renouveler l'expérience de l'alunissage, tandis que Jack Swigert devait rester en orbite. L'objectif visé était situé au nord du cratère Fra Maurao, à quelque 200 kilomètres du site d'atterrissage d'Apollo 12. Les astronautes devaient collecter des dizaines de kilos d'échantillons de roches lunaires, réaliser des photographies et déployer un ensemble d'instruments scientifiques de contrôle.
Le lancement de la mission Apollo 13, effectué le 11 avril depuis le centre spatial Kennedy en Floride, grâce au lanceur géant Saturn V, s'est globalement bien passé. Malgré quelques incontournables avaries techniques, dont la défection du moteur central, les modules d'Apollo, débarrassés après le lancement des éléments superflus de Saturn V, se sont placés sur la bonne trajectoire. Dès lors, le vaisseau américain n'avait plus qu'à se laisser aimanter par le champ d'attraction de la Lune afin de pouvoir s'en approcher assez pour s'y poser.
Mais tout bascule le 14 avril, environ cinquante-six heures après le lancement. Alors que l'appareil a déjà effectué une distance de 300 000 kilomètres depuis la Terre et qu'il lui en reste autant à parcourir jusqu'à la Lune, une explosion sourde se fait entendre, aussitôt suivie d'une alarme générale. Les astronautes et l'équipe technique du centre spatial constatent alors que le circuit électrique est gravement endommagé. Personne ne le sait à

Le tableau de bord du module de commande du vaisseau de la mission Apollo 13. Les astronautes sont contraints de le quitter afin de se réfugier dans le module lunaire.

cet instant, mais l'explosion, causée par un court-circuit, vient de faire voler en éclats une importante partie du module de service. Il devient bientôt clair que les réservoirs à oxygène ne vont pas tarder à se vider : la seule solution est d'abandonner l'objectif Lune et de tenter de faire demi-tour.
Une angoissante course contre la montre commence alors. Dans ce vaisseau en perdition, soumis à la raréfaction de l'oxygène et des ressources électriques, les trois astronautes n'ont pas d'autre choix que de déserter le module de commande pour prendre position dans l'étroit module lunaire afin d'utiliser celui-ci comme « canot de sauvetage » ! Initialement prévu pour se poser sur la Lune, ce petit module n'est pas du tout préparé à devenir le « poste de pilotage » d'un retour vers la Terre... Le changement de cap est un véritable casse-tête pour l'équipage et les techniciens : trop faible pour faire demi-tour, le vaisseau doit continuer sa course vers la Lune, la contourner avant de se laisser naturellement attirer vers la Terre, tout cela dans des conditions particulièrement inconfortables puisque 80 % des équipements, dont le chauffage et le système de guidage, ont été débranchés afin d'économiser les faibles capacités électriques restantes...
Enfin, il faut gérer l'entrée dans l'atmosphère terrestre : les astronautes commencent par se réinstaller dans le module de commande. Ils se débarrassent ensuite du module de service, qui part à la dérive dans l'espace, puis du module lunaire, dont les débris tombent dans l'océan Pacifique. Équipé d'un bouclier thermique et d'un système de parachute, le module de commande réussit à entrer dans l'atmosphère avant de plonger dans l'océan, quelque part entre la Nouvelle-Zélande et les îles Fidji. C'est là qu'un navire américain vient à la rescousse de Lovell, Haise et Swigert, qui se remettent peu à peu de leur mésaventure. Qualifiée d'« échec réussi » par certains journalistes, la mission Apollo 13 obligera la NASA à réviser intégralement ses procédures de sécurité. Et ce sont finalement les astronautes de la mission Apollo 14 qui auront le privilège, en février 1971, de pouvoir se poser près du cratère lunaire Fra Maurao.

Le module de commande, avec à son bord les trois astronautes, est récupéré par l'équipage du navire amiral *USS Iwo Jima* près des îles Fidji.

L'équipage d'Apollo 13, peu après son retour mouvementé sur Terre. De gauche à droite : Fred Haise, James Lovell et John Swigert.

L'emblème de la mission Apollo 13, avec la mention latine *Ex Luna scientia* (« La connaissance depuis la Lune »).

18
Avril

LA FRANCE REMPORTE **LE TOURNOI DES CINQ-NATIONS**

Une touche disputée durant la rencontre entre la France et l'Angleterre, le 18 avril à Colombes.

Le 24 janvier 1970, également à Colombes, l'équipe de France a remporté sur le score de 8-0 le match l'opposant à l'Irlande.

» Lancé le 10 janvier à Édimbourg par un match victorieux de la France contre les Écossais, le tournoi des Cinq-Nations 1970 s'achève ce samedi 18 avril au stade olympique Yves-du-Manoir, à Colombes, par une nouvelle victoire des Bleus. Cette dixième et dernière rencontre du tournoi tourne en effet à l'avantage des Français, emmenés par Christian Carrère, qui s'imposent face aux Anglais avec un score de 35 points contre 13. Au final, avec trois victoires et une défaite, l'équipe de France a engrangé un total de six points et remporte donc le tournoi des Cinq-Nations… à égalité avec les joueurs du pays de Galles, tenants du titre 1969 ! Grands perdants, l'Écosse et l'Angleterre n'ont obtenu que deux points. Admise depuis 1910 au sein de ce tournoi initialement réservé aux Britanniques (Angleterre, Écosse, Irlande et pays de Galles), la France a déjà décroché huit fois le titre, seule ou exæquo. Avec cette neuvième victoire, les Bleus démontrent qu'ils se maintiennent à un excellent niveau, sans retrouver toutefois les performances qui leur ont permis de remporter le titre pendant quatre années successives, entre 1959 et 1962. Ce tournoi confirme surtout l'excellent niveau des Gallois, qui dominent le rugby européen depuis le début des années 1960.

24
Avril

LE PREMIER **SATELLITE CHINOIS** EN ORBITE

» La République populaire de Chine fait son entrée dans le club très fermé des pays capables d'envoyer des satellites dans l'espace, rejoignant ainsi l'Union soviétique, les États-Unis, la France et le Japon. Dong Fang Hong 1, aussi appelé China 1, a été propulsé grâce à une fusée légère de type Longue Marche 1 qui a décollé de la base de lancement de Jiuquan, en Mongolie intérieure. Ce satellite, qui pèse plus de 170 kilos, a une forme de polyèdre à 72 faces, ce qui le fait étrangement ressembler à une boule à facettes… Détail cocasse : Dong Fang Hong 1, qui a pour objectif de recueillir des données scientifiques sur les couches supérieures de l'atmosphère, est équipé d'un système de sonorisation qui diffuse pendant les vingt jours de sa mission la chanson maoïste *L'Orient est rouge*, hymne officieux de la Grande Révolution culturelle chinoise…

26 Avril — SUEZ : OFFENSIVES DE L'ÉGYPTE CONTRE DES POSITIONS ISRAÉLIENNES

» Ce qu'il est convenu d'appeler la « guerre d'usure israélo-arabe » est entrée depuis quelques semaines dans une phase explosive à cause de l'implication croissante de l'URSS dans ce conflit qui oppose depuis juillet 1967 l'État d'Israël à l'Égypte de Gamal Abdel Nasser. La stratégie du Raïs est simple : il s'agit selon ses propres mots de « briser le moral » d'Israël en harcelant ses troupes massées derrière la ligne fortifiée Bar-Lev, construite le long du canal de Suez. C'est dans cet esprit que l'armée égyptienne, qui bénéficie désormais d'une aide soviétique conséquente, lance ce 26 avril des raids aériens contre les rives orientales du canal de Suez et la ligne Bar-Lev. Plusieurs dizaines d'avions de chasse soviétiques, des Mig-21, harcèlent à plusieurs reprises les forces de Tsahal, provoquant la mort de quatorze soldats israéliens.

4 mai 1970 : des soldats de Tsahal répliquent aux attaques égyptiennes par des tirs de mortier sur les positions ennemies.

26 Avril — ALAIN DELON PUBLIE UNE LETTRE OUVERTE AU PRÉSIDENT POMPIDOU

Alain Delon lors de la première de la pièce *Un sale égoïste* au Théâtre Antoine, à Paris, le 3 février 1970. On reconnaît près de lui sa compagne, la comédienne Mireille Darc, ainsi que Françoise Dorin et Paul Meurisse.

» En octobre 1968, un certain Marković, réfugié politique yougoslave et ancien garde du corps d'Alain Delon, est assassiné dans des conditions mystérieuses. Alain Delon et son ami François Marcantoni, un truand corse, sont alors entendus par la police. Puis de multiples rumeurs s'abattent sur le monde politique, en particulier sur Madame Pompidou, accusée d'être grande amatrice de parties fines... Alain Delon, dont la proximité avec le milieu est notoire, relance l'affaire en publiant ce 26 avril 1970 dans *Le Journal du dimanche* une étrange lettre ouverte au président Pompidou : inquiet, l'acteur y explique qu'il craint d'être la victime d'un « complot lors de [son] prochain voyage à l'étranger ». Un « homme en place », affirme-t-il, lui aurait assuré que des « représentants non négligeables de la fonction publique » cherchent à lui « donner l'estocade »... La lettre, nébuleuse, n'a finalement qu'un faible écho et rend plus tragi-comiques encore les mystères entourant l'affaire Marković...

« Présenté en son temps comme le nec plus ultra de la technologie, le pacemaker atomique sera progressivement abandonné à partir des années 1980. Ici, un pacemaker de 1970 (à gauche) et un modèle plus récent.

27 Avril

IMPLANTATION D'UN PACEMAKER ATOMIQUE SUR UNE FRANÇAISE

» C'est une intervention médicale d'un genre spécial qui a lieu ce jour à l'hôpital Broussais, dans le XIVe arrondissement de Paris : un stimulateur cardiaque à énergie atomique est implanté avec succès sur une femme de cinquante-huit ans souffrant d'un grave trouble du cœur, à savoir un bloc auriculo-ventriculaire avec syncopes. Fonctionnant avec une batterie isotopique au plutonium 238 censée avoir une durée de vie d'au moins vingt ans, ce pacemaker de nouvelle génération est placé sous la paroi abdominale de la patiente, les électrodes myocardiques de l'appareil étant implantées sur son ventricule droit. Cette opération, d'autant plus délicate qu'elle concerne des produits radioactifs, a été précédée en 1969 par de nombreux tests réalisés sur des chiens. Elle sera renouvelée sur deux autres patients à l'hôpital Broussais, en juin 1970 et en mars 1971, et plus de mille personnes, dans le monde entier, seront équipées d'un tel dispositif dans les années suivantes. Mais les autorités sanitaires finiront par interdire ce procédé dans les années 1980, de crainte que les pacemakers atomiques ne soient détournés à des fins terroristes ! Il suffirait en effet de déverser une faible dose de plutonium 238 dans une source d'eau potable pour provoquer une catastrophe...

29 Avril

L'AVEU DE COSTA-GAVRAS SORT EN SALLES

» Adapté d'un livre-témoignage de l'homme politique tchécoslovaque Artur London, *L'Aveu*, du réalisateur franco-grec Costa-Gavras, sort sur les écrans français. Interprété par Yves Montand et Simone Signoret, ce film – le quatrième de Costa-Gavras – se penche de façon saisissante sur les purges staliniennes intervenues au cœur du Parti communiste tchécoslovaque dans les années ayant précédé le printemps de Prague. Centrée sur le personnage d'Artur, un haut responsable du Parti faussement accusé d'espionnage au profit des États-Unis, l'intrigue décrit la perversité d'une procédure accusatoire qui vise à détruire physiquement et psychologiquement le prisonnier en lui imposant de prononcer des aveux de crimes imaginaires. Yves Montand n'a pas hésité à perdre 17 kilos pour le tournage afin de mieux camper son personnage ! Le Parti communiste français s'en prendra très logiquement au film et, dans le magazine de cinéma *La Nouvelle Critique*, des journalistes proches du PCF parleront de « procédés cinématographiques fort peu honnêtes, des coups bas dans l'estomac, un matraquage organisé du public »...

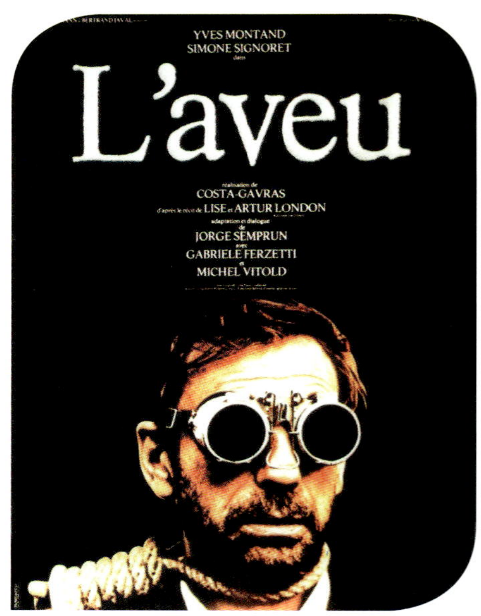

^ L'affiche de *L'Aveu*, avec les lunettes de soudeur posées sur le visage émacié d'Yves Montand.

30 Avril — L'ASSEMBLÉE NATIONALE ADOPTE **LA LOI « ANTI-CASSEURS »**

» « Il faut en finir avec les casseurs. » C'est en substance le message que les députés veulent faire passer en adoptant ce 30 avril la loi N° 70-480 « tendant à réprimer certaines formes nouvelles de délinquance ». À travers cette loi d'exception voulue par le gouvernement de Jacques Chaban-Delmas, ce sont les « casseurs », et en particuliers les « commandos » liés aux groupuscules d'extrême gauche, qui sont visés. Confrontées à des actions de plus en plus violentes de la part de groupes mobiles qui se greffent aux manifestations afin de s'en prendre aux forces de l'ordre ou au mobilier urbain, les autorités souhaitent que soient prévues dans cette loi de lourdes peines d'emprisonnement contre les « instigateurs, organisateurs et participants volontaires d'actions concertées menées à force ouverte ». Les violences « exercées contre les fonctionnaires et les agents des services publics » sont particulièrement visées par la loi et pourront être sévèrement punies par des peines d'emprisonnement allant jusqu'à cinq ans – et même vingt ans en cas d'infirmité permanente. Tout en garantissant le droit constitutionnel de manifester, la loi « anti-casseurs » est donc un nouvel outil dans l'arsenal répressif de l'État. Elle sera néanmoins abrogée par le gouvernement socialiste en 1981, en accord avec une promesse électorale de François Mitterrand.

Le président Richard Nixon s'adressant à la nation américaine devant une carte de l'Asie du Sud-Est.

30 Avril — **RICHARD NIXON** ANNONCE L'INTERVENTION AMÉRICAINE AU **CAMBODGE**

» Cette fois, c'est officiel : les armées américaine et sud-vietnamienne interviendront dès le début du mois de mai sur le territoire cambodgien afin de mener l'offensive contre les bases arrière des communistes vietnamiens. Le 37e président des États-Unis, Richard Nixon, l'annonce à la télévision, posant martialement devant une carte de l'Indochine. Mais dans les faits, l'armée américaine bombarde déjà le Cambodge depuis mars 1969 avec une terrible intensité : le quart sud-ouest du royaume khmer, les rives du Mékong, les hauts-plateaux ont été « secrètement » pilonnés par les bombardiers américains, faisant des dizaines de milliers de victimes civiles.

Facilitée par le coup d'État pro-américain qui a eu lieu le 18 mars dernier à Phnom Penh, cette intrusion des divisions blindées américaines s'accompagnera de massacres de la population cambodgienne, commis par les troupes du Sud-Viêt Nam. Le repli sera ordonné fin juin, sans grands bénéfices pour les Américains.

L'intervention américaine au Cambodge se fera principalement par la voie aérienne et occasionnera un nombre considérable de victimes civiles.

Mai 1970

01 Mai — DES SYNDICATS UNIS POUR LE 1ER MAI

» Du jamais-vu depuis 1947 : les « frères ennemis » du syndicalisme français défilent ensemble, ralliant la place de la République à la place de la Bastille. Les grandes centrales syndicales se sont en effet entendues pour battre côte à côte le pavé parisien au cours du traditionnel défilé de la fête du Travail. Le cortège unitaire, qui regroupe la Confédération générale du travail (CGT), la Confédération française démocratique du travail (CFDT) et la Fédération de l'Éducation nationale (FEN), est parti de République à 15 heures. À sa tête les responsables des trois syndicats prennent place, suivis par des personnalités politiques dont le socialiste Charles Hernu, le secrétaire général du Parti socialiste unifié Michel Rocard, ou encore Georges Marchais, nouveau secrétaire adjoint du Parti communiste français. Quelques artistes se mêlent aussi au défilé, à l'instar du compositeur grec Mikis Theodorakis.

Les étudiants du syndicat UNEF se sont eux aussi joints à la marche unitaire de ce 1er mai.

En tête du cortège unitaire se trouvent, de gauche à droite, Robert Duvivier (CFTC), Georges Séguy (CGT), Benoît Frachon (CGT) et Louis Saillant (CGT).

Afin d'éviter d'être débordées par d'éventuels militants d'extrême gauche, les centrales syndicales, et en particulier la CGT, ont pris soin de prévoir un imposant service d'ordre, assurant une vigilance de chaque instant, surtout lors de la dispersion du cortège sur la place de la Bastille. Malgré tout, des heurts se produisent à la fin du défilé. Alors que, vers 17 heures, le gros du cortège se disperse, empruntant les boulevards Henri-IV et Bourdon, plusieurs groupuscules gauchistes refusent de quitter la place de la Bastille. Aux membres du service d'ordre de la CGT qui demandent aux manifestants de se disperser, des jeunes révolutionnaires hurlent « Dispersion trahison ! » et « Gouvernement ouvrier ! ». S'ensuivent des batailles rangées avec les CRS qui se prolongent dans les rues du quartier jusqu'à 20 heures. Près de cent « casseurs » sont arrêtés à l'issue de cette journée.

08 Mai — L'ÉPICERIE **FAUCHON** **DÉVALISÉE**

» Les maoïstes français multiplient les actions violentes en ce mois de mai 1970. Le pillage de l'épicerie Fauchon est l'une des plus médiatisées.

Des policiers devant la boutique Fauchon, place de la Madeleine à Paris, peu après la « razzia » maoïste.

Le pillage de la célèbre épicerie (ici, l'intérieur du magasin) sera accueilli avec une certaine indulgence par la presse.

Ce 8 mai, un commando d'une cinquantaine de militants « maoïstes-libertaires » de la Gauche prolétarienne, armés de barre de fer et emmenés par un certain « Tarzan », pénètre de force dans la boutique du traiteur Fauchon, place de la Madeleine à Paris, y faisant une véritable razzia. Ils dérobent une grande quantité de produits de luxe, notamment du caviar, des truffes, du foie gras, des vins liquoreux, du champagne et des marrons glacés… Et ce, avant d'y laisser un tract au contenu explicite : « Nous ne sommes pas des voleurs. Salaire moyen d'un OS : 3,50 francs de l'heure. 1 kilo de foie gras : 200 francs, soit 60 heures de travail… Alors, qui sont les voleurs ? » Les militants d'extrême gauche réussissent à s'enfuir par le métro, à l'exception d'une jeune activiste de la Gauche prolétarienne, Frédérique Delange, fille d'un haut-fonctionnaire. Les produits fins sont ensuite redistribués dans un foyer de travailleurs africains d'Ivry-sur-Seine et dans un bidonville de Saint-Denis.

Cette action de pillage d'un genre particulier, largement médiatisée, est accueillie avec une certaine indulgence par la presse et une partie de la classe politique de gauche. Elle s'est déroulée dans le contexte autrement plus trouble d'une vague d'attentats à la bombe, manifestement orchestrée par la mouvance de l'extrême gauche maoïste. Plusieurs villes de province, notamment Cannes, Montpellier et Besançon, ont en effet été frappées ces dernières semaines. Grenoble, en particulier, a été la proie de nombreux attentats. Ainsi, ce même 8 mai, une explosion y endommage l'École militaire des Armes spéciales, ce qui porte à neuf le nombre d'attaques à l'explosif commises dans la capitale des Alpes depuis une semaine. Il y a quatre jours, un centre IBM et des agences de travail temporaire Manpower étaient visés, occasionnant de sérieux dégâts sur une dizaine de véhicules stationnés alentour. Ces attentats, qui n'ont miraculeusement pas fait de blessés graves, ont tous été revendiqués par une mystérieuse organisation maoïste, le « groupe révolutionnaire n° 2 ».

09 Mai — MANIFESTATION CONTRE LA POLITIQUE AMÉRICAINE EN **INDOCHINE**

» Aux États-Unis, le mouvement d'hostilité à l'intervention américaine en Indochine prend un tournant spectaculaire : à Washington, plus de quatre-vingt-cinq mille jeunes manifestants se retrouvent face à la Maison-Blanche pour exprimer leur refus de l'ingérence américaine en Asie du Sud-Est. Annoncée fin avril par le président Richard Nixon, l'occupation américaine d'une partie du territoire cambodgien est en effet dénoncée avec vigueur par la gauche pacifiste américaine. Festive et ponctuée de concerts plus ou moins improvisés, cette journée d'action est marquée par la présence de l'actrice Jane Fonda, qui prend la parole devant une foule survoltée. Accompagnée tout au long de la journée par le militant anarchiste Abbie Hoffman, elle inscrit aussi son nom sur une pétition grand format, qui exige « le départ de toutes les troupes américaines du sud-est asiatique » et proteste contre « l'invasion du Cambodge et la recrudescence des bombardements au Nord-Viêt Nam ». Loin d'être circonscrit aux États-Unis, le mouvement réunira le lendemain près de deux cent mille personnes dans le bois de Vincennes à Paris, rassemblées à l'appel de quarante-quatre organisations de gauche exigeant le désengagement unilatéral de l'armée américaine au Viêt Nam et au Cambodge.

Bombant fièrement la poitrine, l'actrice Jane Fonda exprime son opposition aux « guerres impérialistes » menées par les États-Unis.

La foule des protestataires est des plus denses devant la Maison-Blanche, lieu de résidence du président des États-Unis.

15 Mai — NOUVELLE CAMPAGNE D'**ESSAIS NUCLÉAIRES FRANÇAIS**

» La France procède, ce 15 mai à 10 heures du matin (heure locale), à son 32e essai nucléaire sur l'atoll corallien de Mururoa, en Polynésie française. L'« engin » – pour reprendre la terminologie militaire en vigueur – est largué à 560 mètres de hauteur depuis le ballon Denise. Cela fait vingt mois que le Commissariat français à l'énergie atomique n'a pas organisé l'explosion expérimentale d'une bombe nucléaire. Le précédent essai, qui s'est déroulé au même endroit en septembre 1968, a été particulièrement puissant puisque la bombe larguée par le ballon Dindon dépassait les 1 280 kilotonnes de TNT. Certes, celle larguée ce matin est cent fois plus faible, mais elle a la même intensité que celle d'Hiroshima ! Cet essai, qui a pour but de valider les modèles de fonctionnement de la force française de dissuasion nucléaire, est le premier d'une série de huit qui se prolongera jusqu'en septembre 1970. La France arrive en troisième position pour le nombre de ses essais nucléaires, derrière les États-Unis et l'Union soviétique, mais devant le Royaume-Uni et la République populaire de Chine.

La France procédera en 1970 à sept autres essais nucléaires, tous en Polynésie française. Ici, celui du 3 juillet, dans l'atoll de Mururoa.

16 Mai — PALME D'OR SURPRISE POUR *MASH*

Elliott Gould (avec la chemise à motifs) et Donald Sutherland (à droite), deux des principaux acteurs de *MASH*, durant le tournage du film.

» Il est rare, très rare, que les jurés du festival de Cannes décernent la Palme d'or à une comédie ! Présidé cette année par l'écrivain et diplomate guatémaltèque Miguel Ángel Asturias, le jury fait donc une exception ce 16 mai en portant son choix sur *MASH*, le quatrième long-métrage du cinéaste américain Robert Altman. Mordant et loufoque, le film narre les aventures de chirurgiens coureurs de jupon dépêchés dans un hôpital militaire américain pendant la guerre de Corée. Compétents mais rebelles à toute autorité, les nouveaux venus vont mettre une gigantesque pagaille dans le camp… Si l'attribution de la Palme d'or à cette comédie caustique froisse quelques critiques, elle sera néanmoins suivie par d'autres récompenses, notamment aux Oscars et aux Golden Globes. *MASH* sera aussi un grand succès public, avec plus de 3,6 millions d'entrées en France !

L'affiche espagnole du film de Robert Altman, sorti dans les salles françaises le 12 août 1970.

19 Mai — BARBAPAPA EST NÉ !

» Une véritable révélation ! Alors qu'ils se promènent dans le jardin du Luxembourg, à Paris, où un enfant réclame de la barbe à papa à ses parents, l'auteur américain de littérature jeunesse Talus Taylor et son épouse, l'architecte française Annette Tison, ont l'idée de dessiner un personnage rond et rose inspiré par la forme nuageuse de la sucrerie. Croqué à la va-vite sur un coin de nappe et baptisé Barbapapa, il sera promis à un bel avenir. Évoluant dans un décor futuriste influencé par les maisons bulles et l'écologie, Barbapapa, Barbamama et leurs enfants vont vivre de nombreuses aventures qui seront traduites dans une trentaine de langues et adaptées dans de nombreux formats télévisuels d'animation. Les *Barbapapa* vont aussi susciter la création de produits dérivés destinés aux petits et aux grands !

Quelques personnages de *Barbapapa*. On peut notamment reconnaître, autour des parents Barbapapa et Barbamama, le sportif Barbidur (en rouge), la mélomane Barbalala (en vert) ou le bucolique Barbidou (en jaune).

22 Mai — ATTENTAT MEURTRIER CONTRE UN BUS SCOLAIRE EN ISRAËL

» Douze Israéliens, dont neuf enfants, sont morts dans un attentat visant un bus scolaire parti tôt le matin de la coopérative agricole d'Avivim, près de la frontière libanaise. Les assaillants, qui ont tiré des rafales de mitraillettes sur leurs victimes désarmées, n'ont pas pu être appréhendés. On sait qu'ils appartiennent au Front populaire de libération de la Palestine-Commandement général, une scission du FPLP de Georges Habache.

Il s'agit de la première attaque de grande ampleur perpétrée par cette organisation d'extrême gauche anti-israélienne dirigée par Ahmed Jibril. L'État hébreux ripostera de façon très brutale à ce massacre : quatre villages libanais seront bombardés, ce qui provoquera la mort d'une vingtaine de civils et un exode de plusieurs milliers d'habitants du sud Liban.

25 Mai — LA ROUMANIE EN PROIE À DE TERRIBLES INONDATIONS

» Les pluies redoublent de vigueur en Roumanie, ce 25 mai, rendant la situation toujours plus chaotique. L'ensemble du pays est la proie de précipitations gigantesques depuis le 12 mai, ce qui a provoqué des inondations destructrices, les pires qu'ait connues la Roumanie depuis le XVIIe siècle. Faisant suite à un hiver 1969 anormalement pluvieux, ce déluge, qui s'abat sur le nord-ouest de la Transylvanie et les Maramureș, atteint une intensité comparable à celle des pluies tropicales !
En se combinant, les trois facteurs observés depuis deux semaines – durée anormale des jours de pluie, grande extension spatiale des précipitations et très forte intensité – font déborder l'ensemble des cours d'eau du pays, y compris des rivières jusque-là réputées « sages ».
Le bilan de cette catastrophe sera lourd pour la Roumanie, sa population et son économie, déjà fragiles : on déplorera ainsi deux cent neuf morts, près de trois cent mille sans-abri et un million d'hectares de terres submergées...

^ Jean-Paul Sartre et sa compagne la philosophe Simone de Beauvoir distribuant le journal maoïste *La Cause du peuple* à des passants du boulevard Saint-Germain, à Paris.

27 Mai — LA CAUSE DU PEUPLE DEVANT LA JUSTICE

» Procès sous haute tension à Paris, ce mercredi 27 mai. Deux anciens directeurs de *La Cause du peuple*, « journal communiste révolutionnaire prolétarien » d'obédience maoïste, sont jugés. Jean-Pierre Le Dantec a été arrêté le 22 mars, en tant que directeur de publication, pour « provocation au meurtre, au pillage, à l'incendie et crimes contre la sûreté de l'État ». Son successeur, Michel Le Bris, a quant à lui été interpellé le 20 avril pour des motifs similaires. Le philosophe Jean-Paul Sartre est alors devenu directeur de *La Cause du peuple*. Des mesures de police extraordinaires ont été prises par les autorités pour sécuriser le procès (fermeture de la station de métro Cité, présence massive de CRS, saisie des exemplaires de *La Cause du peuple*, etc.), mais ce déploiement n'a pas permis d'éviter les violences : dans le Quartier latin, des batailles rangées, les plus brutales depuis Mai 68, ont ainsi opposé la police aux militants maoïstes. La dissolution du groupuscule Gauche prolétarienne, décidée ce même 27 mai en Conseil des ministres, a par ailleurs chauffé à blanc les activistes d'extrême gauche, bien décidés à « affronter les hordes policières ». Au terme de ce procès politique, Pierre Le Dantec et Michel Le Bris sont respectivement condamnés à un an et huit mois de prison.

Les affrontements entre activistes d'extrême gauche et forces de l'ordre après l'énoncé du verdict ont occasionné de nombreux dégâts dans le Quartier latin. »

31 Mai — SAINT-ÉTIENNE REMPORTE LA COUPE DE FRANCE DE FOOTBALL

» Cinq buts à zéro ! La victoire de l'AS Saint-Étienne sur le FC Nantes en finale de la Coupe de France, ce dimanche 31 mai au stade olympique Yves-du-Manoir de Colombes, est franche, nette et sans bavures. Et le triomphe des Verts, entraînés par le « roi de France » Albert Batteux, est d'autant plus éclatant que les Nantais sont leurs plus farouches adversaires sur le territoire national. Pour preuve, depuis 1964, les deux clubs se sont partagé l'ensemble des sept titres de champions de France ! Mais aujourd'hui, l'équipe nantaise n'a rien pu opposer à la fougue du club présidé par Roger Rocher. Signés Patrick Parizon, Georges Bereta, Robert Herbin et Hervé Revelli (auteur d'un doublé), les cinq buts des Stéphanois illustrent, une fois encore, l'exceptionnel talent d'une équipe qui se paiera aussi le luxe de remporter en juin pour la sixième fois – et pour la quatrième fois consécutive – le championnat de France, signant ainsi le second doublé Coupe-championnat de son histoire.

L'attaquant stéphanois Hervé Revelli marque ici le quatrième but face à une défense nantaise dépassée.

31 Mai — GRAND TREMBLEMENT DE TERRE AU PÉROU

» À 15 h 23, ce 31 mai, la terre tremble au Pérou : 54 longues secondes au cours desquelles est enregistrée la plus importante magnitude sismique jamais relevée dans ce pays, 7,9 sur l'échelle de Richter ! Centré près des côtes pacifiques sur les régions de la Libertad et d'Ancash, le tremblement de terre est suivi de gigantesques glissements de terrain et d'avalanches exceptionnellement violentes. Des vallées entières sont ainsi recouvertes par un mélange de boue et de dépôts glaciaires qui, dévalant des hautes montagnes, ne laisse aucune chance aux habitants. Les vingt-deux mille habitants de la ville de Yungay périssent ainsi instantanément sous une « vague » de plus de 10 000 mètres cubes avançant à 300 km/h... La destruction de la plupart des routes, y compris la célèbre autoroute panaméricaine, a quasiment empêché les secours de se rendre auprès des sinistrés. Au total, ce que l'on surnommera le « Grand tremblement de terre péruvien » aura fait soixante-quinze mille morts, vingt-cinq mille disparus et deux cent mille blessés.

Après le séisme, la ville d'Huaraz, très durement touchée, offre un spectacle de désolation.

Mai 1970

Vue générale de la cathédrale Notre-Dame de l'Apparition de Brasilia.

Un soin particulier a été accordé aux vitraux et aux jeux de lumière à l'intérieur de la cathédrale Notre-Dame de l'Apparition.

31 Mai

ARCHITECTURES NOUVELLES

» Édifice majeur de la toute nouvelle capitale du Brésil, la cathédrale futuriste de Brasilia a été consacrée. Pendant ce temps, en France, de grands projets architecturaux bouleversent en profondeur paysages et villes.

Monument emblématique de Brasilia – cette mégapole-champignon sortie de la forêt amazonienne en 1960 afin de devenir la capitale du Brésil –, la cathédrale Notre-Dame de l'Apparition est consacrée ce 31 mai par le cardinal Dom Eugênio de Araújo Sales. Tournant le dos à la tradition architecturale chrétienne européenne, l'édifice a été conçu par l'urbaniste Lucio Costa et le très réputé architecte Oscar Niemeyer, sur la base des calculs mathématiques de l'ingénieur Joaquim Cardozo. Évoquant une sorte de vaisseau spatial à la structure hyperboloïde, cette cathédrale futuriste, haute de 70 mètres et capable d'accueillir quatre mille fidèles sous ses lumineux vitraux bleus et blancs, se compose de seize colonnes de béton façonnées de verre et d'acier. La majeure partie du bâtiment est souterraine, et seuls le toit ovale du baptistère et le clocher sont visibles au-dessus du sol. Le « parvis », souterrain lui aussi, fait grande impression grâce à ses quatre statues monumentales en bronze représentant les Évangélistes : Marc, Matthieu et Luc à gauche, Jean à droite. La cathédrale Notre-Dame de l'Apparition a été le premier monument construit dans la très géométrique « ville nouvelle » du Brésil.

Lors de la messe de consécration célébrée ce 31 mai, le cardinal Dom Eugênio de Araújo Sales est assisté du cardinal archevêque de Lisbonne, Dom Manuel Gonçalves Cerejeira. Ce dernier porte avec lui la croix de fer de Pedro Álvares Cabral – le « découvreur du Brésil » –, utilisée lors du premier office catholique célébré au Brésil en avril 1500, tel un symbole de renouveau dans la continuité...

En France aussi, des projets architecturaux – aussi ambitieux que contestés – modifient les paysages. Démarrée en 1967, une partie du grand chantier Beaugrenelle-Front de Seine, dans le XVe arrondissement de Paris, entre ce printemps 1970 dans sa phase finale avec l'achèvement de la construction de plusieurs tours, dont la Keller, l'Avant-Seine et la Seine. Réalisée par les architectes Henri Pottier et Michel Proux, cette dernière est haute de 98 mètres et possède la particularité d'arborer une façade constituée de panneaux de mosaïque. Convoquant les principes architecturaux de la Charte d'Athènes de 1933, les promoteurs du projet Beaugrenelle-Front de Seine entendent ainsi privilégier les « hautes constructions » qui doivent s'insérer dans un « zonage quadrifonctionnel » (habiter/travailler/se récréer/circuler). Cet « urbanisme vertical », dont la publicité criarde n'hésite pas à convoquer l'imaginaire utopique du « rêve américain » tout en ringardisant les constructions « anarchiques » du vieux Paris franchouillard, a su convaincre plusieurs centaines d'acheteurs, qui s'enorgueillissent de faire figure de pionniers. L'érection de ces hautes tours à quelques dizaines de mètres de la tour Eiffel est cependant l'objet de critiques conséquentes de la part de certains observateurs, qui bien vite rebaptisent ce projet « L'affront de Seine »... Il va sans dire que la tour

« Le bâtiment du Congrès national du Brésil, construit sur la place des Trois-Pouvoirs de Brasilia, est l'une des œuvres architecturales d'Oscar Niemeyer.

Montparnasse, dont la première pierre a été posée au mois d'avril de cette même année 1970, aura elle aussi de très nombreux détracteurs, car jugée largement disproportionnée par rapport à la hauteur moyenne des bâtiments de la capitale...

Quoi qu'il en en soit, il n'y a pas qu'à Paris qu'architectes et promoteurs prétendent jeter les bases d'« utopies urbaines » destinées à accueillir des populations toujours plus nombreuses. Les villages de l'Île-de-France, en particulier, sont sujets à une forte pression démographique, alimentée à la fois par l'exode rural, l'immigration massive et le rapatriement des Français d'Algérie. La création d'un grand ensemble à Sarcelles, dans le Val-d'Oise, est ainsi toujours en cours en cette année 1970 : confiée dans les années 1960 à deux architectes du Mouvement moderne, Jacques-Henri Labourdette et Roger Boileau, la construction du « Grand-Ensemble de la plaine de Lochères » est de loin le plus important projet immobilier en nombre de logements créés. Au-delà des discours parfois enchanteurs, ces longues barres horizontales au style « épuré » qui se sont récemment élevées au cœur des champs de l'ancien petit village viticole de Sarcelles suscitent de nombreuses critiques. Le terme de « sarcellite » deviendra d'ailleurs bientôt le synonyme du malaise de populations ayant l'impression d'avoir été « parquées » dans des blocs urbains sans âme, trop denses et criminogènes.

Les immeubles du Front de Seine, à Paris, photographiés dans la lumière rasante d'une fin d'après-midi.

Le « village » de Sarcelles lors de la construction de ses grands ensembles urbains.

Juin 1970

03 Juin

ÉTUDIANTS INSURGÉS ET POLICIERS S'AFFRONTENT À GRENOBLE

» Des heurts éclatent à l'université de Grenoble entre les forces de l'ordre et des étudiants menés par des maoïstes. Cette très violente insurrection orchestrée par l'extrême gauche se déroule au campus de Saint-Martin-d'Hères. Elle intervient dans un contexte déjà très tendu : neuf attentats à la bombe, revendiqués par un groupe maoïste, ont en effet visé des institutions et des entreprises dans la capitale des Alpes depuis le mois dernier. Très actifs dans les foyers d'immigrés, les maoïstes grenoblois ont noué des contacts avec des jeunes de banlieue et les commerçants en colère du CIDUNATI tout en s'opposant violemment aux syndicalistes de la CGT. Des activistes de la Gauche prolétarienne, organisation maoïste dissoute le 27 mai par l'État, ont en outre été arrêtés à Grenoble en avril et trois sont toujours recherchés en ce début juin. C'est d'ailleurs dans le but d'appréhender ces trois maoïstes qu'une unité de CRS investit ce mercredi 3 juin le campus. À l'initiative de militants gauchistes bientôt rejoints par des milliers d'étudiants, des projectiles sont lancés depuis les étages du restaurant universitaire sur les policiers, tandis que des jeunes insurgés siphonnent des réservoirs de voitures pour fabriquer des cocktails Molotov... Les étudiantes de la résidence Berlioz, située en face du restaurant universitaire, n'hésitent pas à balancer le mobilier de leurs chambres par les fenêtres ! Désorganisés et confrontés à des assaillants en surnombre, les CRS se retrouvent bientôt contraints de fuir, abandonnant une partie de leur matériel. Des barricades sont érigées par une foule de plusieurs milliers de personnes dans le centre-ville de Grenoble. Ces troubles, très violents, vont durer tout le week-end. Le calme ne reviendra que le lundi 8 juin.

Du restaurant aux résidences, en passant par la bibliothèque interuniversitaire, la plupart des bâtiments du campus de Grenoble, érigé dans les années 1960, ont été le théâtre d'affrontements entre étudiants politisés et forces de l'ordre.

04 Juin — LA « TOUTE-PUISSANCE PATERNELLE » LAISSE PLACE À **L'AUTORITÉ PARENTALE PARTAGÉE**

» C'est une réforme fondamentale du droit de la famille : le monopole de l'autorité familiale, qui était jusqu'alors exclusivement réservé au père, laisse désormais place à une « autorité parentale partagée ». L'égalité des pouvoirs – mais aussi des devoirs – entre le père et la mère est donc consacrée et garantie par le législateur. Appuyé sur la tradition romaine de la *patria potestas* et réaffirmé par le Code Civil de 1804 qui fut rédigé dans un esprit d'ordre et d'autorité après l'épisode révolutionnaire, le sacro-saint principe de la « toute-puissance paternelle » est ainsi aboli. Depuis des décennies, de nombreux Français appelaient de leurs vœux cette évolution du droit. Elle ne concerne toutefois que les couples mariés. En cas de divorce, le père – même s'il n'a pas la garde des enfants – continuera d'exercer la « puissance paternelle ». Il faudra attendre la loi du 22 juillet 1987 pour que le principe de la coparentalité soit étendu aux couples divorcés.

Les écoliers d'une école primaire française, en 1970. »

05 Juin — **ANDREÏ GROMYKO QUITTE PARIS** APRÈS UNE VISITE OFFICIELLE DE 5 JOURS

Andreï Gromyko est interrogé par le journaliste Léon Zitrone (à droite) dans la cour du ministère des Finances, à Paris, sous les yeux de Valéry Giscard d'Estaing, alors ministre de l'Économie et des Finances.

» Le ministre des Affaires étrangères de l'Union soviétique, Andreï Gromyko, quitte Paris, ce 5 juin, au terme d'une visite diplomatique de cinq jours. Sa rencontre avec le président français est intervenue dans le contexte d'un épanouissement notable des relations bilatérales franco-soviétiques. Fidèle aux prises de position adoptées sous l'ère gaullienne, le président Georges Pompidou a confirmé à Andreï Gromyko que la France, « pays libre et souverain », refuse le principe d'une Europe divisée en deux blocs antagonistes et souhaite privilégier des dialogues multilatéraux avec l'ensemble des pays de l'Est, y compris l'URSS. Cette visite, finalement ponctuée de simples déclarations de bonne volonté, a aussi permis de préparer la visite prochaine du président Pompidou en Union soviétique. Cette question a d'ailleurs été directement évoquée par le journaliste Léon Zitrone – lui-même né en Russie – lors de son interview du leader soviétique !

Portrait officiel, en grand uniforme, du général-président Onganía.

08 Juin — ARGENTINE : ONGANIA RENVERSÉ PAR UN COUP D'ÉTAT

» Son « règne » aura duré près de quatre ans : arrivé à la tête de l'Argentine à la faveur d'un coup d'État militaire, le général Juan Carlos Onganía est à son tour renversé ce 8 juin par un putsch, orchestré par les commandants en chef des trois armes (Terre, Air, Mer). De sensibilité national-catholique, Onganía appartient de longue date à la faction « bleue » de l'armée argentine, opposée aux officiers « rouges » acquis aux idées justicialistes de l'ancien président Juan Perón. Onganía, figure de proue de la Révolution argentine, dirigeait le pays d'une main de fer depuis le 29 juin 1966. Il s'est illustré par une politique répressive brutale, en particulier contre les élites universitaires, les étudiants, les intellectuels et une partie des prêtres. Autoritaire et obtus, il a vu se constituer contre lui de nombreux fronts d'opposition auxquels se sont joints divers mouvements péronistes. Mais ce sont finalement des hauts gradés de l'armée, eux-mêmes issus de la Révolution, qui ont destitué le général, lui reprochant d'avoir plongé leur pays dans le chaos. La dictature du général Roberto Marcelo Levingston, qui succédera à Onganía le 18 juin, sera pourtant tout aussi brutale et contestée.

08 Juin — DE GAULLE REND VISITE À FRANCO

» Le général de Gaulle surprend beaucoup de monde en rendant une visite de courtoisie au Generalísimo Francisco Franco, l'autoritaire *Caudillo* (Guide) de l'Espagne depuis le 1er octobre 1938. C'est au retour d'un voyage en Irlande que l'ancien locataire de l'Élysée a décidé de traverser la France, accompagné de son épouse Yvonne et de son aide de camp Emmanuel Desgrées du Loû, afin d'aller rencontrer, pour la première fois de sa vie, le dictateur espagnol. Politiquement, les deux hommes ont toujours été opposés : de Gaulle ne souhaitait pas la victoire des franquistes et, contrairement au *Caudillo*, il s'est résolument engagé contre les fascismes. Pourtant, persuadé que « l'on ne peut bâtir l'Europe sans l'Espagne », le général a accepté de déjeuner avec Franco au palais royal du Pardo afin de converser avec lui « au-dessus de la mêlée ». La nouvelle de cette visite contre-nature déchaîne évidemment de nombreuses critiques de la part des commentateurs français, mais une fois encore l'homme du 18-Juin n'a pas peur de prendre les Français à rebrousse-poil...

Les rares photos de la rencontre entre le général de Gaulle et Franco ne seront publiées que dans la presse espagnole.

10 Juin — NAISSANCE DU **PARIS SAINT-GERMAIN** FOOTBALL CLUB

» « Protocole de fusion entre le Stade saint-germanois et le Paris Football Club » : le document signé ce 10 juin est une petite révolution dans le monde du football professionnel. Depuis plusieurs années déjà, nombreux sont ceux qui regrettaient que Paris ne possède aucun club réellement professionnel, le seul club francilien évoluant en Division 1 étant le Red Star, basé à Saint-Ouen. Le document de fusion vise donc à fonder un club à la fois sportivement efficace et doté d'une réelle aisance financière. C'est dans cet esprit que le Stade saint-germanois, fondé en 1904 à Saint-Germain-en-Laye, fusionne avec le Paris Football Club, un « club virtuel » fondé en 1969 et financièrement soutenu par dix-sept mille quatre cents souscripteurs. L'appel de fonds en faveur du Paris Football Club a été relayé par l'animateur Pierre Bellemare sur les ondes d'Europe 1. Le nouveau club, dont la fusion sera effective le 26 juin, prendra le nom officiel de Paris Saint-Germain Football Club. Pierre-Étienne Guyot en sera le premier président.

« Cette photo de famille du PSG a été prise le 28 août 1970, lors de la première saison du club. Debout, de gauche à droite : Jean Djorkaeff, Daniel Guicci, Camille Choquier, Jean-Claude Fitte-Duval, Jean-Pierre Destrumelle et Roland Mitoraj. Au premier rang, de gauche à droite : Jean-Claude Bras, Živko Luckić, Michel Prost, Bernard Guignedoux et Bernard Béreau.

10 Juin — **FIN DES COMBATS** ENTRE COMBATTANTS PALESTINIENS ET FORCES LOYALISTES JORDANIENNES **À AMMAN**

» Plus de cinq cents morts : c'est le très lourd bilan dressé après trois jours d'intenses combats entre les combattants palestiniens – les *fedayin* – et les forces jordaniennes à Amman. Suite à la guerre des Six-Jours, qui a vu en 1967 la victoire d'Israël contre une coalition syro-jordano-égyptienne, plus de trois cent mille réfugiés palestiniens ont trouvé asile en Jordanie. Les *fedayin* ont fini par faire de la Jordanie la base arrière de leurs actions contre Israël, provoquant peu à peu l'embarras du souverain jordanien Hussein, partisan d'une politique de dialogue avec l'État hébreux. C'est dans ce contexte que le Front populaire de libération de la Palestine (FPLP) a organisé en ce mois de juin son coup de force : deux attaques d'hôtels internationaux avec prise d'otages à Amman, ainsi qu'un attentat, le 9 juin, sur la personne du roi jordanien lui-même. La prompte réaction des forces jordaniennes loyalistes et des négociations entre les émissaires du roi Hussein et ceux du leader Yasser Arafat ont permis à la monarchie des Hachémites de se maintenir au pouvoir tout en persuadant les *fedayin* de renoncer, du moins pour l'heure, à l'escalade de la violence.

Yasser Arafat et le Premier ministre jordanien Abdelmunim Al-Rifai » se retrouveront en juillet 1970 pour officialiser un accord de réconciliation.

La 917 K du duo Herrmann-Attwood, victorieuse sous la pluie battante du célèbre circuit sarthois.

14 Juin

LE DUO HERRMANN-ATTWOOD S'IMPOSE AUX **24 HEURES DU MANS**

» Herrmann et Attwood : deux noms qui resteront gravés dans l'histoire glorieuse des 24 Heures du Mans. Ce 14 juin, l'Allemand Hans Herrmann, quarante-deux ans, court pour la quatorzième fois sur le mythique circuit sarthois, tandis que le Britannique Richard Attwood, trente ans, en est à sa sixième participation. Sous une pluie battante, les deux coéquipiers de l'écurie Porsche KG Salzburg, au volant de leur 917 K rouge et blanche, s'imposent face à des concurrents dont un grand nombre, victimes d'avaries ou d'accidents, ont dû abandonner, notamment les pilotes de l'écurie Ferrari. Honorant une promesse qu'il a faite à son épouse, Hans Herrmann met fin à sa carrière après cette victoire pour mieux se consacrer à sa famille.

15 Juin

OUVERTURE DU **PROCÈS DE CHARLES MANSON** POUR LE MEURTRE DE SHARON TATE

» Dix mois après l'assassinat à Los Angeles de l'actrice Sharon Tate et de trois de ses amis, le procès de Charles Manson et de ses complices s'ouvre en Californie. Même si Manson n'était pas présent sur les lieux lors du massacre, il est avéré qu'il en est le commanditaire. Ce sont en effet trois membres de sa « famille » – un homme et deux femmes – qui ont perpétré ces crimes. Mariée au réalisateur Roman Polanski, Sharon Tate, qui était enceinte de huit mois, a été poignardée de seize coups de couteaux. Âgé de trente-cinq ans, Charles Manson a fondé au milieu des années 1960 une communauté hippie délinquante responsable de plusieurs meurtres. N'exprimant aucun remord, il se présente au tribunal avec un X incisé sur le front, un signe qu'il va ensuite transformer en croix gammée… Il sera condamné à la peine de mort à l'issue de son procès, en 1971, mais celle-ci sera commuée en prison à vie par la Cour suprême de Californie.

Charles Manson lors de son procès pour meurtre, à Los Angeles.

Elsa Triolet et son époux Louis Aragon, ici photographiés à Paris en février 1968, lors d'un concert de Serge Reggiani.

16 Juin

DISPARITION D'**ELSA TRIOLET**

» Née à Moscou en 1896 sous le nom d'Ella Yourevna Kagan, la romancière et poétesse Elsa Triolet est décédée à Paris à l'âge de soixante-treize ans. Favorable à la révolution communiste, elle s'installe en France après la Première Guerre mondiale, ainsi qu'à Tahiti et à Londres. Figure littéraire germanopratine de l'entre-deux guerres, elle rencontre l'écrivain Louis Aragon en 1928 avec qui elle se marie onze ans plus tard. Résistante pendant la Seconde Guerre mondiale, elle se met au service du communisme international et du régime totalitaire de Joseph Staline. Elle a inspiré à Louis Aragon plusieurs de ses plus beaux poèmes, notamment le célébrissime recueil publié par Pierre Seghers sous le titre *Les Yeux d'Elsa*.

17 Juin — SORTIE EN FRANCE DU FILM *WOODSTOCK*

» C'est un film d'un genre particulier qui sort sur les écrans français ce mercredi : *Woodstock* est un long-métrage documentaire – il dure plus de trois heures ! – tourné en août 1969 à Bethel, dans l'État de New York, lors du célèbre festival musical du même nom. Réalisé par Michael Wadleigh avec l'aide de Martin Scorsese, le film décrit l'ambiance, les à-côtés du festival et les réactions de la population avoisinante, tout en proposant des extraits de la majeure partie des concerts qui se sont déroulés pendant ces quatre jours, dont ceux de Jimmy Hendrix, Joe Cocker et Santana. Enregistré et filmé avec des moyens assez artisanaux, *Woodstock* participera à l'essor de la contre-culture rock et hippie en France.

La célèbre affiche du documentaire musical *Woodstock*, avec sa colombe blanche, symbole de paix et de concorde universelles.

Alain Savary dédicaçant son ouvrage *Pour le nouveau parti socialiste* à un délégué d'Indre-et-Loire lors de l'ouverture du IIe congrès national d'Épinay.

21 Juin — ALAIN SAVARY RECONDUIT À LA TÊTE DU PARTI SOCIALISTE

» Un an après sa création officielle, le Parti socialiste (PS) clôture ce dimanche 21 juin son IIe congrès national à Épinay. Né de la fusion entre la SFIO et l'Union des clubs pour le renouveau de la gauche, le PS est présidé depuis juillet 1969 par Alain Savary. L'un des axes principaux des débats de ce congrès a porté sur les relations avec le Parti communiste qui reste toujours, et de loin, la principale force de gauche du pays. Menacé par une opposition interne – notamment celle de la puissante fédération du Nord de Pierre Mauroy –, Alain Savary est cependant parvenu à conserver la présidence du jeune parti. Il ne ressort de ce congrès que peu de choses, sinon la promulgation par Alain Savary d'un vague « Plan d'action socialiste » destiné à favoriser l'Union de la Gauche et l'organisation d'un débat avec le PCF. Le congrès de 1971, qui se déroulera lui aussi à Épinay, aura en revanche des conséquences beaucoup plus importantes et consacrera la prise en main du parti par François Mitterrand.

21 Juin — INDONÉSIE : SOEKARNO, LE PÈRE DE L'INDÉPENDANCE, EST MORT

» L'Indonésie est en deuil. Le père de l'Indépendance, Soekarno, de son vrai nom Koesno Sosrodihardjo, est décédé ce jour à Jakarta à l'âge de soixante-neuf ans. Issu de l'aristocratie, ce patriote farouche avait proclamé l'indépendance de son pays en août 1945, déchaînant l'ire du colonisateur hollandais. De sensibilité marxiste et profondément laïc dans un pays majoritairement musulman, Soekarno a été l'homme fort de l'Indonésie entre 1945 et 1966. Confronté à des troubles politiques majeurs en 1965, il a été peu à peu marginalisé par une partie de l'état-major puis finalement écarté du pouvoir par le très brutal major-général Soeharto. Mis en résidence surveillée par la junte militaire, il a alors assisté impuissant à la politique répressive du nouveau régime qui a provoqué la mort de près d'un million de personnes. Soekarno sera enterré dans sa ville natale, Surabaya, sur l'île de Java.

Soekarno posant avec le président des États-Unis Richard Nixon dans les bureaux de la Maison-Blanche, à Washington, le 1er juin 1970, soit quelques jours avant sa mort.

Juin 1970

21 Juin — LE BRÉSIL GAGNE LA COUPE DU MONDE DE FOOTBALL AVEC LE « ROI PELÉ »

Pelé et ses coéquipiers laissent éclater leur joie lors de la finale de la Coupe du monde remportée par le Brésil aux dépens de l'Italie.

Pelé en pleine discussion avec les Italiens (à gauche, le défenseur Giacinto Facchetti), au cours de la finale.

» Quatre ans après une Coupe du monde décevante en Angleterre, le Mexique a organisé un championnat exceptionnel qui restera dans les annales de l'art footballistique.

Triple champion du monde ! Le « roi Pelé » entre dans la légende grâce à la victoire sans appel (4-1) de l'équipe du Brésil – la Seleção – qui s'est spectaculairement imposée face à l'Italie en finale de la Coupe du monde de football. Edson Arantes do Nascimento, dit Pelé, déjà victorieux lors des Coupes du monde de football 1958 et 1962, devient ainsi l'unique footballeur triplement champion du monde...

Au-delà de la performance individuelle de Pelé, cette Coupe du monde demeurera la plus belle et la plus intense de toute l'histoire du football. Les amateurs de ballon rond, il est vrai, sont restés sur leur faim lors de la Coupe 1966 : la victoire de l'équipe anglaise, sur son sol, notamment grâce à un but controversé de Geoffrey Hurst contre l'Allemagne de l'Ouest, en finale, avait fait couler beaucoup d'encre... Nombreux sont ceux qui avaient alors déploré un jeu brutal, disgracieux, trop physique.

Le tournoi de 1970, organisé à grands frais par le Mexique, a été d'une tout autre teneur. Un extraordinaire stade de cent quinze mille places doté d'équipements de pointe, l'estadio Azteca, a été construit pour l'occasion.

Une importante innovation réglementaire a également fait son apparition lors de cette Coupe du Monde 1970. Encore sous le coup des vives tensions entre arbitres et joueurs qui avaient émaillé les matches de la Coupe 1966, les instances de la FIFA ont imposé l'usage des cartons – rouges et jaunes –, ce qui a considérablement amélioré l'ambiance sur les stades. Cette édition de la Coupe, pour laquelle l'équipe de France n'était pas parvenue à se qualifier, a aussi bénéficié d'une couverture médiatique exceptionnelle. Pour la première fois dans l'histoire du football, les matchs ont été télédiffusés à l'international, en direct et en couleur ! Seul souci : pour complaire aux téléspectateurs européens qui souhaitaient regarder les rencontres sur leur télévision le soir, celles-ci ont dû avoir lieu à midi sous des températures caniculaires... Cela n'a heureusement pas altéré la qualité des matchs, ni la fréquentation des tribunes.

Le milieu de terrain brésilien Gérson, portant le numéro 8, s'apprête à inscrire le deuxième but de son équipe, à la 66e minute de la finale.

Meilleur buteur de cette Coupe du monde, le joueur ouest-allemand Gerd Müller (en blanc) est ici photographié aux côtés du défenseur uruguayen Atilio Ancheta, lors de la « petite finale » qui a opposé leurs deux équipes le 20 juin 1970. Une rencontre remportée par les Allemands (1-0).

De l'avis général, c'est un casting exceptionnel qui s'est exprimé sur les pelouses mexicaines en ce mois de juin 1970. Qu'il s'agisse de l'équipe anglaise, avec Bobby Charlton (Ballon d'or 1966) et le gardien de but Gordon Banks, de l'équipe ouest-allemande (avec Franz Beckenbauer, Berti Vogts ou Gerd Müller) ou de l'équipe italienne (Giacinto Facchetti, Luigi Riva, Sandro Mazzola !), les sélections nationales ont fait rêver les foules. La plupart des matchs, de fait, ont été marqués par un jeu nerveux et des actions parfaitement construites. Le match qui a opposé le 7 juin les nations victorieuses des deux dernières Coupes, la Seleção du Brésil et l'équipe d'Angleterre, a été l'un des grands moments de la compétition. Si les Brésiliens ont fini par l'emporter grâce à un but de Jairzinho inscrit à la 59e minute, on se souviendra longtemps du magistral arrêt de but du portier anglais, Gordon Banks, sur une tête de Pelé. Mais le match du siècle restera évidemment le duel, en finale de cette Coupe, des Brésiliens et des Italiens. Émoussés par une demi-finale d'anthologie face à l'équipe d'Allemagne de l'Ouest, les Italiens, malgré un jeu élégant et solidaire, n'ont pas fait le poids face à des Brésiliens qui, menés par Mário Zagallo, ont poussé l'art footballistique jusqu'à son sommet.

Pelé, révélé en 1958 comme le plus jeune champion du monde – il n'avait que dix-sept ans ! –, a immédiatement frappé fort en marquant de la tête le premier but, à la 18e minute, sur un centre de Rivelino. Un but de l'Italien Roberto Boninsegna, à la 37e minute, a ensuite permis aux deux équipes de se retrouver à égalité pour la seconde mi-temps. Mais à la 66e minute, un tir puissant du Brésilien Gérson a fait basculer le match. Déboussolés, accrochés à une défense prudente mais impuissante, les Italiens ont été incapables de résister aux assauts de Pelé, qui a permis à deux de ses partenaires, Jairzinho à la 71e et Carlos Alberto à la 86e, de marquer.
Même si Pelé n'est finalement pas le meilleur buteur de la compétition – le titre revenant à l'Allemand de l'Ouest Gerd Müller, avec ses dix buts –, il restera pour la postérité le « roi » de cette fabuleuse Coupe de juin 1970, la dernière de sa vie. Le Brésilien prendra en effet sa retraite internationale en 1971, après un match opposant la Seleção à la Yougoslavie.

Le Brésilien Jairzinho (en jaune) aux prises avec un adversaire lors du match Brésil-Angleterre, le 7 juin : une des rencontres les plus marquantes de cette Coupe du monde 1970.

26 Juin

TCHÉCOSLOVAQUIE : DUBČEK EXCLU DU PARTI COMMUNISTE

» Cette fois, c'est officiel : Alexander Dubček, l'une des âmes du printemps de Prague de 1968, est exclu du Parti communiste tchécoslovaque par le plénum du Comité central. Nommé Premier secrétaire du Parti en janvier 1968, ce communiste réformateur a initié une vaste entreprise de libéralisation politique de la Tchécoslovaquie et desserré l'étau sécuritaire pesant sur une population avide de changement. Hélas, le mouvement du printemps de Prague a été impitoyablement réprimé dans le sang par l'intervention des forces armées du Pacte de Varsovie dans la nuit du 20 au 21 août 1968. Débordé par les événements et malade, Dubček a pu se maintenir à son poste de Premier secrétaire jusqu'en avril 1969 avant d'être poussé à la démission. Ambassadeur à Ankara depuis décembre 1969, il a été rappelé au début du mois juin à Prague où il a été auditionné par une commission d'enquête du Parti communiste qui a exigé – sans succès – qu'il se livre à une humiliante autocritique... La sanction disciplinaire, tombée ce 26 juin, lui interdit désormais de se réclamer du Parti auquel il a adhéré il y a plus de trente ans.

« Alexander Dubčeck prend la parole lors d'un congrès syndical en mars 1969, soit quelques semaines avant d'être poussé à la démission.

27 Juin

DÉCÈS DE L'ÉCRIVAIN PIERRE DUMARCHEY, DIT MAC ORLAN

» « Je suis devenu un écrivain parce que je n'étais bon à rien » : cette phrase célèbre de Mac Orlan résume à elle seule le singulier destin littéraire de Pierre Dumarchey, dit Pierre Mac Orlan, décédé ce 27 juin. Âgé de quatre-vingt-huit ans, le vieil homme, retiré du monde et des honneurs depuis la mort de son épouse Marguerite en novembre 1963, a succombé à une crise cardiaque dans sa maison de Saint-Cyr-sur-Morin, en Seine-et-Marne. Considéré comme le fondateur du « fantastique social », ce Picard originaire de Péronne est l'une des grandes figures du Montmartre bohème de la Belle Époque, où il fréquenta Pablo Picasso, Max Jacob, Roland Dorgelès ou Maurice de Vlaminck. Habitué du cabaret « Au Lapin agile », il épousa la fille du patron, Marguerite, qui partagea sa vie durant plus d'un demi-siècle. Après des années difficiles, il accéda enfin à la reconnaissance de ses pairs. Il laisse à la postérité une œuvre foisonnante et mystérieuse, composée de romans d'aventures, de fables fantastiques, de chansons et de reportages. Membre de l'Académie Goncourt depuis 1950, il a reçu les insignes de commandeur de la Légion d'honneur en 1966 après une longue et fastidieuse enquête de moralité...

Pierre Mac Orlan, un « bon à rien » devenu écrivain, » ici photographié à son domicile au cours des années 1950.

28 Juin — PREMIÈRE GAY PRIDE
DANS LES RUES DE NEW YORK

La Gay Pride, rassemblement très festif, comme le montrent ces activistes homosexuels dansant dans Greenwich Village.

» Une petite foule de personnes homosexuelles, hommes et femmes, se rassemble ce 28 juin dans les rues de New York afin de commémorer un incident intervenu il y a un an. En effet, le 28 juin 1969, une violente rixe, suivie d'émeutes, a éclaté dans un bar homosexuel de la Christopher Street entre des policiers et des clients. Quelque deux milliers de jeunes gens, encadrés par des groupes militants radicaux dont le Gay Liberation Front, ont donc choisi ce jour pour organiser un défilé sous le nom « Christopher Street Liberation Parade ». Remontant la Sixième Avenue entre Greenwich Village et Central Park, ils scandent divers slogans dont l'un – « Gay Pride ! » – deviendra bientôt le nom générique sous lequel seront exportées, dans d'autres villes américaines et à l'étranger, ces marches de la « fierté homosexuelle ».

29 Juin — LA BELGIQUE ET LE CONGO
SIGNENT UN TRAITÉ D'AMITIÉ

» Indépendant depuis le 30 juin 1960, l'ancien « Congo belge » entretient avec l'ex-colonisateur des relations complexes et ambivalentes. Confronté à des troubles politiques à répétition et conscient que le développement économique de son pays ne peut pas se faire sans une étroite collaboration avec la Belgique, le chef de l'État congolais, Mobutu Sese Seko a signé ce jour un « traité d'amitié » avec le roi Baudoin de Belgique. Arrivé à Kinshasa le 17 juin, le souverain belge a été chaleureusement accueilli par le dirigeant congolais, qui a tenu à réhabiliter « l'œuvre colonisatrice de la Belgique ». Le traité, qui se donne pour but d'assurer la collaboration mutuelle des deux États, se traduira par une importante relance des investissements belges au Congo et une aide technique accrue.

30 Juin — OUVERTURE DES NÉGOCIATIONS POUR
L'ÉLARGISSEMENT DE LA CEE

Le ministre français des Affaires étrangères Maurice Schumann (à gauche) et son homologue ouest-allemand Walter Scheel (à droite), lors de la conférence de Luxembourg.

» Stoppées depuis décembre 1967 suite à un veto français opposé par le président Charles de Gaulle, les négociations visant à faire entrer la Grande-Bretagne dans le Marché commun européen reprennent ce 30 juin. La conférence diplomatique de Luxembourg se donne pour but de réfléchir aux conditions dans lesquelles la Grande-Bretagne, mais aussi le Danemark, la Norvège et l'Irlande pourraient rejoindre la Communauté économique européenne. Ces négociations s'ouvrent dans un contexte politique largement favorable à un processus d'élargissement, soutenu par la plus grande partie des élites politiques, économiques et médiatiques des six membres fondateurs de la Communauté économique européenne. Le peuple norvégien, consulté par référendum, préférera en 1972 ne pas adhérer au projet européiste, tandis que les trois autres pays candidats rejoindront la Communauté.

Le professeur Itard (François Truffaut) et son petit protégé Victor (interprété par Jean-Pierre Cargol) : le duo inoubliable de *L'Enfant sauvage*, ici avec Jean Dasté, qui incarne le Dr Pinel.

L'ENFANT SAUVAGE SELON FRANÇOIS TRUFFAUT

Célébré avec fracas en 1960 pour la comédie *Les Quatre Cents Coups* qui avait fait découvrir au public le mouvement cinématographique de la Nouvelle Vague et révélé le jeune Jean-Pierre Léaud, François Truffaut multiplie depuis les chefs-d'œuvre. Parmi eux, *Tirez sur le pianiste* – avec Charles Aznavour – et *Jules et Jim*, une histoire de trio sentimental sublimant la grâce de Jeanne Moreau, magnifique en éternelle amoureuse insatisfaite. *L'Enfant sauvage*, sorti en février, est un film à part dans la filmographie de François Truffaut, qui en incarne par ailleurs le rôle principal. Inspiré par l'histoire vraie d'un « enfant des bois » capturé à la fin du XVIIIe siècle dans l'Aveyron puis exposé comme une bête de foire et enfin recueilli par le docteur Itard, ce film austère et profond sera récompensé par le public puisque plus d'un million et demi de spectateurs se rendront dans les salles obscures. *L'Enfant sauvage* permettra au réalisateur de recevoir, pour la troisième fois de sa carrière, le Prix Méliès, remis par le Syndicat français de la critique de cinéma.

JEAN YANNE L'INQUIÉTANT *BOUCHER* DE CLAUDE CHABROL

Hélène (Stéphane Audran) est une institutrice élégante, fraîche et célibataire ; Popaul (Jean Yanne) un boucher un peu pataud, revenu dans le Périgord après quinze ans passés dans les guerres d'Indochine et d'Algérie, expériences traumatisantes sur lesquelles il aime à s'épancher. Ces deux-là, pourtant si différents, sympathisent à l'occasion du mariage de deux enfants du pays, et ils commencent à se fréquenter chastement, passant leurs journées l'un près de l'autre. Au même moment, un tueur sadique terrorise la région en poignardant des jeunes femmes, dont la petite mariée du village… Servi par une bande-son angoissante, *Le Boucher* de Claude Chabrol se mue en un thriller oppressant où, dans l'atmosphère bucolique des paysages périgourdins – le film a été tourné dans le village de Trémolat, près de Bergerac –, se noue et se dénoue une nouvelle variante de *La Belle et la Bête*. Salué par la critique, le film, qui sort en février 1970 dans les salles, sera aussi un succès commercial qui engrangera plus d'un million d'entrées.

BELMONDO ET DELON CÔTE À CÔTE DANS *BORSALINO*

Réunir les deux « frères ennemis » du cinéma français, Jean-Paul Belmondo et Alain Delon, et leur faire partager l'affiche d'un long-métrage, c'est le pari que s'est lancé le réalisateur Jacques Deray avec *Borsalino*, sorti sur les écrans en mai. Les deux acteurs avaient jailli la même année sur le devant de la scène, en 1960, Belmondo avec *À bout de souffle* de Jean-Luc Godard, Delon dans le rôle de Tom Ripley, personnage principal de *Plein Soleil* de René Clément. S'affichant avec des tempéraments fort dissemblables et dans des rôles bien campés, ils ont depuis multiplié les succès au box-office.
Le projet initial du film est insufflé par Alain Delon qui, se passionnant pour le parcours de vie des gangsters marseillais Paul Carbone et François Spirito, décide d'en faire un film produit par sa propre société, Adel Productions, et dans lequel il jouerait en duo avec « Bébel ». Jacques Deray – qui a signé *La Piscine* en 1969 – accepte de réaliser le film dont le titre doit être « Carbone et Spirito ». Mais la pègre, loin d'être flattée par le projet, s'échauffe et fulmine. Le frère de Paul Carbone menace même de s'en prendre physiquement à Jacques Deray. Finalement, Alain Delon, bien introduit dans les cercles interlopes du milieu corse, arrondit les angles, promet de modifier le nom des personnages et le titre du film...
Reste à convaincre Jean-Paul Belmondo – qui vient de triompher dans *Le Cerveau* de Gérard Oury, avec cinq millions de spectateurs ! – de bien vouloir accepter de partager la vedette avec Delon...
La rédaction du contrat ne ménage aucun détail – temps de présence à l'écran, nombre et durée des gros plans, etc. – afin qu'aucun des deux monstres sacrés ne se sente désavantagé.
Le tournage, finalement, se passe bien, et les deux hommes tournent en bonne intelligence.
C'est lors de la projection privée de *Borsalino*, en février, que Belmondo dénonce l'affiche du film et sa mention « Alain Delon présente... » (au lieu de « Adel Productions présente... »). S'ensuit une querelle juridique, une demande de saisie des affiches et un boycott par Belmondo et ses amis de l'avant-première...
Ce charivari juridique n'empêche pas les Français de se rendre en nombre dans les salles puisqu'à la fin de l'année 1970, le box-office enregistrera pour ce film près de quatre millions d'entrées.
Les deux stars, laissant à leurs avocats respectifs le soin de se déchirer devant les prétoires, finiront par se réconcilier et poursuivront leur « amicale compétition ».

Alain Delon et Jean-Paul Belmondo dans l'une des plus célèbres scènes de *Borsalino*. La sortie du film donnera lieu à quelques querelles juridiques mais les deux acteurs finiront par se réconcilier.

Delon et Belmondo sur le tournage de *Borsalino*, en novembre 1969. Derrière eux se trouvent leurs frères Jean-François Delon et Alain Belmondo, respectivement premier assistant réalisateur et producteur délégué sur le film.

« L'affiche du film *Tristana* de Luis Buñuel. Catherine Deneuve avouera avoir mis des mois à se remettre du tournage, l'un des « plus douloureux » de toute sa carrière.

CATHERINE DENEUVE EST UNE TROUBLANTE *TRISTANA*

Trois ans après le célébrissime *Belle de jour* de Luis Buñuel, film troublant dans lequel Catherine Deneuve interprète une bourgeoise « bovarienne », l'actrice renoue en 1970 avec le réalisateur espagnol en jouant le premier rôle de *Tristana*, tourné à Tolède. Pourtant âgée de vingt-sept ans, Catherine Deneuve réussit à camper un personnage d'adolescente orpheline poussée par son oncle lubrique (Fernando Rey) à accepter des relations sexuelles non consenties. Film énigmatique et oppressant dont l'érotisme délétère est parfaitement porté par celle qui avait été révélée en 1964 grâce aux *Parapluies de Cherbourg*, *Tristana*, sorti le 29 avril en France, attirera plus d'un demi-million de spectateurs en France, et près de deux millions en Espagne.

DODES'KADEN, PREMIER FILM EN COULEUR DE KUROSAWA

Avec *Dodes'kaden*, Kurosawa Akira propose un film étrange qui tranche singulièrement dans sa filmographie. Le réalisateur japonais, il est vrai, vit des moments difficiles : évincé du tournage du film américano-japonais *Tora ! Tora ! Tora !* – sorti en septembre 1970 –, Kurosawa Akira a du mal à financer ses films, et il passe pour un « cas limite » dans le monde parfois cruel du cinéma. Et *Dodes'kaden* est à mille lieux des grandes fresques cinématographiques qui ont fait sa réputation. Il s'agit d'une sorte de film à sketches, centré sur les bas-fonds de Tokyo et peuplé de clochards, de vagabonds et de marginaux dont le jeune Rokuchan et son tram imaginaire au bruit entêtant – « dodes'kaden » – qui donne son titre à l'œuvre. Premier film en couleur du réalisateur, d'une grande beauté plastique mais déroutant, *Dodes'kaden* sera plutôt mal accueilli, et il est possible que cet échec fut l'une des causes de la tentative de suicide de Kurosawa en 1971, avant qu'il ne retrouve un nouveau souffle.

LES MORTS-VIVANTS ARRIVENT EN FRANCE !

Le 21 janvier 1970, un film appelé à devenir « culte » sort sur les écrans français. Interdit aux moins de seize ans, *La Nuit des morts-vivants* du jeune réalisateur new-yorkais George A. Romero a été tourné avec une draconienne économie de moyens : acteurs inconnus, scénario minimaliste, absence de couleurs… Malgré – ou grâce à – cette sobriété, ce film d'épouvante sorti en 1968 aux États-Unis possède une impressionnante efficacité narrative et a représenté, pour nombre de spectateurs, une expérience inédite qui marquera pour longtemps les esprits. *La Nuit des morts-vivants* – qui rapportera à son auteur cinquante ou cent fois la somme qu'il avait investie – ne sera que le premier volet d'une saga des zombies qui se poursuivra durant quarante ans…

^ L'affiche américaine de *La Nuit des morts-vivants*. Tourné avec un budget dérisoire, ce film de zombies de George A. Romero deviendra un monument du genre.

Gloria Beatty (Jane Fonda) et Robert (Michael Sarrazin) s'enlacent jusqu'à l'abrutissement dans le film de Sydney Pollack *On achève bien les chevaux*, impitoyable description des marathons de danse des années 1930.

ON ACHÈVE BIEN LES CHEVAUX
DANSER JUSQU'À LA MORT

C'est un très grand film que le réalisateur Sydney Pollack, impitoyable ausculteur des maux de l'Amérique, livre en cette année 1970 : inspiré du roman éponyme d'Horace McCoy (1935), *On achève bien les chevaux* décrit l'un de ces terribles marathons de danse tels qu'ils se déroulaient pendant la Grande Dépression des années 1930.
Deux candidats – interprétés par Jane Fonda et Michael Sarrazin – doivent ainsi danser jusqu'à l'épuisement afin de tenter de gagner de quoi survivre dans une société corrompue et ensauvagée qui rappelle soudain les antiques jeux du cirque... Bouleversante, plus belle que jamais, Jane Fonda y trouve là l'un de ses plus beaux rôles, tandis que Sydney Pollack réussit à restituer de la façon la plus juste l'univers sombre d'Horace McCoy.

L'OURS ET LA POUPÉE
QUAND BARDOT RENCONTRE CASSEL

Célébré pour ses films élégants, délicats et légers – à qui d'aucun ont toutefois pu reprocher leur « maniérisme » –, Michel Deville, comme toujours accompagnée de sa scénariste fétiche Nina Companeez, propose cette année une comédie aussi cocasse que réjouissante, basée sur la rencontre accidentelle – au sens propre comme au figuré – du brave Jean-Pierre Cassel, au volant d'une 2CV, et d'une jeune beauté snob interprétée par Brigitte Bardot. Tour à tour primesautière, boudeuse ou dénudée, l'actrice retrouve à trente-six ans un rôle sur mesure qui la magnifie. Au lendemain de la sortie du film, BB exprimera sur les ondes de France Inter toute son admiration pour le réalisateur : « J'ai été recréée par Michel Deville. *L'Ours et la Poupée* est un peu le *Et Dieu créa la femme* des années 1970 ! »

LE DISTRAIT
RÉVÈLE UN NOUVEAU TALENT BURLESQUE

Hier encore assez peu connu du grand public, le comédien Pierre Richard s'impose en 1970 comme l'un des grands espoirs du cinéma comique avec son rôle de publicitaire tout autant audacieux qu'ahuri dans *Le Distrait*, sorti début décembre. À la fois acteur principal et réalisateur du film, Pierre-Richard Defays, dit Pierre Richard, s'impose bientôt dans le cœur des Français en campant des personnages burlesques et attachants. Il deviendra ainsi l'acteur fétiche des comédies de Francis Veber et triomphera en 1972 dans *Le Grand Blond avec une chaussure noire* d'Yves Robert.
Le Distrait, au-delà d'une construction parfois un peu brouillonne, réussit à proposer une satire sociale du milieu de la publicité tout en s'inscrivant dans la meilleure tradition du film burlesque. Pierre Richard y partage l'affiche avec, notamment, Marie-Christine Barrault et Maria Pacôme.

Pierre Richard, alors peu connu, dans une séquence du conte musical de Jacques Samyn, *Perrault 70*, tourné en 1969.

^ Jérôme (Jean-Claude Brialy), Gilles (Gérard Falconetti) et la troublante Claire (Laurence de Monaghan) dans le *Genou de Claire* qui, tourné un an après le succès de *Ma nuit chez Maud*, assurera à Éric Rohmer une notoriété internationale qui ne se démentira pas.

LE GENOU DE CLAIRE NOUVEAU CONTE MORAL D'ÉRIC ROHMER

Critique cinématographique au parcours universitaire brillant, Maurice Schérer, dit Éric Rohmer, poursuit depuis la fin des années 1950 une œuvre filmique profondément originale et personnelle qu'il a pris l'habitude de proposer en cycles. *Le Genou de Claire*, sorti en novembre 1970, est ainsi le cinquième volet des *Six contes moraux* dont les intrigues obéissent à un même canevas que Rohmer avait décrit en ces termes : « Tandis que le narrateur est à la recherche d'une femme, il en rencontre une autre qui accapare son attention jusqu'au moment où il retrouve la première. » Caractérisé par des dialogues finement ciselés et faussement badins, ce huis clos filmé sur les bords du lac d'Annecy met en scène Jérôme, un charmant célibataire interprété par Jean-Claude Brialy qui, venu rendre visite à son amie Aurora (Aurora Cornu) devient obsédé par la plastique hâlée de la jeune Claire (Laurence de Monaghan). Élaboré sur la base d'une intrigue réduite au minimum, *Le Genou de Claire* impressionne par sa tranquille puissance expressive, quasiment littéraire, qui interroge la profondeur métaphysique du désir charnel.

LE RAZ-DE-MARÉE *LOVE STORY*

Plus de cinq millions d'entrées en France, sept millions en Italie ; de nombreuses nominations aux Oscars et cinq Golden Globes dont ceux du Meilleur film dramatique, du Meilleur réalisateur, du Meilleur scénario… Le film *Love Story* d'Arthur Hiller, sorti le 16 décembre 1970, avec Ali MacGraw et Ryan O'Neal dans les premiers rôles, restera l'un des grands événements cinématographiques de la décennie. Et avant même que le film ne soit diffusé sur les écrans (il sortira le 5 mai 1971 en France), *Love Story* s'est popularisé sous une forme littéraire puisque son scénariste, Erich Segal, en a tiré la matière d'un roman à succès, traduit dans de nombreuses langues et propulsé en tête des ventes de livres en 1970. L'intrigue de *Love Story*, il est vrai, a tout pour plaire aux amateurs de romance sentimentale puisqu'elle conte l'histoire d'amour unissant un héritier – forcément jeune, riche et beau – et d'une jeune fille pauvre, digne et méritante… bientôt atteinte d'une maladie incurable. Si la critique se montrera assez sévère envers ce film mélodramatique et sans doute un peu convenu, *Love Story* fera pleurer les foules et rapportera des millions à ses auteurs et producteurs qui n'en attendaient pas tant.

Ali MacGraw et Ryan O'Neal, les deux héros de *Love Story*. Le public plébiscitera ce film mélodramatique, mais la critique sera autrement plus réservée… »

MICHEL AUDIARD FAIT PARLER ANNIE GIRARDOT

Seul Michel Audiard était capable d'oser un tel titre : *Elle boit pas, elle fume pas, elle drague pas, mais... elle cause !* Sorti en avril 1970, ce film narre donc les aventures d'une femme de ménage – Germaine, interprétée par Annie Girardot – dont les indiscrétions n'ont d'égales que son débit verbal et ses commérages calculés. Mais s'il était un dialoguiste hors pair dont le talent a puissamment servi les films de Georges Lautner (*Les Tontons flingueurs*, *Les Barbouzes*) ou d'Henri Verneuil (*Le Président*, *Un singe en hiver*), Michel Audiard est en revanche resté un réalisateur assez brouillon, et ce film, pourtant servi par d'excellents acteurs (Bernard Blier, Mireille Darc ou Jean Le Poulain), laisse nombre de spectateurs sur leur faim, sans réussir à convaincre la critique, de toutes façons assez dédaigneuse vis-à-vis de ce « cinéma de papa »...

Micheline Luccioni, Annie Girardot et Mireille Darc, trois des actrices du film *Elle boit pas, elle fume pas, elle drague pas, mais... elle cause !* Les aventures de Germaine la femme de ménage bavarde filmées par Michel Audiard peineront à séduire la critique et les spectateurs.

PEAU D'ÂNE ENCHANTE PETITS ET GRANDS

« Le conte de Peau d'âne est difficile à croire, mais tant que dans le monde on aura des enfants, des mères et des mères-grands, on en gardera la mémoire. » Cette célèbre phrase du film *Peau d'âne* de Jacques Demy aura marqué toute une génération de spectateurs. Cinéaste enchanteur et audacieux, Demy nourrissait depuis longtemps l'envie d'adapter ce conte merveilleux popularisé au XVIIe siècle par Charles Perrault. Souhaitant tourner dans le cadre du château de Chambord mais pénalisé par un financement précaire, le réalisateur a dû multiplier les astuces pour réussir à recréer l'ambiance féerique dans laquelle évoluent la Princesse, interprétée par une Catherine Deneuve décidément très présente sur les écrans en cette année 1970, le Prince (Jacques Perrin) et le sévère Roi bleu (Jean Marais). Servi par l'inoubliable bande musicale de Michel Legrand, le film sort quelques jours avant Noël et attire plus de deux millions de spectateurs.

LE NOUVEAU DISNEY S'APPELLE *LES ARISTOCHATS*

Sorti la veille de la fête de Noël 1970 aux États-Unis, le nouveau long-métrage d'animation des studios Disney, baptisé *Les Aristochats*, restera la dernière œuvre dont la production a été approuvée par Walt Disney lui-même, décédé en décembre 1966 avant que le film n'entre en phase de réalisation. C'est aussi un film en partie « français » puisque l'intrigue de ce dessin animé – qui met en scène la chatte Duchesse et ses trois chatons – est censée se dérouler à Paris, et que la bande originale a été confiée aux frères Richard et Robert Sherman, avec Maurice Chevalier en invité spécial. Âgé de quatre-vingt-deux ans et fatigué, le célèbre chanteur de Ménilmontant accepte de sortir de sa retraite en mémoire de son « cher Walt ». Les Français devront cependant patienter jusqu'au 8 décembre 1971 pour découvrir la version française des *Aristochats* avec, entre autres voix familières, celle de l'infatigable Roger Carel.

Les amours de la chatte de pedigree Duchesse et du courageux chat de gouttière O'Malley réjouiront des générations d'enfants.

LE PRIX GONCOURT ATTRIBUÉ À MICHEL TOURNIER

Les jurés du prix Goncourt se sont cette année entendus pour décerner leur récompense au deuxième roman de Michel Tournier, *Le Roi des aulnes*, sorti lors de la rentrée littéraire de septembre aux éditions Gallimard. Trois ans après le succès phénoménal de *Vendredi ou les Limbes du Pacifique* – qui avait alors été distingué par l'Académie française –, ce roman à la trame complexe, dont le titre est emprunté à un poème de Goethe, suit le parcours sinueux du personnage d'Abel depuis le Paris d'avant-guerre jusqu'à l'Allemagne nazie où le héros, fasciné par la figure symbolique de l'Enfant, se voit chargé de recruter de jeunes combattants de la région des lacs de Mazurie. Livre sensuel et violent servi par une langue inventive, ce *Roi des aulnes* marquera profondément son temps, et fera l'objet, en 1996, d'une adaptation cinématographique par Volker Schlöndorff.

Michel Tournier, photographié en novembre 1970 lors d'une séance de dédicaces de son livre *Le Roi des aulnes*, qui lui a valu le prix Goncourt.

7 décembre 1970 : l'écrivain Michel Déon arrive au restaurant Lasserre, près des Champs-Élysées, où il s'apprête à recevoir le prix Interallié pour *Les Poneys sauvages*.

L'INTERALLIÉ POUR *LES PONEYS SAUVAGES*

Le prix Interallié, décerné depuis 1930, est attribué en 1970 à Michel Déon pour *Les Poneys sauvages*. Auteur prolifique entré en littérature au lendemain de la Seconde Guerre mondiale, Michel Déon propose un roman élégant et épique qui, s'inscrivant sur le fil d'amitiés épistolaires, traverse les événements tragiques du conflit mondial et de la rivalité entre les deux Europe. Refusant de se soumettre aux diktats de l'intelligentsia communiste, omnipotente dans le domaine de l'édition, Michel Déon n'a pas hésité, dans son roman, à évoquer la responsabilité des Soviétiques dans le massacre de milliers de Polonais perpétré au printemps 1940 dans le village russe de Katyń, un massacre faussement attribué aux nazis par la propagande de Moscou. Cette dénonciation du mensonge soviétique lui a sans doute valu d'être écarté par les jurés du Goncourt, mais elle lui assure de jouir d'une réputation d'honnête homme, d'auteur libre et de « romancier du bonheur ».

ANTOINE BLONDIN PUBLIE *MONSIEUR JADIS*

Membre avec Michel Déon, Jacques Laurent et Roger Nimier de ce que l'on appelait dans les années 1960 le « mouvement des Hussards », caractérisé par un anticonformisme quasi anarchisant et une soif de liberté rétive à l'embrigadement militant, Antoine Blondin est désormais un auteur reconnu dont les chefs-d'œuvre – *Un singe en hiver* ou *Les Enfants du Bon Dieu* – l'ont imposé comme l'une des grandes figures littéraires françaises. Écrivain fétiche des éditions de la Table ronde, il est aussi une figure de Saint-Germain-des-Prés, où ses multiples frasques éthyliques lui valent une réputation d'enfant terrible. Son roman paru en 1970, *Monsieur Jadis ou l'École du soir*, s'inspire d'ailleurs en partie de ses dérives nocturnes où, sur fond d'interminables bamboches et de visites en cellules de dégrisement, se croisent une multitude de personnages hauts en couleur.

Julien Green, photographié à son domicile parisien vers 1970. Se considérant à la fois comme un « écrivain sudiste américain » et un « Français de cœur », il a laissé une œuvre dans laquelle les questions spirituelles occupent une place centrale.

JULIEN GREEN
GRAND PRIX DE LITTÉRATURE DE L'ACADÉMIE FRANÇAISE

Pour la première fois depuis la création, en 1911, du Grand Prix de littérature de l'Académie française, celui-ci est décerné à un auteur étranger, l'Américain Julien Green. Né à Paris en 1900, cet écrivain habité à la fois par les questions spirituelles – il s'est converti au catholicisme pendant la Première Guerre mondiale – et sexuelles – il a toujours affirmé son attirance pour les hommes – a sculpté une œuvre foisonnante, déclinée en de nombreux registres (théâtre, romans, journaux intimes, essais, etc.). Il succédera à François Mauriac en juin 1971 à l'Académie française, devenant ainsi le premier étranger à recevoir l'honneur de siéger sous les ors de la célèbre institution.

ARTHUR ADAMOV
A MIS FIN À SES JOURS

Il était avec Eugène Ionesco et Samuel Beckett l'un des principaux représentants de ce qu'il est convenu d'appeler le théâtre de l'absurde : l'écrivain russo-arménien Arthur Adamov, Adamian de son vrai nom, s'est donné la mort le 15 mars 1970, à l'âge de soixante et un ans. Détestant l'académisme théâtral, engagé à l'extrême gauche – il est notamment l'un des signataires du *Manifeste des 121* sur le droit à l'insoumission dans la guerre d'Algérie –, cet écorché vif laisse une œuvre théâtrale radicale, méfiante vis-à-vis du langage et prompte à explorer les insondables bas-fonds de la psyché humaine. S'estimant incompris du public français, il s'est résolu en ce 15 mars, dans la solitude de son appartement de la rue Champollion à Paris, à tirer définitivement sa révérence et à fuir ce monde, qu'il aspirait à révolutionner autant qu'il le haïssait.

ILS SONT MOCHES
DE REISER

Créateur en 1960 avec Cavanna et le Professeur Choron du mensuel satirique *Hara-Kiri*, pilier avec Gotlib du journal *Pilote*, Jean-Marc Reiser, dit Reiser, sort cette année son premier album dessiné, intitulé *Ils sont moches*. Assumant un mauvais goût ostentatoire, ne reculant devant aucune obscénité, Reiser se fera une spécialité de croquer les ratés et les déjantés, les frustrés et les prostituées. *Ils sont moches* n'est sans doute pas l'album le plus abouti de la carrière de Reiser, ni le plus drôle. Il lui faudra encore quelques années avant d'imposer le style personnel et ravageur qui fera le succès, entre autres, du célèbre *Gros Dégueulasse*, dont les saillies seront adaptées au cinéma avec Maurice Risch en rôle principal.

Affublé d'un spectre et d'une couronne, Jean-Marc Reiser prend ici la pose en 1978 dans une réplique du trône de l'empereur centrafricain Bokassa lors des vingt ans d'*Hara-Kiri*, dans la discothèque parisienne le Club 78.

JEAN ANOUILH OFFRE AU PUBLIC *LES POISSONS ROUGES OU MON PÈRE CE HÉROS*

À soixante ans, Jean Anouilh n'a rien perdu de sa fougue créatrice. Révélé en 1944 avec sa célèbre pièce *Antigone*, créée au Théâtre de l'Atelier, le dramaturge poursuit l'érection d'une œuvre prolifique de pièces de théâtre qu'il a classées en plusieurs genres : pièces « roses », « noires », « brillantes », « farceuses », « baroques », etc. *Les Poissons rouges ou Mon père ce héros*, proposée à partir du 24 janvier 1970 au Théâtre de l'Œuvre à Paris, relève de la catégorie des « Nouvelles pièces grinçantes ». Centrée sur la personne d'Antoine de Saint-Flour – un notable arrogant travaillé par le remord d'avoir, enfant, uriné dans le bocal à poissons rouges de sa grand-mère ! –, cette comédie volontiers cruelle (envers les femmes en général et les belles-mères en particulier) a également le grand mérite de reposer sur un couple comique d'exception : Jean-Pierre Marielle et Michel Galabru, merveilleux dans leur dissemblance.

Michel Galabru et Jean-Pierre Marielle, un duo comique d'exception pour la pièce *Les Poissons rouges ou Mon père ce héros* de Jean Anouilh.

MUSSET AU PROGRAMME DE LA COMÉDIE-FRANÇAISE

Les sociétaires et pensionnaires de la Comédie-Française ont ravi le public parisien, au mois de septembre, avec la première représentation de la célèbre comédie théâtrale d'Alfred de Musset, *Il ne faut jurer de rien*. Mise en scène par Michel Duchaussoy – qui assure parallèlement le rôle principal en incarnant le personnage de Valentin Van Buck, jeune dandy hostile à l'idée de se marier –, la pièce s'appuie également sur le talent de Catherine Salviat, radieuse en Cécile de Mantes, tandis que l'oncle de Valentin est incarné par le débonnaire Georges Chamarat. C'est enfin à Jacques Marillier, l'un des grands décoristes du moment, qu'est revenu le soin d'assurer les costumes et les décors de cette pièce primesautière.

FERNAND RAYNAUD TRIOMPHE AU THÉÂTRE DE LA VILLE

À quarante-quatre ans, Fernand Raynaud est sans conteste l'une des plus grandes stars comiques de France. Révélé au grand public en 1959 grâce au *one-man-show* qu'il assura durant dix-huit mois au Théâtre des Variétés de Paris, il a imposé une nouvelle forme de spectacle où sa capacité à interpréter plusieurs personnages, sa propension à imiter les accents et ses allures de grand clown mélancolique ont révolutionné le genre humoristique. Alors qu'il s'est aussi fait un nom dans le monde du théâtre en jouant Sganarelle dans un *Dom Juan*, il frappe un nouveau coup en cette année 1970 en proposant au Théâtre de la Ville un spectacle muet, intégralement dédié au mime et intitulé *Une Heure sans paroles*. Le succès est au rendez-vous et révèle une autre facette de son talent multiforme !

Fernand Raynaud, au Théâtre de la Ville, à Paris, en avril 1970.

ADIEU BERTHE FAIT RIRE LA FRANCE

Le théâtre de boulevard se porte toujours aussi bien en cette année 1970. Si la pièce *Frédéric* de (et avec) Robert Lamoureux, mise en scène par Pierre Mondy, n'a pas démérité, *Adieu Berthe* d'Albert Husson et Francis Blanche fait un véritable carton. L'intrigue place Leo Bertold (Francis Blanche) dans un rôle de producteur de spectacles poursuivi par ses créanciers qui, obligé de déménager pour leur échapper, berne son monde. Entouré par une palette de grands comédiens dont Jean Carmet, Jean-Roger Caussimon et Bernard Lajarrige, Francis Blanche a grandement participé au succès de la pièce en simulant à chaque représentation un trou de mémoire puis en se lançant dans une fausse improvisation, à la grande stupéfaction d'un public hilare. La pièce sera bientôt connue de la France entière grâce à l'émission *Au théâtre ce soir*, qui la programmera pour la soirée de la Saint-Sylvestre 1970.

Un quatuor comique de choc pour *Adieu Berthe* : Jean-Roger Caussimon, Bernard Dumaine, Jean Carmet et Francis Blanche, photographiés le 20 juin 1970.

Madeleine Renaud, Michael Lonsdale et Juliette Brac en novembre 1970 au théâtre Récamier de Paris lors d'une répétition de *La Mère*, pièce ténébreuse mise en scène par Claude Régy.

CLAUDE RÉGY INTRIGUE AVEC *LA MÈRE*

C'est peu de dire que le théâtre de Claude Régy apparaît comme particulièrement singulier au sein de la production de son temps. Mystérieuse, voire nébuleuse, son esthétique théâtrale n'hésite pas à convoquer les textes littéraires les plus abscons tout en proposant des mises en scène épurées, minimalistes, qui peuvent aller jusqu'à plonger le public dans l'obscurité afin de mieux privilégier l'acoustique et la résonnance des mots...
La Mère, présentée en novembre au théâtre Récamier, à Paris, est une adaptation par Marguerite Duras de ladite « pièce répugnante » du dramaturge polonais d'avant-garde Stanisław Ignacy Witkiewicz, écrite en 1924. Claude Régy a su bien s'entourer puisque les rôles principaux (une mère alcoolique à la limite de la folie et un fils dont le visage rappelle celui du défunt père) sont respectivement confiés à Madeleine Renaud et Michael Lonsdale, deux monstres sacrés du théâtre français.

ARIANE MNOUCHKINE ET LA TROUPE DU THÉÂTRE DU SOLEIL S'INSTALLENT À LA CARTOUCHERIE

La Cartoucherie, ancienne fabrique d'armement située dans le bois de Vincennes, est investie en cette fin d'été 1970 par la troupe du Théâtre du Soleil, animée par Ariane Mnouchkine, qui va aménager le lieu et y planter la scénographie d'une création, sobrement titrée *1789*, qui fera date. La démarche de Mnouchkine – qui se veut collaborative et utopique – est à l'image de son ambition scénique : le public venu assister à *1789* se trouve immergé au centre d'une troupe de « bateleurs » qui content et célèbrent de façon épique – et très manichéenne – les premières heures de la Révolution, glorifiant le peuple de Paris prenant d'assaut la Bastille.
Cette pièce ambitieuse au dispositif inventif sera joué plus de trois cent soixante-dix fois et donnera à Ariane Mnouchkine l'occasion d'en tirer la matière d'un film.

Niki de Saint Phalle en plein travail dans son studio à la fin des années 1970.

NIKI DE SAINT PHALLE PRÉSENTE SES *NANAS* À PARIS

Née d'un père français qui l'avait violée dans sa jeunesse et d'une mère américaine, Niki de Saint Phalle se lance dans la peinture en 1953 alors qu'elle est internée dans un hôpital psychiatrique. Adepte d'un « art brut » manifesté sous forme de performances picturales, elle commence à attirer l'attention du public au début des années 1960. En 1970, c'est avec une nouvelle série de sculptures géantes regroupées sous le titre de *Nanas* qu'elle fait sensation, déchaînant les commentaires élogieux du Tout-Paris artistique : fabriquées en polyester et recouvertes de couleurs luisantes, ces œuvres impressionnent par leur anatomie callipyge et leurs postures exubérantes. Mais derrière leurs figures enjouées, ces *Nanas* dansantes dégagent une impression de violence et de sauvagerie qui expriment l'intention révolutionnaire de Niki de Saint Phalle. Fascinée par le combat féministe des militantes afro-américaines, l'artiste conçoit en effet ses *Nanas* comme autant d'armes destinées à « faire trembler le patriarcat sur ses bases ».

MARK ROTHKO EST MORT

Le monde de l'art est en deuil : au matin du 25 février, esseulé dans son atelier de Madison Avenue, à New York, le peintre Mark Rothko s'ouvre les veines après avoir ingurgité une forte dose de barbituriques. Âgé de soixante-sept ans, l'artiste, rongé par l'alcoolisme et affaibli par un anévrisme, souffrait d'une profonde dépression et d'un sentiment de dépossession, alors même qu'il était l'un des peintres les plus cotés du moment. Refusant l'étiquette d'« expressionniste abstrait » qu'on lui collait souvent, Mark Rothko avait développé une « peinture en champs de couleur » constituée d'aplats faussement monochromatiques aux dimensions gigantesques et dépourvus d'encadrement. Se tenant éloigné des postures idéologiques, notamment communistes, ce benjamin d'une famille juive originaire de Lettonie était obsédé par les questionnements métaphysiques. « La seule chose qui m'intéresse, disait-il peu avant de mourir, c'est d'exprimer des sentiments humains fondamentaux, la tragédie, l'extase, le destin funèbre. Si vous n'êtes touché que par les rapports entre les couleurs, l'essentiel vous échappe. »

LE GRAND PALAIS CÉLÈBRE LE CENTENAIRE DE MATISSE

Né le 31 décembre 1869 à Nice, Henri Matisse aurait donc eu cent ans. En 1970, il reste pourtant relativement méconnu du grand public, alors même qu'il avait été largement célébré de son vivant. C'est afin de réparer ce relatif « oubli » qu'est organisée au Grand Palais, à partir du 22 avril 1970, la première exposition rétrospective de l'artiste-peintre, avec comme commissaire général l'historien d'art Pierre Schneider. Durant près de cinq mois, le public peut ainsi (re)découvrir l'ensemble de l'œuvre de cet artiste multiforme – il était aussi graveur, sculpteur et dessinateur – que l'on considère comme le chef de file du mouvement fauviste en France mais aussi comme l'un des grands inspirateurs des artistes expressionnistes abstraits de l'École de New York. La réunion dans le même lieu de la quasi-totalité des chefs-d'œuvre de Matisse – depuis celles de la période fauviste du début du siècle (*Femme au chapeau*, *La Desserte rouge*, etc.) jusqu'aux célébrissimes *Nus bleus* des années 1950 – permet au public de prendre la mesure de l'apport révolutionnaire du peintre niçois, dès lors reconnu comme l'un des grands rénovateurs de l'art moderne, à l'instar d'un Marcel Duchamp ou d'un Picasso.

Henri Matisse dans sa villa, Le Rêve, à Vence, en 1948. »

VICTOR VASARELY JOUE SUR TOUS LES TABLEAUX

En ces années pompidoliennes, un artiste cumule à lui seul tous les superlatifs généralement réservés aux rock stars : père de l'Op art – ou « art optique » –, Victor Vasarely est l'artiste incontournable de la décennie dont les tableaux aux motifs géométriques et psychédéliques se retrouvent à la fois sur des pochettes d'album (*Space Oddity* de David Bowie), des couvertures d'ouvrages de Martin Heidegger, sur les podiums des grands défilés de mode ou réutilisés par des designers de renom… Ces œuvres, basées sur des calculs mathématiques et des combinaisons de forme, sont quasiment produites à la chaîne, à tel point qu'on estime que l'artiste plasticien hongrois, installé à Paris depuis 1930, livrera plus de dix mille tableaux ! Madame Pompidou elle-même inaugure en cette année 1970, dans la forteresse médiévale de Gordes, dans le Lubéron, le musée Vasarely. Un musée destiné, selon les vœux de l'artiste, à jeter les bases d'un « atelier de recherche plastique où seront confrontés architectes, peintres, sociologues et psychologues afin de donner vie à un art social. »

Le grand hall du château de Gordes : un écrin prestigieux pour les compositions de Victor Vasarely, roi de l'Op art.

Hans Hartung dans son atelier parisien en 1967. Toujours à la recherche de nouvelles façons de « peindre », il a multiplié les techniques et matériaux, créant ainsi une œuvre très personnelle.

HANS HARTUNG LAURÉAT DU GRAND PRIX DES BEAUX-ARTS DE LA VILLE DE PARIS

Considéré comme l'un des maîtres de la peinture abstraite allemande, Hans Hartung a reçu cette année le Grand Prix des Beaux-Arts de la Ville de Paris. Âgé de soixante-six ans, ce peintre unijambiste – sa jambe droite a été amputée lorsqu'il servait dans la Légion étrangère – et français depuis 1946 poursuit une œuvre picturale inscrite dans le style « tachiste », né en réaction au cubisme et aux abstractions géométriques. Le travail très personnel d'Hans Hartung se base sur l'utilisation de techniques qui, faisant l'impasse sur les pinceaux, privilégie les zébrures, la pulvérisation, les griffures ou les projections à la sulfateuse. Certaines de ses œuvres ont ainsi été achevées à l'aide de bouquets de genêts fixés à l'extrémité d'un manche.

LE GROUPE « SUPPORTS/SURFACES » S'EXPOSE AU MUSÉE D'ART MODERNE DE LA VILLE DE PARIS

Parmi la multiplicité des mouvements artistiques d'avant-garde qui sont apparus au cours des années 1960 – formés parfois à des fins publicitaires plus que pour des raisons de créativité... –, le groupe « Supports/Surfaces » s'est donné l'ambition de situer son travail dans le « degré zéro de la peinture » en déstructurant les modes traditionnels d'exposition. Ainsi, Claude Viallat retourne ses tableaux contre le mur, Pierre Buraglio hache ses toiles pour en disperser les débris sur le sol, Daniel Dezeuze se contente d'exposer des châssis vides... L'un des grands moments de ce groupe éphémère est l'exposition organisée en septembre 1970 au musée d'Art moderne de la Ville de Paris, où douze membres de « Supports/Surfaces » ont le privilège de pouvoir exhiber leurs réalisations et expérimentations plastiques à un large public.

HAPPENING & FLUXUS AU PROGRAMME À COLOGNE

Apparu à New York en 1961 sous la forme d'une revue, le (non-)mouvement Fluxus réunit une nébuleuse d'artistes dont la production, faite d'« événements », de performances et d'œuvres éphémères, reste difficile à décrire. Tout au long des *sixties*, le mouvement s'est manifesté aux États-Unis et dans les pays germaniques d'Europe de l'Ouest, mêlant dans une joyeuse et stridente confusion les sons, les corps, les images et les langages... Soucieux de tirer un bilan de ces expérimentations, le commissaire d'exposition suisse Harald Szeemann s'est mis en tête d'organiser en cette fin d'année 1970 le festival *Happening & Fluxus* à la Kölnischer Kunstverein de Cologne. Mais les diverses « parades performatives » d'hommes nus hurlant à la mort, de carcasses d'animaux jetées à la volée ou de vaches censées vêler en public n'ont guère recueilli que des fous rires nerveux, des haussements d'épaules et des sarcasmes bien sentis...

Les « œuvres éphémères » des membres du groupe Fluxus ont diversement été reçues par le public. Ici, il s'agit d'un « happening » basé autour d'une accumulation de divers détritus et carcasses, présenté à Cologne en 1970.

LARRY RIVERS MARQUE LES ESPRITS AVEC SON OLYMPIA NOIRE

Décidemment, l'*Olympia* d'Édouard Manet n'en finit pas de susciter des vocations. Exposé en 1865, le tableau, inspiré par la *Vénus d'Urbin* du Titien, avait créé un énorme scandale, le peintre ayant remplacé la déesse romaine par une fille de joie... Cent cinq ans plus tard, l'artiste américain Larry Rivers revisite le scandaleux tableau de Manet en proposant une œuvre composite – mêlant la peinture à l'huile, le plastique, le plexiglas et une toile plastifiée – intitulée *I like Olympia in Black Face*. Cette proposition de Rivers ne fait pas scandale, elle est même bien accueillie par la critique d'art. Elle se veut une dénonciation de la ségrégation frappant les Afro-Américains aux États-Unis. Les quatre personnages d'*I like Olympia in Black Face* sont conçus pour illustrer une double opposition, celle du maître et de l'esclave, et celle du Blanc et du Noir. S'inscrivant dans la tradition du collage/assemblage, l'œuvre de Larry Rivers sera offerte en 1976 au Centre Pompidou, à Paris, qui la conserve depuis dans ses galeries.

DALÍ S'EXPOSE À ROTTERDAM

Organisée à partir du 21 novembre 1970 au musée Boijmans Van Beuningen de Rotterdam grâce au travail de titan de l'historienne de l'art Renilde Hammacher-van den Brande, l'exposition rétrospective consacrée à Salvador Dalí, est un énorme succès, à l'image de la notoriété du célébrissime peintre surréaliste espagnol. L'affiche de l'exposition, généreusement placardée dans les rues de la ville portuaire hollandaise, a fait forte impression grâce à sa reproduction en grand format de la célèbre œuvre de 1936, *Construction molle aux haricots bouillis*. Le musée Boijmans Van Beuningen, qui possède l'une des plus riches collections d'art surréaliste au monde, s'est même payé le luxe d'accueillir le peintre catalan et son épouse Gala lors du vernissage de l'exposition qui présente un très grand nombre d'œuvres venues de différents musées et de fonds privés. L'artiste – qui s'était d'abord opposé au principe d'une telle exposition, arguant que « son travail doit demeurer secret » – n'a pas caché son intense émotion lorsqu'il s'est retrouvé face à des tableaux qu'il n'avait pas vus depuis les années 1930...

Le fantasque Salvador Dalí présente son tableau *Le Cavalier de l'Apocalypse* dans un reportage de l'émission de télévision *Chefs-d'œuvre en péril*, en décembre 1970. »

Juillet 1970

01 Juillet — L'AMBASSADE DE CHINE EN URSS ROUVRE SES PORTES

» L'ambassade chinoise de Moscou a de nouveau un locataire, ce qui n'était plus le cas depuis 1967. Un signe d'apaisement qui rompt avec les tensions ayant caractérisé depuis une décennie les relations diplomatiques entre les deux géants communistes. La Chine et l'URSS s'affrontent toujours sur le terrain idéologique pour savoir laquelle de leurs deux stratégies politiques est la plus vertueuse au regard des principes marxistes. Le vainqueur de cette compétition se verrait bien sûr désigné comme le leader « naturel » des pays communistes, notamment dans le tiers-monde. L'enjeu est de taille, guerre froide et guerre du Viêt Nam obligent. En 1969, les armes ont parlé à la frontière sino-soviétique : les militaires chinois avaient tendu dans la nuit du 1er au 2 mars une embuscade à l'Armée rouge sur l'île Zhenbao (île Damanski, en russe) entraînant quinze jours de conflit. Une guerre nucléaire entre les deux voisins a alors été évitée de justesse. Les hostilités reprenaient néanmoins dès le mois d'août suivant à la frontière avec le Xinjiang. Mais à la faveur des funérailles du leader vietnamien Hô Chi Minh, les Premiers ministres chinois et soviétique Zhou Enlai et Alexis Kossyguine se sont rencontrés de façon informelle le 11 septembre à l'aéroport de Pékin. Un cessez-le-feu a été décidé et des négociations entamées en octobre. La réouverture de l'ambassade chinoise en URSS est une conséquence de ce réchauffement. Ce qui n'empêche pas Mao, le leader chinois, de privilégier désormais un rapprochement avec les États-Unis. Le président américain Richard Nixon y est d'ailleurs plus que favorable...

La rencontre improvisée le 11 septembre 1969 entre Alexis Kossyguine (à gauche) et Zhou Enlai a permis la normalisation des relations entre l'URSS et la Chine. Un processus qui débouche en ce mois de juillet sur la réouverture d'une ambassade chinoise à Moscou.

Mao Zedong, ici lors du IXe Congrès du Parti communiste chinois en avril 1969, se veut le seul véritable héritier de Marx et de Lénine. Cette position a des répercussions importantes sur les relations sino-soviétiques, mais aussi dans le tiers-monde et au sein des gauches occidentales.

« Partisan d'un « nouvel ordre économique international », Luis Echeverria Álvarez mettra en œuvre une politique étrangère active qui le conduira à effectuer de nombreux voyages officiels en Amérique, en Asie et en Europe (ici, à Venise).

05 Juillet – LUIS ECHEVERRIA ÁLVAREZ

PRÉSIDENT DU MEXIQUE

» Luis Echeverria Álvarez est élu 50e président des États-Unis du Mexique avec 90 % des suffrages. Le pays est gouverné par un parti unique, le PRI (Parti révolutionnaire institutionnel) qui n'autorise aucune opposition. Luis Echeverria Álvarez était ministre de l'Intérieur de son prédécesseur, Gustavo Díaz Ordaz. Il s'est tristement illustré en 1968 comme l'un des principaux responsables du massacre de Tlatelolco qui a vu, le 2 octobre, une manifestation étudiante organisée à Mexico réprimée dans un bain de sang. En vue de son élection à la tête de l'État, il a minimisé son rôle dans cette répression que le président sortant a, quant à lui, pleinement assumée. Mais le nouvel élu, âgé de quarante-huit ans, ne se mettra pas pour autant à l'unisson de la jeunesse de son époque : dès 1971, il décidera de prohiber la musique rock au Mexique.

09 Juillet – LE SERVICE NATIONAL

DÉSORMAIS DE 12 MOIS

» Le Parlement adopte ce jour une loi relative au service national qui en réduit la durée de seize à douze mois. Une décision bien accueillie par les jeunes Français. Quant aux jeunes filles qui envieraient les garçons, elles auront désormais, à « titre expérimental » pour le moment précise le texte de loi, la possibilité d'effectuer un service national sur la base du volontariat. Un bilan de cette disposition novatrice sera effectué dans cinq ans. L'âge de l'incorporation est fixé à dix-neuf ans, mais peut être anticipé à dix-huit ans ou repoussé à vingt et un ans à la demande de l'intéressé. En cas de préparation des concours des grandes écoles ou de poursuite d'études longues, un report peut être accordé jusqu'à la date des épreuves ou l'âge de vingt-cinq, voire vingt-sept ans. Mais dans ce dernier cas, la durée du service est maintenue à seize mois...

Parmi les nombreuses affectations possibles, être envoyé en Allemagne pour faire son service militaire n'est pas la plus populaire. Ici, des militaires du 46e RI défilant à Berlin le 14 juillet 1970. »

Félix Gaillard avait été l'un des hommes politiques les plus en vue de la IVe République. On le voit sur cette photo, prise le 27 août 1957, alors qu'il était ministre des Finances. Trois mois plus tard, il devenait président du Conseil.

11 Juillet

DISPARITION TRAGIQUE DE L'ANCIEN PRÉSIDENT DU CONSEIL FÉLIX GAILLARD

Le décès accidentel du député radical Félix Gaillard, qui fut président du Conseil sous la IVe République, suscite une vive émotion dans tout le pays. La presse lui rend hommage, au même titre que la classe politique. Homme influent et respecté, il a tragiquement trouvé la mort en mer.

Le corps de Félix Gaillard a été retrouvé vers 11 h 30 ce 11 juillet au large de Jersey. À Bordeaux, où il effectue un déplacement, le Premier ministre Jacques Chaban-Delmas, qui avait noué de profonds liens d'amitié avec le député de Charente dans la Résistance, a déclaré à la télévision au sujet de sa disparition : « Je me refuse à l'admettre. Je persiste à espérer, contre peut-être toute espérance. »

La *Marie-Grillon*, le yacht de 11,25 mètres à bord duquel avait pris place Félix Gaillard en compagnie de trois amis, Dominique Cirotteau, Anne Dumont et Yvonne de La Brosse, n'était pas rentré au port de Binic jeudi 9 alors qu'il avait quitté Jersey le matin vers 8 h 30.

Félix Gaillard avait rendu visite à sa belle-sœur, en villégiature sur l'île anglo-normande, et regagnait la Bretagne où il possédait une maison de vacances, la villa *Ker-Lolette*. Mais, à cause d'un probable court-circuit ou de l'explosion accidentelle d'un appareil fonctionnant au gaz butane, le bateau a pris feu en pleine mer. Les corps des deux passagères, mortes de froid et d'épuisement, ont été retrouvés hier. Les deux hommes ont semble-t-il été tués sur le coup.

Félix Gaillard, qui aurait fêté ses cinquante et un ans le 5 novembre prochain, avait été l'un des hommes politiques les plus en vue de la IVe République. Françoise Giroud le rappellera dans les colonnes de l'hebdomadaire *L'Express* daté du 20 juillet : « À trente-sept ans, Félix Gaillard était ministre des Finances, et non des moindres. À trente-huit ans, président du Conseil, le plus jeune dans l'histoire de la République. Sa trajectoire avait été fulgurante. »

Favorable au retour du général de Gaulle en 1958, il avait vu sa carrière s'infléchir sous la Ve République, mais était resté un député de la Charente très apprécié des habitants de sa circonscription.

C'est d'ailleurs dans le cimetière de Lachaise, à côté de Barbezieux, commune dont il fut conseiller municipal, qu'il sera inhumé lundi 13 juillet.

De nombreuses personnalités seront présentes, dont le Premier ministre Jacques Chaban-Delmas et l'ancien candidat à l'élection présidentielle François Mitterrand, député de la Nièvre mais né en Charente.

14 Juillet — LE CHANTEUR LUIS MARIANO A TIRÉ SON ULTIME RÉVÉRENCE

» Surnommé le « prince de l'opérette », Luis Mariano avait connu maints triomphes sur scène en interprétant les rôles que son complice Francis Lopez lui composait sur mesure. Sa chaude voix de ténor, ensoleillée d'un léger accent espagnol, et son physique de bel hidalgo lui valurent une popularité internationale.

Les millions de fans de Luis Mariano sont aujourd'hui en deuil : le chanteur vient de décéder à l'hôpital parisien de La Salpêtrière, où il avait été admis le 9 juillet à la suite d'une hémorragie cérébrale qui l'a plongé dans le coma. Un coma dont il n'est pas ressorti.

Né le 13 août 1914 à Irun, au Pays basque espagnol, Mariano Eusebio González y García s'était installé en France avec sa famille pendant la guerre d'Espagne. Sa mère avait d'ailleurs falsifié sa date de naissance afin qu'il échappe à la conscription : Mariano prétendra donc longtemps être né en 1920, et de surcroît le 12 août et non le 13, par superstition… Ses dons lyriques le font vite remarquer et il fait ses classes au conservatoire de Bordeaux durant la Seconde Guerre mondiale. On lui conseille de tenter sa chance à Paris, où il pose ses valises en septembre 1943. Il fait ses débuts sur scène la même année dans *Don Pasquale*, de Donizetti. L'année suivante, il adopte définitivement le pseudonyme de Luis Mariano. Tout s'accélère en 1945 lorsqu'il rencontre Francis Lopez.

Luis Mariano interprétant le duc de Bragance dans *La Caravelle d'or* au Théâtre du Châtelet, à Paris, au début de l'année 1970. Le chanteur, malade, avait dû interrompre les représentations de cette opérette de Francis Lopez en février.

Luis Mariano célèbre ici, en 1953, la vente du millionième disque du *Chanteur de Mexico*, titre phare de l'opérette éponyme qui a lancé deux ans plus tôt son incroyable popularité.

Luis Mariano repose dans le cimetière d'Arcangues, petite localité des Pyrénées-Atlantiques où il possédait une propriété. Les touristes sont nombreux à venir s'y recueillir.

Le prolifique compositeur lui offre le premier rôle de *La Belle de Cadix*. C'est un triomphe. Le spectacle tient l'affiche pendant deux ans. Les succès s'enchaînent pour le ténor aux yeux de velours et à la voix d'or, du *Chanteur de Mexico* en 1951 à *La Caravelle d'or* en 1969. Certains donnent lieu à des adaptations cinématographiques – Luis Mariano aura joué en tout dans une trentaine de films entre 1937 et 1960.

Il y a quelques mois, malade, le chanteur a dû renoncer à se produire sur scène. Le 16 février, il est apparu pour la dernière fois à la télévision, abandonnant ensuite les représentations de *La Caravelle d'or*. Luis Mariano ne s'est jamais marié, mais on lui a prêté des liaisons avec les comédiennes Martine Carol et Carmen Sevilla. Certains prétendent qu'il était en fait homosexuel. Il avait adopté en 1967 le fils de son secrétaire et chauffeur, lequel est bien décidé à entretenir la mémoire de son patron et ami. Luis Mariano sera inhumé à Arcangues, dans les Pyrénées-Atlantiques, où il possédait une maison et un domaine agricole.

Juillet 1970

15 Juillet — ASSASSINAT DE LEON JORDAN, MILITANT DES DROITS CIVIQUES

» Leon Jordan, considéré comme l'homme politique noir le plus influent de l'État du Missouri, est abattu à l'aube, à Kansas City, par trois hommes armés de revolvers. Né en 1905, Leon Jordan a été en 1954 le premier officier noir de la police de la ville. Il est surtout connu pour son militantisme politique en faveur des droits civiques des Américains noirs, mouvement qui a permis de notables avancées législatives ces dernières années, mais suscite encore de dangereuses oppositions, comme l'a montré en 1968 l'assassinat de Martin Luther King. C'est au nom de ce combat que Leon Jordan a cofondé en 1962 la Freedom Inc. sous la bannière de laquelle il a été élu deux ans plus tard à la Chambre des représentants du Missouri. Il semble que ses meurtriers, eux-mêmes afro-américains, soient liés à la mafia plus qu'à des organisations hostiles à l'égalité civique de tous les citoyens des États-Unis. Orchid Jordan, son épouse, sera élue au siège parlementaire devenu vacant du fait du décès de son époux.

17 Juillet — LE GOUVERNEMENT BRITANNIQUE DÉCLARE L'ÉTAT D'URGENCE

La grève des dockers, que l'on voit ici rassemblés sur le port de Londres début juillet, sera immédiatement suivie par celle des employés municipaux. Sur l'ensemble de l'année 1970, douze millions de journées de travail seront perdues en Grande-Bretagne, du fait des mouvements sociaux.

» La Grande-Bretagne a, depuis les élections du mois de juin dernier, un nouveau gouvernement dirigé par le conservateur Edward Heath. Le pays, parfois qualifié « d'homme malade de l'Europe » par les commentateurs, n'a d'autre choix selon le Premier ministre que de mettre en place, afin de remédier à la stagflation qui l'affecte, une politique résolument libérale. L'État doit, estime-t-il, se dégager le plus possible de la vie économique. Il envisage aussi de limiter le droit de grève. Celle qui a été déclenchée le 15 juillet par les dockers, manifestement peu convaincus par ces orientations, est le premier défi social auquel Edward Heath doit faire face. Quarante-sept mille ouvriers des ports ont cessé le travail : l'enjeu est de taille pour ce pays insulaire. Le Premier ministre a donc décidé ce 17 juillet de leur apporter une réponse ferme en déclarant l'état d'urgence et en menaçant de faire appel à l'armée pour remplacer les grévistes. Une sortie de crise sera trouvée sous deux semaines, mais le conflit aura coûté l'équivalent de trois milliards de francs à l'économie britannique. Et d'autres grèves se profilent outre-Manche...

Le *Queen Elizabeth II*, fleuron de la flotte britannique, réussit le 17 juillet 1970, malgré la grève des dockers qui perturbe gravement l'activité des ports anglais, à quitter Southampton à destination de New York.

19 Juillet

EDDY MERCKX REMPORTE LE TOUR DE FRANCE
POUR LA DEUXIÈME FOIS

Eddy Merckx, le 19 juillet au vélodrome de la Cipale, à Vincennes, où s'est achevée la Grande Boucle. Il est entouré de son épouse Claudine (à droite) et de Francine Amaury, dont le groupe de presse familial, propriétaire notamment de *L'Équipe*, est le principal organisateur du Tour de France.

» Déjà vainqueur de l'édition 1969, Eddy Merckx remporte ce 19 juillet 1970 le 57e Tour de France. Si les challengers de haut niveau ne lui manquent pas, le jeune coureur belge semble pour l'heure bien décidé à monopoliser la première marche des podiums.

Et de deux ! Eddy Merckx a conquis une nouvelle fois, en 119 h 31'49'' devant le Néerlandais Joop Zoetemelk, à 12'41'', et le Suédois Gösta Pettersson, à 15'54'', la première place du classement général du Tour de France. À vingt-cinq ans, le champion de Belgique sur route signe une saison éblouissante en gagnant successivement Paris-Nice, Paris-Roubaix, la Flèche wallonne ou encore le Tour d'Italie. Parti logiquement favori le 27 juin de Limoges, où il remporte le prologue, Merckx endosse définitivement le maillot jaune le 2 juillet à Valenciennes. Il ne le quittera plus jusqu'à Paris. Le 3 juillet, il remporte avec panache une septième étape toute symbolique conduisant les coureurs de Valenciennes à Forest, en Belgique. Merckx et son compatriote Lucien Van Impe s'échappent à 15 kilomètres de l'arrivée pour assurer la victoire à un natif du plat pays. Ce sera Merckx, bien sûr ! On dit que l'ex-roi Léopold III fait partie des spectateurs… En dépit d'un léger malaise à l'arrivée du mont Ventoux le 10 juillet – qu'il dira plus tard avoir simulé pour échapper à la presse –, le Belge a un boulevard devant lui jusqu'à la piste de la Cipale du bois de Vincennes. Vainqueur de huit des vingt-trois étapes de cette Grande Boucle 1970, il égale en cela le record historique de Charles Pélissier, record remontant à 1930.

Le premier Français est septième au classement général : il s'agit de Raymond Poulidor. « Poupou » a tenu à disputer le Tour malgré des ennuis de santé, parce que la course partait de Limoges. Et le Limousin, c'est chez lui. D'autres coureurs français se sont bien battus, tels Cyrille Guimard, vainqueur de la première étape, Alain Vasseur, qui a gagné la huitième, Bernard Thévenet, arrivé en tête le 14 juillet à l'issue de la dix-huitième étape, et Christian Raymond, vainqueur de la suivante. Cependant, il ne fait aucun doute qu'Eddy Merckx dominera le cyclisme international pendant plusieurs années encore. Sa résistance à la douleur est l'un de ses grands atouts et il a été reconnu coureur le plus combatif de cette édition du Tour de France.

Raymond Poulidor arrivant à Bordeaux le 16 juillet au terme de la vingtième étape du Tour. Celui que les aficionados surnomment affectueusement « Poupou » sera trois jours plus tard, en décrochant la septième place, le premier Français du classement général.

Le peloton traverse à toute allure la petite ville de La Saulce, située au sud de Gap, le 10 juillet, lors de la quatorzième étape du Tour de France. »

21 Juillet

Les travaux de construction du haut barrage d'Assouan ont duré dix ans. Ici, l'état du chantier en novembre 1964.

LE HAUT BARRAGE D'ASSOUAN

ENFIN CONSTRUIT

» Projet pharaonique initié par le leader égyptien Gamal Abdel Nasser dès 1954, le haut barrage d'Assouan vient d'être achevé après dix ans de travaux.

Le dernier des douze générateurs électriques qui équipent le haut barrage d'Assouan a été mis en marche ce mardi en présence de l'ambassadeur soviétique en Égypte, Sergueï Vinogradov. C'est en effet grâce à l'aide financière et technique de l'URSS que ce projet pharaonique a pu être concrétisé. Le nouveau barrage est long de 3 800 mètres et haut de 111 mètres. Son lac de retenue, baptisé lac Nasser, affiche une superficie de 5 250 kilomètres carrés et peut stocker jusqu'à 157 milliards de mètres cubes d'eau, alors que les réserves du précieux liquide ne pouvaient guère, avant sa construction, excéder 4 milliards de mètres cubes. Il va permettre de décupler la production d'électricité du pays, ce qui sera déterminant pour son industrialisation. La surface cultivable pourra être augmentée de 30 %, atout majeur dans ce pays constitué à plus de 90 % de zones désertiques dont la population double peu ou prou tous les vingt ans... Le barrage permettra enfin de remédier à la succession déstabilisante des années de « grandes crues », généralement dévastatrices, et des années de sécheresse, synonymes de disette, voire de famine.

L'idée de compléter un plus petit barrage existant à cet endroit depuis 1902 mais devenu insuffisant était apparue dès le lendemain de la Seconde Guerre mondiale. L'ingénieur égyptien d'origine grecque Adrien Daninos avait établi des plans de l'ouvrage auxquels les « officiers libres » ayant pris le pouvoir en 1952 s'étaient d'emblée intéressés. Restait à financer cet incroyable projet. Dans un premier temps, Nasser se tourna vers les Occidentaux afin de se procurer les fonds et l'aide technique nécessaires. Car les défis à relever ne manquaient pas, à commencer par la présence à l'emplacement du futur lac de retenue d'un trésor archéologique d'intérêt international : les temples d'Abou Simbel. Ceux-ci seront littéralement découpés en morceaux puis remontés à l'identique 64 mètres plus haut grâce à l'Unesco, qui réussira à fédérer de façon inédite ses membres pour mener à bien cette entreprise exceptionnelle qui coûtera 36 millions de dollars.

Dans un premier temps, les États-Unis et la Grande-Bretagne répondirent favorablement aux sollicitations du Caire. Mais les tensions nées du conflit entre Israël et les pays arabes combinées à celles de la guerre froide allaient bouleverser la donne. Nasser souhaitait se procurer des armes dans la perspective d'un nouvel affrontement direct avec l'État hébreu, armes que les Occidentaux rechignaient à lui fournir. Le Raïs se tourna donc en 1955 vers l'Est en achetant des avions et des chars à la Tchécoslovaquie – c'est-à-dire en réalité à l'URSS... Réaction immédiate de l'Ouest : ou l'Égypte renonçait à ces achats, ou les prêts destinés à financer le barrage étaient bloqués. Or, pour Le Caire, la construction du haut barrage était devenue d'autant plus indispensable que l'indépendance du Soudan, qui contrôle le Nil en amont, était proclamée le 1er janvier 1956 dans un climat de relative hostilité entre les deux voisins. La solution imaginée par Nasser pour se tirer de ce mauvais pas allait provoquer une grave crise internationale : au mois de juillet suivant, il nationalisait le canal de Suez afin de récupérer les quelque cent millions de dollars annuels que son exploitation rapportait à ses actionnaires étrangers – au regard desquels les trois millions dévolus jusque-là à l'Égypte faisaient figure de portion (très) congrue. On le sait, Nasser est sorti vainqueur de la crise de Suez : les États-Unis n'ont pas suivi, dans leur opération de reconquête du canal, les Britanniques, les Français et les Israéliens menacés par les Soviétiques de représailles nucléaires, et l'ONU a sifflé la fin de la partie en novembre 1956. Le rapprochement avec Moscou allait déboucher en décembre 1958 sur un accord de financement du haut barrage par l'URSS. Un an et demi plus tard, les travaux pouvaient commencer, sous la direction d'ingénieurs et de techniciens russes qui ont été environ deux mille à venir œuvrer sur les rives du Nil. C'est donc avec une grande satisfaction que l'ambassadeur soviétique et les officiels égyptiens en ont célébré l'achèvement ce 21 juillet.

Afin d'être déplacées, la structure et les célèbres statues des temples d'Abou Simbel ont été découpées en 1 035 morceaux. Les pièces de ce gigantesque puzzle ont ensuite été réassemblées à l'identique.

La première turbine du haut barrage d'Assouan en fonctionnement, en 1967.

La présence des temples d'Abou Simbel à l'endroit où se déploie le lac de retenue du nouveau barrage a posé un dilemme aux Égyptiens. La solution a été trouvée par la communauté internationale qui a financé, *via* l'Unesco, leur déplacement 64 mètres plus haut. L'opération s'est déroulée d'avril 1964 à septembre 1968.

22 Juillet — LA MAFIA CALABRAISE FAIT DÉRAILLER UN TRAIN

La « Flèche du Sud » reliant la Sicile au nord de l'Italie, cible d'un attentat meurtrier en Calabre, était partie dans la matinée de la gare de Palerme (ici en 1969).

» Le train Palerme-Turin a déraillé vers 17 h 30 ce 22 juillet à quelques centaines de mètres de la gare de Gioia Tauro, en Calabre, avec deux cents personnes à bord. Six morts et plus de soixante-dix blessés sont à déplorer. Très vite, l'hypothèse d'un attentat est émise, bien que celle d'une défaillance humaine ou de problèmes techniques soit aussi avancée. L'événement est survenu dans le contexte de la révolte populaire qui secoue la Calabre depuis le 14 juillet. Ce jour-là commençait une grève contre la décision de Rome de faire de Catanzaro la capitale régionale aux dépens de Reggio de Calabre. Un « Comité d'action pour Reggio capitale », noyauté par le MSI (Movimiento sociale italiano, une organisation politique d'extrême droite), en a pris l'initiative. La violence s'est bien vite invitée au sein de la protestation causant un mort, cent blessés et deux milliards de lires de dégâts. L'enquête sur cet accident durera plusieurs années et donnera lieu à une série de rapports parfois contradictoires. Mais en 1993, des mafieux repentis confirmeront que la 'Ndrangheta, la mafia calabraise, est bien à l'origine de la catastrophe, en liaison avec le Comité d'action.

22 Juillet — L'ARABIE SAOUDITE RECONNAÎT LA RÉPUBLIQUE ARABE DU YÉMEN

» Le Yémen du Nord était déchiré depuis 1962 par une guerre civile opposant républicains et royalistes, les premiers étant soutenus par l'Égypte, les seconds par le royaume wahhabite et la Grande-Bretagne. La décision de Riyad de reconnaître la République arabe du Yémen ce 22 juillet devrait permettre la normalisation de la situation dans le pays, qui s'est doté le 28 décembre dernier d'une Constitution sous-tendue par les principes de l'islam. L'orientation pro-occidentale du régime de Sanaa étant de plus en plus nette, Riyad sera imité dans deux jours par Paris, puis par Londres le 29 juillet. L'Arabie saoudite promet vingt millions de dollars de crédits pour soutenir l'économie du Yémen du Nord. La France et l'Allemagne de l'Ouest ont également l'intention d'accorder des prêts et des aides matérielles à Sanaa.

L'apaisement du conflit favorise la reprise des activités économiques et commerciales. Ici, le souk de Sanaa, capitale de la République arabe du Yémen, en 1966.

Les Britanniques sont très impliqués au Yémen – on les voit ici en opération dans les rues d'Aden le 2 avril 1967. Au nord, ils ont pris parti pour les royalistes, mais reconnaîtront bientôt la république. Au sud, ils exerçaient un protectorat depuis le XIXe siècle qui, après leur départ en 1967, a cédé la place à une république populaire dont le caractère marxiste se renforce depuis 1969.

24 Juillet — LA NOUVELLE CONSTITUTION VOULUE PAR LE ROI EST APPROUVÉE PAR LES MAROCAINS

» La Constitution de 1962 était suspendue depuis cinq ans au Maroc, le pays vivant sous le régime de l'état d'exception depuis les émeutes du printemps 1965. Le roi Hassan II a décidé qu'une nouvelle charte fondamentale devait être adoptée pour marquer un certain retour à la normale, même si le climat de répression demeure. Le souverain a présenté les grandes lignes du texte début juillet, à l'occasion de son anniversaire, aux Marocains appelés à se prononcer à son sujet par référendum ce 24 juillet. Les deux grands partis d'opposition, l'Istiqlal et l'Union nationale des forces populaires (UNFP), ont en vain appelé à voter non. La Constitution a été approuvée par 97,8 % des votants. Les pouvoirs du roi en sortent renforcés. Le Parlement marocain ne sera plus constitué désormais que d'une chambre dont seulement la moitié des membres sera élue au suffrage universel direct. L'Istiqlal et l'UNFP ont en conséquence choisi de boycotter les législatives prévues le 23 août prochain.

Le roi du Maroc Hassan II (ici en 1967 avec deux de ses enfants, le prince Mohamed et la princesse Lalla Meryem) a voulu avec la nouvelle Constitution mettre fin à l'état d'urgence qui bloque les institutions du pays depuis cinq ans.

27 Juillet — MORT DU DICTATEUR ANTÓNIO SALAZAR AU PORTUGAL

» Maître absolu du pays depuis 1932, António de Oliveira Salazar s'est éteint aujourd'hui dans la capitale portugaise. Bien qu'officiellement président du Conseil à vie selon les principes de l'*Estado Novo* qu'il avait théorisé à son arrivée au pouvoir, Salazar n'était plus réellement aux commandes depuis qu'il avait été victime, voici deux ans, d'un grave accident vasculaire-cérébral. Marcelo Caetano, chef du gouvernement depuis septembre 1968, reste ainsi en place malgré la disparition du vieux dictateur. Mais le retard économique du Portugal et les guerres coûteuses et impopulaires menées dans les dernières colonies africaines du pays empoisonnent la situation que Caetano doit gérer. L'Église ne soutient plus aussi volontiers le régime mis en place par le très catholique Salazar. Le 1er juillet, Paul VI a même accordé une audience à Marcelino Dos Santos, Agostinho Neto et Amílcar Cabral, trois figures majeures des rébellions africaines contre Lisbonne. La demande de libéralisation est forte et le besoin de changement se fait sentir, et ce même au sein de l'armée. Malgré la stabilité apparente, la question est donc posée : combien de temps encore l'*Estado Novo* survivra-t-il à Salazar ?

Les funérailles du dictateur défunt ont eu lieu au monastère des Hyéronimites, près de Lisbonne. Sa dépouille sera ensuite transportée à Santa Comba Dão, ville où il passa son enfance et où il voulait être inhumé.

António de Oliveira Salazar dans les années 1950. Le dictateur écrasait le Portugal sous une chape de plomb passéiste depuis les années 1930.

Août
1970

Le style à la fois aérien et tout en puissance de Guy Drut lui permet de s'affirmer comme le maître incontesté de la discipline.

01 Août

GUY DRUT
VOLE DE RECORD EN RECORD SUR 110 MÈTRES HAIES

» Le jeune coureur Guy Drut, qui fêtera son vingtième anniversaire le 6 décembre prochain et dont la carrière chez les juniors s'est révélée particulièrement prometteuse, est sans conteste l'un des athlètes les plus talentueux de sa génération. L'an dernier, il a abandonné le saut à la perche pour se consacrer à la seule course de haies. Et il y excelle ! À tel point qu'il ne cesse depuis quelques mois de battre ses propres records. En mars dernier, à Vienne, il a commencé la saison en beauté en terminant troisième du 60 mètres haies, montant à cette occasion pour la première fois sur le podium d'une compétition internationale. Mais c'est sur le 110 mètres haies qu'il se montre le meilleur. Le mois dernier à Colombes, lors des Championnats de France d'athlétisme, il a remporté cette épreuve tout en battant en 13"6 le record hexagonal de 13"7 détenu par ses aînés Marcel Duriez et Pierre Schoebel, record que lui-même avait déjà égalé en juin 1969. Guy Drut est donc l'un des favoris de la Coupe d'Europe des nations dont les demi-finales se déroulent actuellement. Ce 1er août, à Zurich, le Français, dont la taille – 1,88 mètre – lui permet de voler au-dessus des obstacles avec une apparente facilité, a d'ailleurs de nouveau amélioré son temps de trois secondes. Il confirmera sans surprise sa suprématie lors de la finale, qui se tiendra les 30 et 31 août à Stockholm, en devenant champion d'Europe. À deux ans des Jeux olympiques de Munich, la France se prend donc sérieusement à rêver, avec Guy Drut, à une médaille olympique...

Guy Drut (à gauche) interviewé à la veille des épreuves de Zurich par le journaliste sportif Michel Drucker (au centre), bien connu des téléspectateurs. À leurs côtés (de gauche à droite) : Jean-Claude Nallet, champion de France du 400 mètres haies, Jean Wadoux, recordman européen du 1 500 mètres, et François Tracanelli, recordman de France de saut à la perche.

03 Août — NOUVEAUX **AFFRONTEMENTS** SANGLANTS EN **IRLANDE DU NORD**

La situation s'aggrave en Irlande du Nord, où les stigmates du conflit entre communautés catholique et protestante sont partout présents dans les rues de Belfast, tel ce barrage mis en place par l'armée britannique.

» Trois mille personnes ont assisté ce jour à Belfast aux funérailles de Daniel O'Hagan, le jeune catholique de dix-neuf ans tué vendredi 31 juillet par l'armée britannique dans le quartier de New Lodge. Dans la soirée, les partisans du très virulent pasteur unioniste Ian Paisley ont défilé à leur tour dans la capitale nord-irlandaise malgré l'interdiction de manifester. Les émeutes ont repris depuis le 30 juillet dans plusieurs quartiers catholiques de la ville alors que la tension grandit avec la communauté protestante. Cette année, l'IRA, l'Armée républicaine irlandaise, a repris du service. Il y a un mois tout juste ont eu lieu à Belfast les événements de Falls Road. Au cours de la vaste opération de ratissage de ce quartier par l'armée qui y recherchait des armes, quatre catholiques ont été tués et plus de trois cents personnes arrêtées. Le climat s'est tellement dégradé que certains commentateurs n'hésitent pas à faire le rapprochement avec la guerre d'Algérie... Les émeutes qui secouent Belfast ont gagné la ville de Derry le 2 août au soir et vont se poursuivre durant plusieurs jours. L'IRA a annoncé que pour chaque civil catholique tué, elle abattrait un soldat britannique en représailles.

05 Août — UN ***DRIVE-IN*** À L'AMÉRICAINE POUR LE SITE DU **MARCHÉ DE RUNGIS**

» Ouvert en mars 1969 en remplacement des Halles de Paris devenues trop exiguës, le marché d'intérêt national de Rungis offre, aux côtés des étalages de viandes, de légumes ou de fromages, des activités de loisirs (restaurants, discothèques, etc.) qui viennent de s'enrichir d'une rareté venue d'outre-Atlantique : un *drive-in*. Appelé ciné-parc en version française, le *drive-in*, inventé aux États-Unis en 1933, est un gigantesque parking aménagé où l'on peut visionner un film sans sortir de sa voiture. Celui de Rungis n'est pas le premier à être installé en France puisqu'il en existe un près de Toulon depuis 1967, et un autre à Marseille depuis 1969. Mais il est équipé d'un écran de 600 mètres carrés, soit le plus grand d'Europe ! Assister à une séance à Rungis coûte 4 francs par voiture plus 6 à 8 francs par spectateur. En allumant les veilleuses de son véhicule, on peut faire signe à un serveur et commander boissons, encas ou cigarettes. Un boîtier récepteur remis à l'entrée permet de régler le son du film et, en cas de pluie, un auvent en plastique se fixant au-dessus du pare-brise est prêté afin que rien ne vienne gâcher la soirée !

La voiture est reine à Rungis, immense espace très excentré où de vastes parkings ont été aménagés pour accueillir les véhicules. Rien d'étonnant donc à ce que ce site hors norme ait été choisi pour accueillir le premier *drive-in* de la région parisienne.

Joan de Kat à son arrivée à Pornic, à l'issue de la deuxième et dernière étape de la course à la voile en solitaire créée par le quotidien *L'Aurore*, dont le navigateur belge a remporté la première édition.

06 Août

LE QUOTIDIEN *L'AURORE* DONNE SON NOM À UNE COURSE À LA VOILE

La course en solitaire à la voile parrainée par le journal *L'Aurore* s'élance depuis Brest pour une première étape devant conduire les douze marins qui y participent à Laredo, petit port du nord de l'Espagne. De là, les concurrents doivent gagner Pornic *via* l'île de Groix. L'épreuve, la première du genre en France, est dotée de 30 000 francs de prix – 10 000 francs au vainqueur de chacune des deux étapes, et 10 000 francs à celui du classement général. Cet enjeu financier suscite les commentaires inquiets de nombreux journalistes spécialisés : ne met-on pas ainsi le doigt dans un engrenage dangereux qui verra l'appât du gain supplanter toute autre motivation ? Le navigateur belge Joan de Kat remportera cette première édition, bouclée en 126 heures, devançant le Français Michel Malinovsky de 15 minutes. En 1980, *L'Aurore* sera rachetée par *Le Figaro* et la course deviendra logiquement la Solitaire du Figaro.

08 Août

L'ÉGYPTE ET ISRAËL ACCEPTENT UN CESSEZ-LE-FEU TEMPORAIRE

La Première ministre Golda Meir rend visite aux troupes israéliennes près du canal de Suez en septembre 1970. À ses côtés, le général Ariel Sharon (au centre) qui, lors de la guerre des Six-Jours, fut l'un des principaux acteurs de la conquête du Sinaï égyptien.

Depuis la fin de la guerre des Six-Jours de juin 1967, un conflit plus ou moins larvé baptisé « guerre d'usure » subsiste entre l'Égypte et Israël. La diplomatie internationale n'a pas ménagé ses efforts pour éviter que les hostilités ne reprennent à plus grande échelle. Ce 8 août est enfin entré en vigueur un cessez-le-feu de trois mois basé sur le plan de paix que les États-Unis, en accord avec l'URSS, ont proposé en juin dernier aux deux voisins ennemis. Le plan Rogers, du nom du secrétaire d'État américain William Rogers qui l'a négocié, a finalement été accepté par la Première ministre israélienne Golda Meir et par Gamal Abdel Nasser après bien des difficultés. Il prévoit une application progressive de la résolution 242 votée par l'ONU le 22 novembre 1967, selon laquelle les Israéliens doivent se retirer des territoires occupés – bande de Gaza, Cisjordanie, Golan syrien et Sinaï égyptien. Le texte impose également la reconnaissance et le respect de la souveraineté de tous les États de la région, ce qui revient à faire accepter *de facto* l'existence d'Israël par les Égyptiens. Nasser a annoncé que si la voie diplomatique échouait, son pays reprendrait les armes avec ses alliés arabes. La paix « juste et durable » promue par l'ONU et le plan Rogers n'est peut-être pas pour demain…

Le chancelier ouest-allemand Willy Brandt (deuxième à partir de la gauche) et le président du Conseil soviétique Alexis Kossyguine (au centre) signent le traité de Moscou le 12 août, au Kremlin et en présence des ministres des Affaires étrangères des deux pays.

12 Août — LA RFA ET L'URSS RENONCENT À RÉGLER LEURS DIFFÉRENDS PAR LES ARMES

» Le chancelier ouest-allemand Willy Brandt et le numéro 2 soviétique Alexis Kossyguine ont solennellement signé à Moscou, dans la somptueuse salle Saint-Georges du Kremlin, un traité de renonciation à la force entre la RFA et l'URSS. Les négociations, menées par les ministres des Affaires étrangères Walter Scheel et Andreï Gromyko, ont été âpres mais ont fini par aboutir en juillet dernier. Les frontières nées de la Seconde Guerre mondiale ne seront désormais plus remises en question par les armes. Cette détente politique, qui s'inscrit dans le cadre de l'*Ostpolitik* mise en œuvre par Willy Brandt, s'accompagnera d'un rapprochement économique et éventuellement d'une collaboration scientifique entre les deux pays. Le traité de Moscou a été unanimement salué à travers le monde – à l'exception de la Chine –, car personne n'a oublié qu'aucun traité de paix n'avait pu être formellement ratifié par les Alliés et l'Allemagne à l'issue du second conflit mondial.

Les ministres des Affaires étrangères Walter Scheel (à gauche) et Andreï Gromyko signant, le 7 août à Moscou, le traité préliminaire qu'ils ont négocié.

21 Août — TEMPÊTE TROPICALE MEURTRIÈRE À LA MARTINIQUE

» Ce matin très tôt, entre 1 h 30 et 5 heures principalement, la moitié nord de la Martinique a été frappée par une violente tempête tropicale qui a occasionné des précipitations exceptionnelles. Les glissements de terrain et les inondations qui en ont résulté ont causé la mort de quarante-quatre personnes. Des centaines de blessés sont également à déplorer et environ sept mille personnes se retrouvent sans abri. Baptisée Dorothy, cette tempête aurait dû, au vu de sa trajectoire antérieure, toucher le sud de l'île. Contre toute attente, en raison d'une évolution difficilement prévisible et du relief martiniquais, c'est le nord qui a été dévasté, au-delà d'une ligne Le Lamentin-Le Robert. Fort-de-France a été particulièrement affecté. La capitale de l'île, construite dans une cuvette, a été noyée sous 1,5 à 2 mètres d'eau, la rivière Madame ayant débordé alors que 350 millimètres de pluie s'abattaient sur la ville, accompagnés de vents extrêmement violents. De telles quantités de pluie n'avaient jamais été enregistrées jusqu'alors en Martinique. Le site naturel de Fort-de-France a joué, mais l'urbanisation rapide, et parfois anarchique, du secteur ces dernières années ainsi que le déboisement des pentes qu'elle a entraîné ont fortement amplifié les conséquences du passage de Dorothy.

Août 1970

26 Août

1970, UNE ANNÉE TRÈS ACTIVE POUR LES FÉMINISTES DU MLF

La police a finalement empêché les militantes féministes de déposer leur gerbe en hommage à la femme du Soldat inconnu sous l'Arc de triomphe, le 26 août. L'événement n'en est pas moins considéré comme fondateur dans l'histoire du féminisme contemporain en France.

» Alors qu'aux États-Unis le Women's Lib multiplie les actions publiques, les féministes françaises du Mouvement de libération des femmes font de plus en plus parler d'elles en organisant des manifestations volontairement provocatrices à même de susciter le débat. Elles dénoncent le patriarcat et le sexisme, réclament l'égalité des droits et des salaires, le partage des tâches domestiques, la légalisation et la gratuité de l'avortement... Et soulignent que les révolutions passées ont généralement oublié les femmes.

Pendant la Révolution française, Olympe de Gouges (1748-1793) avait publié une Déclaration des droits de la femme et de la citoyenne qui affirmait que si « la femme a le droit de monter à l'échafaud, elle doit avoir également le droit de monter à la tribune ». En vain, puisque quelques décennies plus tard, Flora Tristan (1803-1844) pouvait encore constater que « l'homme le plus opprimé peut opprimer un être qui est sa femme. Elle est la prolétaire du prolétaire même ». Les neuf jeunes femmes qui ont ce 26 août, vers 17 h 30, tenté de déposer sous l'Arc de triomphe une gerbe de fleurs en hommage à la femme, encore moins connue que lui, du Soldat inconnu ont peut-être songé à ces pionnières du combat féministe, dont le développement est notable cette année. Parmi elles, des personnalités renommées, comme l'écrivaine Christiane Rochefort et la chanteuse et comédienne Julie Dassin, ou encore Monique Wittig, dont le roman *L'Opoponax* a reçu en 1964 le prix Médicis. Mais aussi des intellectuelles à la notoriété davantage limitée au monde de la recherche ou du militantisme politique, telles la sociologue Christine Delphy, la journaliste et essayiste Cathy Bernheim, l'enseignante Anne Zelensky ou l'universitaire américaine Margaret Stephenson (dite Namascar Shaktini). Outre l'imposante

Parallèlement, aux États-Unis, plusieurs manifestations organisées par le Women's Lib ont célébré, ce 26 août, le 50e anniversaire de l'octroi du droit de vote aux Américaines. Ici, à Chicago, dans l'Illinois.

gerbe que la police les a finalement empêchées de placer sur l'illustre sépulture, elles portaient des banderoles où l'on pouvait lire : « Il y a plus inconnu que le Soldat inconnu – sa femme » et « Un homme sur deux est une femme ». Étonnamment, ce second slogan a été mal compris. Ainsi, l'un des policiers chargés de conduire *manu militari* les manifestantes au poste a demandé à l'une d'elles si cela voulait dire qu'à leurs yeux la moitié des hommes étaient, disons, efféminés… Non, bien sûr, il s'agit de faire remarquer que l'humanité est à moitié composée de personnes de sexe féminin et que celles-ci doivent avoir les mêmes droits que leurs homologues de sexe masculin.

Dépôt de gerbe avorté, donc, pour les neuf militantes, mais petit succès médiatique puisque demain l'événement aura droit à une photo en une de *France-Soir* et à des entrefilets dans *Le Figaro*, *L'Aurore*, *Combat* ou encore *Le Monde*. Ce dernier titre fait également le lien avec les manifestations qui ont eu lieu le même jour aux États-Unis pour marquer le cinquantième anniversaire de l'accès au droit de vote de l'ensemble des Américaines. Outre-Atlantique, le Women's Lib est très actif. Les Américaines ont ainsi réussi à faire voter, le 1er juillet dernier, la légalisation de l'avortement par l'État de New York, une première qu'elles espèrent voir se généraliser à tout le pays.

Le Women's Lib inspire indéniablement les féministes de l'Hexagone dont l'action est qualifiée par la presse de Mouvement de libération de la femme française. Mais elles corrigent : pas de *la* femme, *des* femmes, sans préciser leur nationalité. Le Mouvement de libération des femmes, donc, n'est ni un parti ni une association dûment enregistrée, mais le regroupement assez informel et largement spontané de divers groupes féministes nés autour de Mai 68. L'un des plus importants, le FMA (pour Féminin, Masculin, Avenir puis Féminisme, Marxisme, Action), est né à l'automne 1967 sous l'impulsion de la physicienne et sociologue Jacqueline Feldman et d'Anne Zelensky. Il a participé à l'occupation de la Sorbonne en mai 1968 en y organisant une réunion sur « la femme et la révolution ». De nombreuses autres réunions ont suivi depuis, avec la participation, outre de certaines des femmes qui ont manifesté à l'Arc de triomphe, de la psychanalyste Antoinette Fouque, de son amie Josiane Chanel ou de Marcia Rothenburg, proche du Women's Lib, entre autres. Le 21 mai dernier, pour la première action publique du MLF, Margaret Stephenson et Marcia Rothenburg, bientôt rejointes par Antoinette Fouque et Josiane Chanel, ont manifesté à l'université de Vincennes en portant des tee-shirts sur lesquels on pouvait lire : « Nous sommes toutes des mal baisées, des hystériques, des prostituées. » Un slogan volontairement provocateur destiné à inciter les étudiantes à délaisser les cours pour venir débattre avec elles. En juillet, la revue *Partisans* a consacré un numéro au mouvement féministe en titrant « Libération des femmes – Année zéro ». C'est dire l'importance du millésime 1970 pour le MLF, qui va mettre les bouchées doubles dès cet automne…

Monique Wittig (avec un chapeau), figure majeure du mouvement féministe, en mai 1971, lors des commémorations du centenaire de la Commune. Elle était l'une des neuf militantes présentes lors du happening de l'Arc de triomphe.

La dénonciation de la répartition inéquitable des tâches domestiques entre les femmes et les hommes au sein de la famille est un thème central du discours féministe (affiche de 1971 du collectif féministe des Beaux-Arts). « Levons-nous femmes esclaves… », proclame le refrain de l'*Hymne des femmes*, dit aussi *Hymne du MLF*, écrit un mois plus tôt.

Septembre 1970

01 Septembre

MORT DE L'ÉCRIVAIN FRANÇOIS MAURIAC

» Le célèbre académicien François Mauriac s'en est allé paisiblement, ce 1er septembre, après avoir dédié sa vie à la littérature et au journalisme. « 2 h 40 : François Mauriac est mort. » *Le Figaro* a bouleversé sa une afin d'annoncer le décès, à l'âge de quatre-vingt-quatre ans, de l'un de ses plus célèbres éditorialistes, mais aussi l'un des plus controversés. Membre depuis 1933 de l'Académie française, lauréat du prix Nobel de littérature en 1952, cet écrivain à la foi catholique ardente avait engagé sa plume au service de la Résistance, publiant sous le pseudonyme de Forez *Le Cahier noir*, une féroce tribune contre le maréchal Pétain et sa Révolution nationale. Un temps proche de Pierre Mendès France, il était devenu pleinement gaulliste à l'occasion des événements dramatiques de la guerre d'Algérie.

Sa carrière journalistique s'était en grande partie déroulée au sein du *Figaro*, où il était entré en 1934 grâce à son directeur Pierre Brisson. Ses chroniques, à la fois élégantes et corrosives, étaient souvent à contre-courant de la sensibilité du lectorat de droite, provoquant de vifs débats au sein de la rédaction de son journal. Sa santé était devenue défaillante en 1969, surtout à partir d'avril où il avait fait une mauvaise chute. C'est le 15 août 1970 qu'il a publié son dernier « bloc-notes », quelques jours avant d'être transporté à l'hôpital de l'Institut Pasteur, où il a connu une fin de vie paisible, entouré de l'affection des siens. Il aura marqué par ses romans toute une génération de lecteurs, laissant un grand nombre de chefs-d'œuvre, dont *Le Baiser au lépreux*, *Le Nœud de vipères* et le célèbre *Thérèse Desqueyroux*.

Plusieurs ouvrages de François Mauriac ont fait l'objet d'adaptations pour le cinéma et la télévision. Ici, Emmanuelle Riva et Philippe Noiret dans *Thérèse Desqueyroux*, que Georges Franju a porté à l'écran en 1962.

François Mauriac, photographié en mars 1969.

04 LA IIIE RÉPUBLIQUE FÊTE SON CENTENAIRE

Septembre

» Cent ans jour pour jour après la proclamation par le peuple de Paris de la IIIe République, une cérémonie s'est déroulée, ce 4 septembre, sur la place de l'Hôtel-de-Ville. Il serait abusif de dire que l'événement a suscité un grand enthousiasme : la droite au pouvoir, encore bousculée par les événements de Mai 68, n'a en effet guère d'inclination pour la journée révolutionnaire du 4 septembre 1870. Le président Georges Pompidou, accompagné de son épouse Claude, de Jacques Chaban-Delmas et du ministre de l'Intérieur Raymond Marcellin, s'est présenté devant l'Hôtel-de-Ville de Paris à midi, où les honneurs militaires lui ont été rendus. Le chef de l'État s'est ensuite rendu dans la salle des Prévôts pour visiter une exposition de documents historiques sur la journée du 4 septembre, après quoi un court discours du Premier ministre a ponctué la cérémonie. Puis six cents pigeons ont été lâchés à l'entrée de l'avenue Victoria afin de rappeler l'envol des oiseaux voyageurs lors du siège de Paris en 1870. Un feu d'artifice – diurne, une première à Paris – a clôturé cette journée.

« **Sur la tribune présidentielle, installée sur la place de l'Hôtel-de-Ville de Paris, on peut reconnaître, de gauche à droite, le président du Sénat Alain Poher, le président de la République Georges Pompidou, le Premier ministre Jacques Chaban-Delmas et Madame Claude Pompidou.**

05 LE PILOTE DE F1 JOCHEN RINDT SE TUE PENDANT DES ESSAIS

Septembre

» Il s'agit d'une simple séance d'essais sur le circuit automobile de Monza, mais en ce samedi 5 septembre, la mort s'invite dans la course. Âgé de vingt-huit ans, le pilote autrichien Jochen Rindt perd le contrôle de sa Lotus 72, qui se désintègre contre un rail de sécurité. Au volant de son bolide, capable de dépasser les 320 km/h, Rindt était un sportif comblé mais inquiet : la « course à la vitesse » engagée par le directeur de la marque Lotus lui semblait périlleuse. Ayant remporté consécutivement quatre Grand Prix lors de la saison 1970 (Pays-Bas, France, Grande-Bretagne et Allemagne), il se présentait dans une position avantageuse pour le Grand Prix d'Italie, d'autant plus que sa Lotus 72, privée d'aileron arrière, était parée pour lui faire grignoter encore quelques précieux dixièmes de seconde. Cette primauté accordée à la rapidité au détriment de la sécurité a eu raison de la vie de Jochen Rindt. Grâce aux performances qu'il a accumulées, le pilote autrichien sera sacré champion du monde de Formule 1 à titre posthume. Un fait unique dans l'histoire de ce sport.

Jochen Rindt dans son bolide sur un circuit autrichien, quelques mois avant sa mort. »

Peut-être provoqué par une défaillance du système de freinage, ce terrible accident a coûté la vie à Jochen Rindt, ici transporté hors de sa voiture.

Sacré champion d'Europe de la spécialité en 1970, Michel Rousseau, ici photographié en juillet 1968, détiendra le record d'Europe du 100 mètres nage libre depuis cette même année jusqu'en 1972.

12 Septembre — LE NAGEUR **MICHEL ROUSSEAU** SACRÉ CHAMPION D'EUROPE

>> Ouverte à Barcelone le 5 septembre, la 12e édition des Championnats d'Europe de natation est très largement dominée cette année encore par les athlètes est-allemands – qui réussissent à décrocher trente-quatre médailles, dont seize en or ! – et les Soviétiques, qui en récoltent dix-huit. Les Français, avec trois médailles, font bien pâle figure… La seule médaille d'or française est à mettre à l'actif de Michel Rousseau, arrivé en tête du 100 mètres nage libre devant l'Est-Allemand Roland Matthes et le Soviétique Georgiy Kulikov. Le nageur de vingt et un ans, né à Bois-Colombes, permet aussi à l'équipe française d'obtenir une médaille d'argent au relais 4 x 100 mètres, partagée avec Jean-Paul Berjeau, Roger-Philippe Menu et Alain Mosconi. Michel Rousseau obtiendra une seconde médaille d'or en 1971, cette fois-ci lors de la Coupe d'Europe des nations, et réussira aussi le troisième meilleur temps mondial sur le 100 mètres nage libre.

15 Septembre — DÉBUT D'UNE **GRÈVE MONSTRE À LA GENERAL MOTORS**

>> C'est un duel de titans qui commence ce 15 septembre à minuit dans la ville de Detroit, dans l'État du Michigan : l'United Auto Workers (UAW) – le plus important syndicat de travailleurs américains – s'engage dans un impressionnant bras de fer avec le tout-puissant constructeur automobile General Motors (Cadillac, Chevrolet, Opel, etc.). À l'appel de Leonard Woodcock, le très charismatique président de l'UAW, les ouvriers des chaînes de production automobile des ateliers de la General Motors de Detroit cessent le travail à minuit pile, bien décidés à obtenir une substantielle revalorisation de leurs salaires et traitements. Le conflit, historique, va durer soixante-sept jours au cours desquels le géant de l'automobile perdra un million de voitures (non produites), soit plus d'un milliard de dollars de manque à gagner… Parfaitement organisés, capables de pouvoir tenir grâce à un trésor de guerre syndical, les grévistes obtiendront satisfaction au terme de ce conflit, décrochant notamment une augmentation de 30 % des salaires, une indexation sur l'inflation et une substantielle baisse de l'âge du départ à la retraite.

Cadillac Place, à Detroit. Construit en 1919, cet imposant complexe architectural a abrité le siège social de Général Motors jusqu'en 2001.

18 Septembre JIMI HENDRIX
A REJOINT LES ÉTOILES

>> Accident ou meurtre ? Les questions demeureront nombreuses autour de la mort brutale à Londres du jeune guitariste prodige.

L'histoire du rock est marquée d'une pierre noire, ce 18 septembre, avec l'annonce de la mort du guitariste américain Jimi Hendrix. La version officielle, dont certains journalistes ne manqueront pas de pointer les invraisemblances, affirme que le musicien de vingt-sept ans est mort dans une chambre d'hôtel de Londres, étouffé par son vomi après avoir abusé de vin français et de barbituriques. Né à Washington au sein d'une famille afro-amérindienne très modeste, il avait été repéré en 1967 par Paul McCartney et John Lennon lors d'un concert donné à Londres. Avec sa formation musicale – The Jimi Hendrix Experience –, il avait ensuite multiplié les prestations scéniques et les expérimentations sonores et acquis une solide notoriété en Grande-Bretagne ou en Australie. Grâce au guitariste Frank Zappa, il s'était équipé d'une pédale wah-wah dont il a fait un usage spectaculaire. Ravissant ses fans avec le jeu trouble et sensuel qu'il pratiquait avec sa guitare, le jeune prodige s'était produit en 1969 lors du festival historique de Woodstock puis avait officialisé la dissolution de The Jimi Hendrix Experience. Sa tournée européenne lancée en septembre 1970 a été d'emblée émaillée de nombreux incidents, Jimi Hendrix multipliant les frasques et les excès. Raccompagné à son hôtel londonien par son amie Monika Dannemann après une soirée festive, le guitariste a été retrouvé mort par la police à 11 h 27, ce 18 septembre. De nombreux articles, privilégiant la thèse de l'assassinat, seront publiés après son décès. L'une de ces thèses affirme que Hendrix aurait été assassiné par son manager, Michael Jeffery, qui aurait ainsi réussi à empocher une prime d'assurance-vie de deux millions de dollars. La personnalité de Jeffery, lié au crime organisé et au FBI, et le témoignage troublant d'un médecin – expliquant que les voies aériennes du guitariste étaient remplies de vin mais pas ses veines – donneront une forte consistance à cette hypothèse.

Jimi Hendrix durant l'Open Air Festival, sur l'île Fehmarn, en Allemagne, le 6 septembre 1970, soit douze jours avant sa mort. Il s'agit de son ultime concert.

Jimi Hendrix à Hilversum, aux Pays-Bas, en 1967. En dépit de la brièveté de sa carrière, ce musicien de génie aura laissé une trace indélébile dans l'histoire de la musique du XXe siècle.

23 Septembre — LA FRANCE ENTERRE BOURVIL

Bourvil à Londres sur le tournage du *Mur de l'Atlantique* de Marcel Camus, au printemps 1970. Le film est sorti sur les écrans le 14 octobre de la même année.

>> Atteint par un mal incurable, l'acteur préféré des Français a tourné jusqu'à la limite de ses forces. Il est mort dans sa maison de Montainville au côté de ses proches.

On le savait malade : depuis 1968, André Raimbourg, dit Bourvil, se battait contre un cancer incurable de la moelle osseuse, détecté un peu par hasard par un médecin suite à une chute à vélo de l'acteur lors du tournage des *Cracks*. Se sachant condamné alors même qu'il était au faîte de sa gloire, il avait réussi à cacher au public et à ses enfants le mal qui le rongeait, ne prévenant que son épouse Jeanne et son frère René. Porté par un formidable appétit de vivre, le comédien, chanteur et humoriste, né en 1917 en Seine-Maritime, ne s'est pas laissé abattre et a continué à enchaîner les tournages. Après le fabuleux succès du *Cerveau* de Gérard Oury – dont il a partagé la vedette avec Jean-Paul Belmondo –, Bourvil s'est investi dans une interprétation sombre et tragique, à contre-emploi de ses précédents films, incarnant avec finesse le commissaire Mattei dans le *Cercle rouge* de Jean-Pierre Melville. Souffrant de plus en plus, il doit alors subir de nombreuses injections de morphine. Son cancer, rendu public au début de l'année 1970, ne l'empêche pas de participer au printemps au tournage du *Mur de l'Atlantique*, mais celui-ci est une souffrance de chaque jour, si bien que certaines scènes sont modifiées afin de lui épargner des efforts inutiles. Le visage émacié, le regard sombre, il part après le tournage se reposer dans sa maison de campagne de Montainville, au cœur des Yvelines. Sa dernière apparition a lieu le 16 juillet 1970 en compagnie de son ami Jean-Pierre Mocky. Il a alors le plus grand mal à réprimer ses larmes. Les médecins, les rayons et la chimiothérapie ne pourront rien y faire : Bourvil est mort dans sa résidence, ce 23 septembre, après une agonie de plusieurs jours. Dévoilée par Europe 1, la nouvelle de son décès a ému la France entière, ainsi que la grande « famille » du cinéma. Michèle Morgan et Gérard Oury se précipiteront immédiatement à Montainville, et c'est sa femme Jeanne qui prendra la décision de fermer le cercueil de l'inoubliable acteur.

Dans *Le Corniaud* de Gérard Oury (1965), Bourvil partage l'affiche avec Louis de Funès. L'année suivante, les deux acteurs se retrouveront dans un film qui rencontrera encore plus de succès, *La Grande Vadrouille*, du même Gérard Oury.

Alain Delon, Yves Montand et Bourvil sur le tournage du *Cercle rouge* de Jean-Pierre Melville. Sorti le 20 octobre 1970, ce film sombre, à mille lieues des comédies populaires dans lesquelles il a fait montre de son génie comique, marquera la dernière apparition de Bourvil à l'écran.

24 Septembre — LES SOVIÉTIQUES PRÉLÈVENT UN ÉCHANTILLON DE SOL LUNAIRE

» Les Américains ont beau avoir planté en juillet 1969 leur drapeau sur la Lune, la course à l'espace continue entre les États-Unis et l'URSS. Lancée le 12 septembre depuis le cosmodrome de Baïkonour, la sonde Luna 16 a réussi à se poser le 20 septembre sur la Lune. C'est une première pour les Soviétiques, qui mettent fin à une série d'échecs humiliants. Grâce à son long bras articulé télécommandé, Luna 16 a prélevé une carotte de sol lunaire de 35 centimètres de long avant de reprendre, le 21 septembre, le chemin de la Terre. Elle s'y est posée ce matin sans encombre non loin de Jezkazgan, au Kazakhstan. Le succès de la mission est donc total. Dès novembre, Luna 17 prendra sa suite et réussira à déposer sur la Lune un rover Lunokhod, ce qui n'avait pu être fait comme prévu l'an dernier en raison d'un dysfonctionnement du lanceur Proton.

L'étage supérieur de la sonde soviétique Luna 16 quitte la Lune après y avoir prélevé des échantillons. La partie inférieure de l'engin, qui sert à ce moment-là de base de lancement, est abandonnée sur place. (Vue d'artiste.)

La capsule de récupération des échantillons lunaires de la sonde Luna 16 alors qu'elle vient tout juste d'atterrir au beau milieu d'un pré kazakh.

24 Septembre — LA FRANCE EN POINTE POUR L'EXPLORATION SOUS-MARINE

» À défaut d'aller sur la Lune, les Français se montrent particulièrement performants lorsqu'il s'agit d'explorer le monde sous-marin. Dans le cadre de l'opération Janus II, le CNEXO (Centre national pour l'exploitation des océans), la société pétrolière publique ELF-ERAP et la Comex (Compagnie maritime d'expertise), une entreprise privée basée à Marseille, ont ainsi réalisé une première en faisant travailler pendant huit jours trois techniciens à 255 mètres de profondeur dans le golfe d'Ajaccio. Patrick Cadiou, Christian Cornillaux et Michel Liogier – qui seront pour cela décorés de l'ordre national du Mérite en mars 1971 – se sont livrés à des travaux de plomberie très concrets, dont de la soudure à l'arc, certes banals sur la terre ferme mais très délicats à réaliser sous l'eau. Ils s'étaient auparavant longuement entraînés en caisson. La dernière plongée, ce 24 septembre, a duré trois heures et dix minutes, ce qui est très long, d'autant qu'il faut supporter à cette profondeur des températures basses. Manifestement, ce problème crucial a été résolu par les Français. Pour preuve, ils battront le 18 novembre le record de plongée simulée en caisson hyperbare détenu par la Royal Navy en soumettant deux océanautes à une pression correspondant à - 520 mètres sans que leur état physique en soit altéré.

La Comex fait partie des rares entreprises mondiales œuvrant dans le domaine de la plongée profonde industrielle. Son expertise a été mise à profit par l'État pour développer des projets de recherche en association avec le CNEXO. Ici un plongeur de la Comex devant une tourelle de plongée au Salon nautique de Paris, en 1968.

27 Septembre

SEPTEMBRE NOIR EN JORDANIE : DES MILLIERS DE MORTS PALESTINIENS

L'avion de la compagnie Swissair détourné le 6 septembre est ici photographié peu après avoir été contraint d'atterrir dans le désert jordanien.

Les débris des avions détruits par les activistes palestiniens dans le désert jordanien.

Un groupe de *fedayin* palestiniens dans les rues d'Amman, le 17 septembre 1970.

» Nés de la rivalité entre la monarchie jordanienne et les combattants révolutionnaires palestiniens, les événements du « Septembre noir » ont causé la mort de plusieurs milliers de Palestiniens et provoqué un traumatisme au sein du monde arabe.

Il aura fallu l'intervention en personne du président égyptien Gamal Abdel Nasser pour que cesse la spirale de violence et de rage qui ensanglante depuis une dizaine de jours le royaume de Jordanie. Ce 27 septembre, le bilan est lourd : au moins quatre mille Palestiniens – et peut-être même dix mille – ont été abattus par les forces loyalistes jordaniennes, ces dernières déplorent de leur côté une centaine de victimes. Dans le contexte belligène de l'occupation israélienne des territoires palestiniens, les « frères arabes » se sont entre-déchirés avec une violence jusque-là inédite.

Pour comprendre comment la situation a pu ainsi dégénérer dans le royaume hachémite de Jordanie, il est nécessaire de revenir plusieurs années en arrière. En 1948, la création de l'État d'Israël et la guerre israélo-arabe qui s'ensuit provoque l'exode de sept cent cinquante mille Arabes palestiniens, qui se réfugient notamment en Cisjordanie – région occupée par le royaume de Jordanie. Le roi Abdallah décide alors d'octroyer la nationalité jordanienne à tous ces Palestiniens, créant de fait un « boom démographique » dans son pays. Malheureusement, la cohabitation entre les Jordaniens « historiques » – ou Transjordaniens – et les Palestiniens se heurte à de nombreux problèmes d'intégration et des dissensions au niveau politique, économique et social. Dès les années 1950, un fossé se creuse entre la société jordanienne tribale traditionnelle, très attachée à l'institution royale, et les « nouveaux Jordaniens » d'ascendance palestinienne.

La guerre israélo-arabe de 1967 – connue sous le nom de guerre des Six-Jours – se solde par la défaite des Arabes et provoque un nouvel exode de populations palestiniennes vers la Jordanie : cette fois, ce sont deux cent cinquante mille Palestiniens – et parmi eux de nombreux combattants et activistes de l'Organisation de libération de la Palestine (OLP) de Yasser Arafat – qui s'agrègent à la population jordanienne, qui se retrouve alors composée à 60 % de Palestiniens. Ces derniers, et notamment leur frange la plus radicale, les *fedayin*, deviennent une force politique majeure.

L'OLP cherche bientôt à faire de la Jordanie la base arrière de ses actions militaires contre Israël, provoquant les réactions brutales de l'État hébreux, qui commence à lancer des attaques contre le petit royaume. En 1968, un raid aérien israélien cause ainsi la mort de quarante-six civils jordaniens...

Le roi Hussein de Jordanie – souverain depuis 1952 – s'inquiète de cette situation explosive : en 1970, il supprime le service militaire obligatoire afin d'empêcher les Palestiniens de Jordanie d'accéder trop facilement aux armes. Cette décision, jugée humiliante par les Palestiniens, aggrave encore le fossé entre les deux composantes du pays.

Au-delà de ces tensions intercommunautaires existe aussi et surtout une totale opposition entre les vues de Yasser Arafat, résolu à « écraser l'entité sioniste », et celles du roi jordanien Hussein, partisan d'un compromis et d'une paix durable avec Israël... Considéré comme un traître par les factions radicales palestiniennes, Hussein prend la décision douloureuse, au début de l'année 1970, de réduire drastiquement l'influence de Yasser Arafat et de la mouvance combattante palestinienne qui, composée de quarante mille hommes armés, est bien décidée à ne pas se laisser démanteler. La guerre, dans ces conditions, devient inévitable.

Le roi Hussein, désigné comme « traître au profit de la CIA » par Arafat, échappe le 1er septembre à un attentat. Quelques jours plus tard, l'organisation palestinienne d'extrême gauche FPLP

Cette photographie historique des négociations menées au Caire entre Yasser Arafat (à gauche), Gamal Abdel Nasser (au centre) et le roi Hussein de Jordanie (à droite) a été prise le 9 septembre 1970.

frappe un grand coup en détournant simultanément quatre avions de ligne, dont trois sont détruits sur un aéroport jordanien. L'opération, qui ne se solde heureusement que par un blessé parmi les trois cent dix otages, encourage le roi Hussein à décréter la loi martiale le 16 septembre.

Au matin du 17 septembre, l'armée loyaliste jordanienne commence à prendre position autour des camps de réfugiés palestiniens dans lesquels agissent des *fedayin*. Une pluie d'obus s'abat sur les combattants mais aussi sur les civils pris dans l'engrenage de cette guerre fratricide. Les bombardements se prolongent durant dix jours, au cours desquels les activistes palestiniens sont impitoyablement pourchassés et abattus par les militaires jordaniens. Des milliers de Palestiniens fuient comme ils peuvent ces tueries, cherchant à se réfugier au Liban et même en Israël. Ce « Septembre noir » provoque la colère du régime syrien qui, le 20 septembre, envoie quatre divisions de blindés en Jordanie afin de secourir les Palestiniens. Après avoir demandé l'aide américaine pour finalement la refuser, le roi Hussein réussit à chasser les Syriens tout en laissant l'armée jordanienne continuer ses opérations dans les camps palestiniens.

Le président Gamal Abdel Nasser décide alors d'intervenir. Le 22 septembre, il réussit à convoquer au Caire un sommet arabe extraordinaire afin de convaincre les Jordaniens et les Palestiniens de

Les terroristes libéreront l'ensemble des otages. Ici, des femmes et des enfants sur le point d'être relâchés près de l'hôtel Intercontinental d'Amman, le 12 septembre.

mettre un terme aux violences. Le pari semble impossible tant la haine est vive entre les parties. À l'hôtel Hilton, Hussein et Arafat en viennent quasiment aux mains, et il faut la virile intervention de Nasser et du roi Fayçal d'Arabie saoudite pour réussir à les calmer ! Cinq longues heures d'âpres discussions seront nécessaires pour que soit signé un traité autorisant l'OLP à agir en Jordanie, mais sous le contrôle étroit du gouvernement jordanien.

Le sanglant « Septembre noir » se termine ainsi sur un compromis fragile, mais des violences sporadiques continueront de miner les relations entre Jordaniens et Palestiniens. Une nouvelle faction palestinienne, baptisée Commando Septembre noir, sera créée en 1971 et s'illustrera par l'assassinat du Premier ministre jordanien Wasfi al-Tall puis par le massacre d'athlètes israéliens lors des Jeux olympiques de Munich, en 1972.

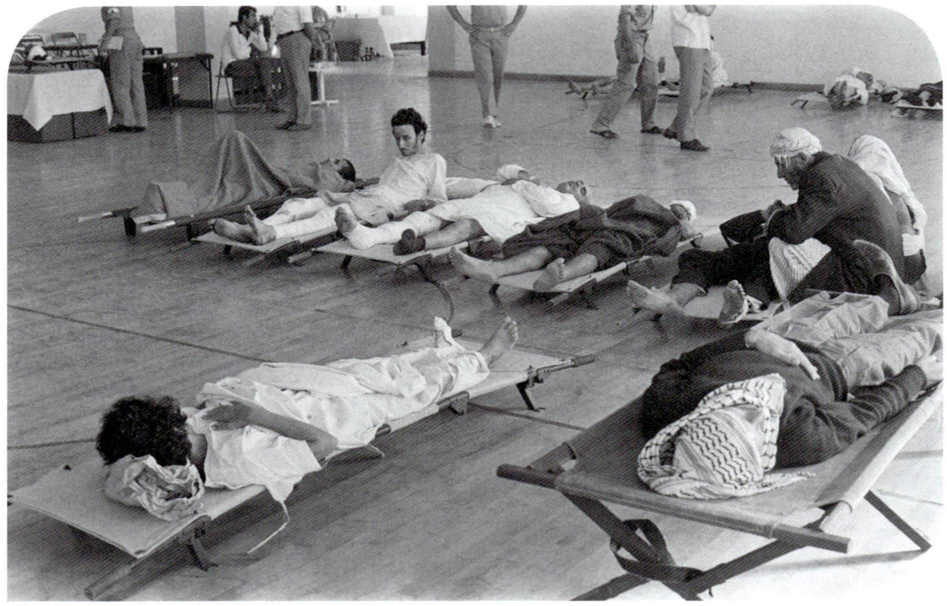

Des Palestiniens blessés au cours du « Septembre noir » ont été pris en charge par un dispensaire français à Amman. Cette photographie date du 2 octobre 1970.

Enfants palestiniens jouant sur les ruines du camp de réfugiés Al-Wehdat, à Amman.

28 Septembre

DISPARITION BRUTALE DU PRÉSIDENT ÉGYPTIEN NASSER

» Leader charismatique de la République d'Égypte, Gamal Abdel Nasser est mort subitement, laissant le monde arabe dans un grand désarroi.

Le monde arabo-musulman, en ce 28 septembre, est une nouvelle fois sous le choc : dépassant, de loin, le seul horizon égyptien, la mort brutale du président Gamal Abdel Nasser résonne comme une déflagration dans tout le Moyen-Orient et en Afrique du Nord. L'ensemble des pays arabes se retrouvent aujourd'hui privés d'un leader qui avait su redonner leur fierté et leur combativité à des nations longtemps soumises au joug des puissances impérialistes. La disparition du Raïs est d'autant plus durement ressentie que celui-ci, quelques heures avant de succomber à une crise cardiaque, participait à une importante rencontre au Caire visant à trouver une issue pacifique au conflit sanglant opposant le gouvernement jordanien et les combattants palestiniens. Le fait que personne, ou presque, n'ait été informé de ses soucis de santé, ajoute à la confusion.

Né au lendemain de la Première Guerre mondiale à Alexandrie, Gamal Abdel Nasser était entré dans l'histoire de l'Égypte en 1952 quand, à la tête du Mouvement des officiers libres, il était parvenu à renverser le roi Farouk, dixième souverain de la dynastie de Méhémet-Ali, avant d'accéder quatre ans plus tard à la présidence de la République d'Égypte. Prônant une politique nationaliste à la fois socialiste et panarabe, Nasser avait eu l'extrême audace de défier directement les puissances occidentales en nationalisant le 26 juillet 1956 le canal de Suez, en conséquence de quoi l'Égypte avait subi une offensive armée de la part d'Israël, du Royaume-Uni et de la France. Sous la pression conjointe des États-Unis et de l'Union soviétique, les trois pays avaient été contraints de se replier, faisant du président Gamal Abdel Nasser le héros du monde arabe. À la fois charismatique et austère, capable d'incarner avec des mots simples et sincères les aspirations de l'homme de la rue, depuis Tripoli jusqu'à Bagdad, le Raïs s'était juré de réconcilier la nation arabe.

Gamal Abdel Nasser visitant le site antique de Karnak, près de Louxor.

Le président Nasser (à gauche) à son arrivée à Moscou lors d'une visite diplomatique qu'il fit en URSS en août 1965. À ses côtés, les dirigeants soviétiques Léonid Brejnev et Anastase Mikoyan.

C'est dans cet esprit que s'était constituée en 1958 une union entre la Syrie et l'Égypte sous le nom de République arabe unie (RAU).
Après avoir pris la tête du Mouvement des pays non-alignés aux côtés du Yougoslave Tito et de l'Indien Nehru, Gamal Abdel Nasser s'est posé en champion de la réconciliation des dirigeants arabes, à qui il reprochait vertement de ne pas s'opposer aux manœuvres israéliennes dans la région. Parrain de l'Organisation de libération de la Palestine, il avait fait de l'antisionisme l'un de ses principaux axes de combat. Le leader égyptien avait connu sa première grande défaite en 1967, échouant à contrecarrer la puissance de feu israélienne lors de la guerre des Six-Jours. Amer et humilié, il avait même été jusqu'à présenter publiquement sa démission, suscitant une manifestation spontanée de plusieurs centaines de milliers d'Égyptiens exigeant son maintien à la tête de l'État ! Durant ses dernières années au pouvoir, le Raïs s'était lancé dans une politique de lutte contre la corruption – notamment au sein de l'armée et de la police – et de plus large promotion des libertés publiques.
La dernière grande action diplomatique du président égyptien aura donc été l'organisation en urgence d'un sommet visant à mettre fin aux violences entre l'armée loyaliste jordanienne et les combattants palestiniens. Le président Nasser venait tout juste de raccompagner l'émir du Koweït Sabah al-Salim al-Sabah à la sortie de la réunion quand il a été terrassé par une crise cardiaque. Immédiatement transporté à la résidence présidentielle, il est décédé peu après 18 heures. La procession funéraire, à laquelle assistera le 1er octobre l'ensemble des chefs d'États arabes, sera suivie au Caire par une foule de près de cinq millions de personnes !
Les obsèques du Raïs donneront lieu à des scènes d'intense agitation. Plusieurs dirigeants fondront en larmes tandis que le président libyen Mouammar Kadhafi s'évanouira à plusieurs reprises... Une foule d'égyptiens se précipitera sur le cercueil, en chantant « Il n'y a pas de Dieu sinon Allah, et Nasser est son bien-aimé ! »

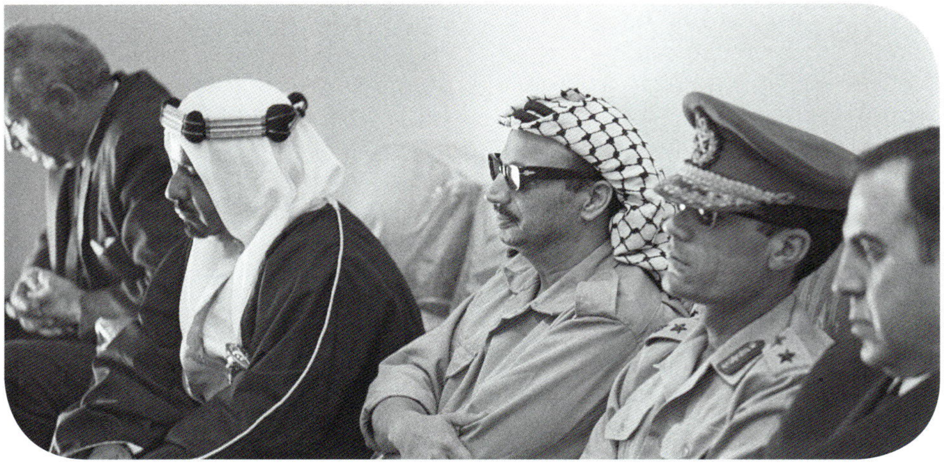

Les grandes personnalités du monde arabe se sont rendues aux obsèques du président Nasser, le 1er octobre 1970, dont le Palestinien Yasser Arafat (au centre) et le Libyen Mouammar Kadhafi (avec la casquette).

Des milliers d'Égyptiens sont descendus dans les rues pour exprimer leur tristesse et leur désarroi après l'annonce de la mort du Raïs.

28 Septembre
MORT DE L'ÉCRIVAIN AMÉRICAIN **DOS PASSOS**

» C'est l'un des plus importants écrivains américains qui s'est éteint ce 28 septembre à Baltimore : John Dos Passos, âgé de soixante-douze ans, avait trempé sa plume dans les événements brûlants du siècle, auscultant sans relâche la société américaine de son temps pour en dénoncer l'injustice et l'hypocrisie. Apologue des valeurs libertaires, il s'était rapproché dans les années 1920 des communistes américains et s'était même installé en URSS afin de mieux étudier le système bolchevique. Ses yeux sur la nature totalitaire du régime stalinien s'étaient ouverts en 1937 au cours de la révolution espagnole, et John Dos Passos s'était alors spectaculairement brouillé avec celui qui était son grand complice, Ernest Hemingway. Auteur des plus prolifiques, cet infatigable travailleur aura laissé quarante-deux romans dont l'inoubliable *Manhattan Transfer* et les trois volumes de sa trilogie *U.S.A.* rédigés entre 1930 et 1936.

« **John Dos Passos à Venise, en 1949.**

29 Septembre
ACQUITTEMENT SURPRISE DE **RATON ET MUNCH**

» Qui était réellement jugé ces derniers jours à Lyon ? Raton et Munch ou le mouvement de Mai 68 ? Après trois jours d'audience, les jurés de la cour d'assises ont choisi d'acquitter Michel Raton et Marcel Munch, deux ouvriers accusés d'avoir provoqué la mort d'un commissaire de police le 24 mai 1968. Les événements s'étaient produits sur le Pont Lafayette à Lyon. Un camion, sur l'accélérateur duquel avait été déposé un pavé, avait foncé sur un lampadaire et heurté à l'épaule le commissaire principal René Lacroix, venu s'interposer entre les CRS et des manifestants. L'homme était décédé dans la soirée d'un infarctus. Si l'enquête a permis de mettre en évidence que le commissaire avait eu les côtes fracturées, le procès a démontré que c'est un interne qui les a brisées en réalisant un massage cardiaque… Les jurés ont finalement considéré qu'il existait un doute sérieux quant à la culpabilité de Raton et de Munch. Aussi ont-ils décidé, au terme de ce très médiatique « procès des barricades », d'acquitter les accusés qui auront au total passé deux ans derrière les barreaux.

Art de vivre 1970

Adoptée par des personnalités célèbres du monde du show-business ou de la politique, la Citroën SM (pour projet « S Maserati ») était aussi l'un des véhicules de prédilection de Georges Pompidou. Cette photo de la SM présidentielle, condensé de haute technologie aux lignes racées, a été prise en 1972.

« SA MAJESTÉ CITROËN » ARRIVE SUR LE MARCHÉ

Élégante, aérodynamique et racée, la SM Citroën, née d'une collaboration entre le constructeur français et Maserati, est lancée en mars 1970 avec l'ambition affichée de devenir l'un des plus luxueux modèles de « grand tourisme ». C'est à l'occasion du Salon de l'automobile de Paris, en octobre, qu'elle est présentée au public français. Cette reine de la route, qui sera déclinée en plusieurs séries spéciales, bénéficie de diverses avancées techniques, dont une direction assistée, des phares réglables, des jantes ultralégères et un puissant système de quatre freins à disques. Cinq mille véhicules seront vendus en 1971, dont certains à des acquéreurs célèbres comme Burt Reynolds, Bernard Pivot, l'empereur d'Éthiopie ou le dictateur ougandais Amin Dada. Mais la carrière commerciale de « Sa Majesté Citroën » rencontrera bientôt de grandes difficultés, accentuées par ses problèmes d'entretien et l'excessive technicité de son moteur souvent capricieux. Sa production sera ainsi abandonnée au terme de seulement cinq années d'exploitation.

DES CEINTURES DE SÉCURITÉ À L'AVANT DE TOUTES LES VOITURES NEUVES

Le nombre d'automobilistes mais aussi de tués sur la route est en augmentation constante depuis la fin de la Seconde Guerre mondiale. Constatant que les décès sont souvent provoqués par l'éjection du chauffeur et de ses passagers hors de l'habitacle ou à travers le pare-brise, les pouvoirs publics français ont donc décidé d'obliger les constructeurs automobiles à équiper leurs véhicules de ceintures de sécurité à partir du 1er avril 1970. L'utilisation ou non de la ceinture reste toutefois encore facultative, et seuls 20 % des conducteurs penseront à s'attacher dans les deux premières années de la décennie 1970. Le port de la ceinture, limité aux places avant et aux déplacements hors agglomération, deviendra obligatoire en juin 1973, puis il se généralisera aux places arrière en 1990.

Si la présence de la ceinture de sécurité est devenue obligatoire à partir d'avril 1970 sur les véhicules construits en France, son utilisation par l'usager restera facultative jusqu'en 1973.

SIMCA DEVIENT CHRYSLER FRANCE

C'est une page qui se tourne pour le constructeur automobile Simca, renommé Chrysler France en juillet 1970, suite à son rachat progressif par le géant américain. Créée en 1934, la marque Simca – pour « Société industrielle de mécanique et carrosserie automobile » – était en fait le prête-nom choisi par le groupe italien Fiat pour ses productions françaises. Parmi ses modèles, le plus populaire reste la fameuse Simca 1000 qui, lancée en 1961, évincera la petite Renault Dauphine. Actionnaire de Simca à partir de 1958, l'américain Chrysler est devenu majoritaire quatre ans plus tard avant de racheter l'intégralité des parts en 1970. Choisissant de se replier sur le sol américain, Chrysler abandonnera finalement sa filière française à Peugeot en 1978.

LA PEUGEOT 204
RESTE LA VOITURE LA PLUS VENDUE

Assemblée depuis 1965 dans les usines Peugeot de Sochaux, la 204 est, en 1970 comme l'année précédente, la voiture la plus vendue en France. Cette berline de taille moyenne, la première de chez Peugeot à être équipée d'une traction avant, a été conçue pour être une alternative populaire à ses modèles plus « bourgeois », notamment la 403 et la 404. Plébiscitée dès sa sortie, cette voiture a bénéficié chaque année d'améliorations successives, Peugeot refusant de se reposer sur ses lauriers : nouvelles roues en 1966, suppression de ses décriés « petits feux » en amande en 1967, installation de trois élégants cadrans ronds sur le tableau de bord en 1968, nouveau volant en 1969… Un autre véhicule, italien celui-là, est aussi à la mode : la Fiat 128, à la ligne plutôt carrée, mais il ne s'imposera toutefois jamais massivement en France, alors que plus de trois millions d'exemplaires seront vendus de l'autre côté des Alpes.

Photo colorisée prise dans une rue de Paris en octobre 1969 : des enfants jouent dans des véhicules miniatures devant une Peugeot 204, la voiture la plus vendue en France cette année-là et en 1970.

Quoique moins prestigieuse que la DS, la limousine familiale GS, grande nouveauté de Citroën avec la SM, va créer l'événement auprès d'un public sensible à ses performances techniques et sa ligne profilée.

LA GS
GRANDE NOUVEAUTÉ DU SALON DE L'AUTOMOBILE

Organisé tous les deux ans, le Salon international de l'automobile et du cycle s'est ouvert le jeudi 1er octobre 1970 au Parc des expositions de la porte de Versailles. C'est du côté des stands Citroën et Chrysler que se situent les grands événements de cette 57e édition : si les visiteurs peuvent continuer d'admirer la SM Citroën, lancée en mars au Salon de Genève, c'est la GS qui est la reine de Paris. Avec ses lignes profilées, cette limousine de moyenne gamme à tendance familiale est appelée à devenir la pièce manquante entre l'altière DS et la toujours aussi populaire 2CV. Chez Chrysler, les vedettes sont les 160, 160 T et 180, des routières spacieuses et robustes à l'architecture très classique.

LE CIRCUIT PAUL RICARD
VOIT LE JOUR

Attaché à la ville de Signes – dont il deviendra le maire en 1972 –, l'industriel Paul Ricard voulait créer un événement d'ampleur international dans la région varoise. C'est désormais chose faite avec l'ouverture, le 19 avril 1970, d'un circuit automobile conçu grâce aux conseils avisés des pilotes automobiles Jean-Pierre Beltoise et Henri Pescarolo. Long de près de six kilomètres, le circuit Paul Ricard – aussi appelé circuit du Castellet – deviendra célèbre pour sa ligne droite du Mistral de 1 800 mètres. Rapidement considéré comme une référence en matière de tracé et de sécurité, le circuit obtiendra dès 1971 le privilège de pouvoir organiser le Grand Prix de France automobile, en alternance avec le circuit de Dijon-Prenois. La dernière édition du Grand Prix au Castellet aura lieu en 1991. Ensuite, l'événement se déroulera sur le circuit de Nevers Magny-Cours (Nièvre).

LA CULTURE HIPPIE EST PARTOUT

De Woodstock à l'île de Wight, des rassemblements de plusieurs centaines de milliers de jeunes gens venus communier dans le culte de la musique rock popularisent le mouvement hippie et ses utopies contre-culturelles.

Né dans l'Amérique triomphante des années 1960 à la suite du mouvement littéraire de la *beat generation*, le phénomène hippie commence à faire parler de lui vers 1965 lorsque s'installent dans certains quartiers de San Francisco (Haight-Ashbury) ou de New York (l'East Village) des communautés informelles de jeunes marginaux rassemblés par un même attrait pour les drogues psychédéliques, l'amour libre et le refus des autorités familiales, éducatives ou étatiques.

Dans le sillage des mouvements sociaux qui ont ébranlé plusieurs pays occidentaux en 1968 – notamment la France, l'Allemagne et les États-Unis –, une partie du mouvement hippie se politise, notamment sur les campus américains, se mêlant à des groupes gauchistes, féministes ou afro-américains, mais dans l'ensemble c'est avant tout dans le champ culturel et « existentiel » que les hippies se manifestent.

Prenant de l'ampleur à la fin des années 1960, le mouvement hippie jette les bases d'une « contre-culture » populaire qui suscite l'apparition de nombreux groupes expérimentaux – rock progressif, pop psychédélique, etc. – qui vont attirer des foules toujours plus nombreuses et généraliser certains codes vestimentaires et capillaires, ainsi que de nouvelles éthiques de vie (naturisme, échangisme, drogues récréatives, etc.).

Fourbus mais joyeux, ces jeunes festivaliers aux cheveux longs reviennent du festival de l'île de Wight, au matin du lundi 31 août 1970.

Le festival de Woodstock, en août 1969, a rassemblé un demi-million de jeunes gens dans le petit village de Bethel, dans l'État de New York. Moment emblématique de la culture hippie, il a été filmé, et un documentaire du même nom a été diffusé sur les écrans au cours de l'été 1970, suscitant la curiosité d'une fraction de la jeunesse européenne. Et c'est justement au cours de cet été 1970 qu'est organisé un autre grand moment hippie : le festival de l'île de Wight, au sud de l'Angleterre. La première édition de ce rassemblement s'est déroulée en août 1968, n'attirant que dix mille participants. En 1969, ils étaient cent cinquante mille. Mais en cet été 1970, ce sont plus de six cent mille jeunes qui font le déplacement sur cette île verdoyante où, pendant cinq jours, se succèdent les groupes majeurs du moment, parmi lesquels Supertramp, The Who, les Doors, Emerson Lake and Palmer, Procol Harum ou Miles Davis…

Arborant avec un négligé étudié des vêtements exotiques de diverses provenances, ce jeune homme photographié en 1970 dans les rues de Londres démontre que la culture hippie et le dandysme peuvent aller de pair.

Le festival s'achève en beauté, le dimanche 30 août, avec les prestations de Leonard Cohen, Jethro Tull, Moody Blues et Jimi Hendrix. Et c'est la voix puissante de Joan Baez qui ferme le banc au cœur de la nuit étoilée...
Les hippies ont incontestablement participé à l'évolution des mentalités de leur temps, popularisant certaines thématiques, notamment l'écologie, la bisexualité ou l'éducation antiautoritaire. Mais au cours de la décennie, victimes de certaines outrances et se caricaturant eux-mêmes, ils finiront par déchaîner de sévères critiques : une frange de l'extrême gauche conspuera ainsi leur pacifisme et leur manque d'engagement, tandis que les premiers punks moqueront l'« académisme bourgeois » du rock progressif, jugé trop pompier et élitiste. Récupéré par des managers au nez fin, le mouvement hippie saura enfin se couler aisément dans les secteurs créatifs de la mode, de la publicité ou du tourisme. Les derniers hippies des *seventies* laisseront ainsi la place aux yuppies des années 1980...

« Plus de six cent mille jeunes se sont rassemblés lors des cinq jours du festival de l'île de Wight, transformée en un gigantesque camping improvisé.

LES SEINS SE DÉCOUVRENT SUR LES PLAGES

Influencées par la culture hippie et les modes *baba cool* qui ont fait de la nudité l'un des aspects les plus spectaculaires de leurs discours émancipateurs, de plus en plus de femmes osent désormais s'afficher seins nus sur les plages d'Europe. Le monokini, inventé par le styliste austro-américain Rudi Gernreich, est ainsi devenu un vêtement du dernier chic que les jeunes filles « modernes » aiment arborer à Saint-Tropez ou à La Baule avec une joie non feinte, s'amusant par ailleurs des quelques réactions outrées que provoquent l'exhibition de leur poitrine hâlée.
Mais arborer sa poitrine n'est pas seulement une activité récréative et estivale : pour certaines militantes féministes radicales, notamment celles qui pratiquent des arts vivants, l'exhibition des seins nus est aussi pensée comme une libération et une « arme de guerre » contre le patriarcat.

^ Haut lieu de la culture balnéaire festive des années 1970, le club-plage de la Voile rouge, situé sur la presqu'île de Saint-Tropez, est l'un des premiers endroits de France à promouvoir la culture *topless*. Cette photographie a été prise le 15 août 1970.

MINI…

Dans le domaine de la mode, les *sixties* ont marqué un tournant avec l'invention de la mini-jupe et des pantalons unisexes. S'amusant à brouiller les frontières entre le masculin et le féminin, les grands stylistes s'en donnent désormais à cœur joie, tel Yves Saint-Laurent, lequel propose pour sa collection printemps-été 1970 un étonnant modèle de « smoking short » qui, tout en sacrifiant à l'exigence de la mode « mini », se permet d'opérer un emprunt de la veste de soirée jusque-là réservée aux hommes et à eux seuls.

… MAXI !

Mais si la mode « mini » est le symbole d'une certaine insouciance, elle a aussi ses détractrices, notamment au sein des courants féministes, plus sensibles à l'esthétique hippie. Certaines femmes – telles ces jeunes Allemandes manifestant à Dortmund en juillet 1970 – en pincent pour la mode « maxi », s'affichant dans de longues et fluides robes aux imprimés ethniques ou floraux qu'elles complètent volontiers avec des bandeaux dans les cheveux, des sous-pulls et des sandales compensées.

CONFORT ET ÉLÉGANCE

Le style Pierre Cardin est indissociable des années 1960-1970. Au cours de sa brillante carrière, le bouillonnant couturier franco-italien saura habiller les grandes stars du cinéma ou du rock, de John Steed – le héros de *Chapeau Melon et Bottes de cuir* – à Jean Marais. En 1970, il transforme le Théâtre des Ambassadeurs, dans le quartier des Champs-Élysées, en un lieu de mécénat du spectacle vivant – logiquement baptisé l'Espace Cardin – où seront montés des pièces de théâtre, des ballets et des concerts de groupes de rock ou de jazz.

LA MODE EST AU GÉOMÉTRIQUE

L'un des aspects caractéristiques de la mode féminine qui émerge dans les années 1960 est le recours aux formes géométriques : qu'il s'agisse de cubes entrelacés, de triangles interpénétrés ou de cercles inspirés de l'art optique de Vasarely, les figures qui s'impriment sur les robes ou les chemises imposent un style qui se veut futuriste. C'est parfois l'art moderne qui inspire les créateurs, à l'imitation de la célèbre robe Mondrian qu'Yves Saint Laurent a créée en 1966. Les motifs géométriques sont parfois plus sages, tels ceux qui ornent cette robe « maxi » présentée par Christian Dior pour sa collection printemps-été 1970.

LA PRINCESSE ANNE VERSION « MINI »

Qui eût cru que la famille royale d'Angleterre elle-même allait succomber à la mode « mini » ? C'est pourtant vêtue d'une très courte robe que la jeune princesse Anne se présente le 3 mars 1970 à Nuku'alofa, capitale du royaume du Tonga, en sortant du yacht royal *Britannia* alors qu'elle accompagne ses parents, la reine Élisabeth II et le prince Philip, lors d'un voyage diplomatique dans les îles de l'océan Pacifique. Loin d'être un objet de scandale, la tenue à la fois élégante et sexy d'Anne fait sensation auprès des populations locales et excite la curiosité des journaux britanniques.

LA MODE SELON COURRÈGES

Couturier phare des années 1960-1970 dont le style volontiers futuriste s'inspire des grandes épopées de la science-fiction, André Courrèges est aussi l'un des grands promoteurs de la mode « mini ». On lui doit ainsi d'avoir proposé une inventive gamme de combi-shorts, de pantacourts et, bien sûr, d'affriolantes minijupes. Tout en privilégiant le confort et la sensualité des textures, il n'hésite pas à avoir recours aux matières plastiques et aux cuirs artificiels, comme on peut le voir sur cette création dévoilée en février 1970 à l'occasion de la présentation de la collection printemps-été.

Bien que l'idée du clavier téléphonique alphanumérique soit née dès les années 1960, les téléphones de la décennie suivante étaient encore quasiment tous équipés d'un cadran rotatif. Ici, un modèle français de 1970. »

LES CONSOMMATEURS S'ORGANISENT

Les années 1970 bouleversent les habitudes de consommation des Français. Avec le développement des grandes surfaces et l'explosion de la demande en équipements ménagers naît aussi le besoin pour les consommateurs d'être mieux informés et, au besoin, soutenus par des associations compétentes. C'est ainsi qu'est fondé en décembre 1970 le magazine *50 millions de consommateurs*, dont le premier numéro compare les prix et les éventuels vices de plusieurs dizaines de jouets. De la même façon, l'Union fédérale des consommateurs édite depuis 1961 le magazine *Que choisir*, qui frappe un grand coup au printemps 1970 en publiant la première carte de France des plages polluées, ce qui déchaîne la colère de plusieurs municipalités balnéaires mais ouvre la voie à une meilleure transparence sur l'état des eaux de baignade.

LE TÉLÉPHONE POUR TOUS

Ministre des Postes et Télécommunications depuis juin 1969, Robert Galley a fait la promesse d'engager toutes les ressources adéquates de l'État afin que, d'ici à cinq ans, chaque Français demandant l'obtention d'un numéro de téléphone puisse être satisfait en moins de vingt-quatre heures. Car en cette année 1970, les listes d'attente sont encore longues, et il arrive que certains usagers soient dans l'obligation de devoir patienter durant plusieurs mois avant d'avoir la joie d'être dérangés par la sonnerie d'un rutilant téléphone à cadran… Le ministre s'est aussi engagé à promouvoir l'usage du téléphone portable, pour l'heure limité à quelques privilégiés qui, depuis un appareil installé dans leur véhicule, doivent passer par un standard pour lancer ou recevoir un appel. Décidément visionnaire, Robert Galley a pronostiqué que « chaque Français possédera un téléphone portable avant l'an 2000 », une prédiction que ses nombreux adversaires politiques ont accueillie avec un mélange de circonspection et de ricanements.

VIVE LA TÉLÉ !

En ce début de la décennie 1970, la France se place au 7e rang mondial quant au nombre de téléviseurs. Il y en a déjà dix millions dans le pays ! Mais alors que les premiers postes en couleur sont sortis en 1967 et que quelques émissions sont passées au multicolore, les spectateurs privilégient encore largement le noir et blanc. Il faut dire qu'un poste en couleur coûte en moyenne 6 000 francs, une somme assez considérable pour l'époque, ce qui explique qu'il ne concerne que 0,5 % des téléviseurs présents dans les foyers français.

SALON DES ARTS MÉNAGERS

Valery Giscard d'Estaing, une cocotte-minute Seb en main, lors du Salon des arts ménagers, le 3 mars 1970.

En ce mois de mars 1970, le ministre de l'Économie et des Finances, Valéry Giscard d'Estaing, n'a pas hésité à faire une apparition au Salon des arts ménagers, devenu au cours des années 1960 la grand-messe de la nouvelle société de consommation des Trente Glorieuses. Entre 1960 et 1970, le taux d'équipement des ménages a explosé : il est passé de 29 % à 80 % pour les réfrigérateurs, et de 27 % à 57 % pour les machines à laver le linge ! 70 % des ménages possèdent un téléviseur, et 40 % un tourne-disque.

L'image des parents et des enfants rassemblés le soir devant le poste de télévision va devenir familière dans les années 1970, imposant de nouvelles règles au sein des familles.

LA PILULE

En décembre 1967, l'Assemblée nationale a adopté la loi Neuwirth autorisant l'usage des contraceptifs. L'usage de la pilule, en 1970, s'est généralisé – six cent mille Françaises y ont recours selon un sondage – mais ce « médicament » continue d'inquiéter et les débats sont animés. Le 26 mars 1970, sur les ondes de France Inter, le journaliste Yves Mourousi y consacre ainsi une émission qui, donnant la parole à des médecins, diffuse aussi des témoignages de femmes inquiètes des effets secondaires – prise de poids, fibromes, troubles circulatoires – de la pilule contraceptive.

MOBILIER MODULABLE

Si des meubles convertibles existent depuis longtemps – l'ingénieur Albert Ducrot avait créé le canapé-lit au début du XXe siècle –, c'est dans les années 1970 qu'explose la mode du mobilier modulable et déclinable à l'envi. Dans des agglomérations aux loyers parfois prohibitifs où il devient nécessaire d'optimiser l'espace, la tendance est d'avoir recours à une literie modulable qui permet de transformer en seulement quelques secondes une chambre en salon, et inversement. Sur cette photo prise en décembre 1970 à Londres, on peut découvrir la grande nouveauté du moment : le fameux lit escamotable qui peut être complètement remisé dans un espace mural.

FAITES VOS JEUX !

À l'origine, la Loterie nationale française, fondée en 1933, poursuivait avant tout un objectif caritatif, permettant à l'État de lever des fonds à destination des blessés de guerre et des victimes de calamités agricoles. En cette année 1970, les publicitaires de la Loterie française – qui reste la propriété de l'État – créent une affiche en référence à la célèbre comptine pour enfants *La boulangère a des écus* qui compte l'histoire d'une boulangère devenue mystérieusement millionnaire. Cette affiche sera déclinée la même année dans un modèle masculin, vantant la chance d'un Arlequin multicolore soupesant deux sacs d'un million de francs...

L'HEURE EST AU VÉLOSOLEX !

Soixante-dix coursiers, télégraphistes et chasseurs d'hôtel se sont retrouvés, le 3 juin 1970, place de la Concorde, pour s'élancer vers le restaurant Maxim's où était organisé un mini-débat sur les « Embarras de Paris ». Il a été démontré que là où un piéton met trente-quatre minutes pour aller de Montparnasse à Maxim's, un automobiliste en met vingt et un conducteur de cyclomoteur seulement onze ! Jamais le slogan à la mode – « Ceux qui s'y connaissent achètent un VéloSoleX » – n'a été aussi convaincant. Le célèbre modèle de cyclomoteur VéloSoleXS 3800, produit depuis 1966 dans les Hauts-de-Seine, est incontestablement devenu la vedette des routes françaises où son usage est autorisé dès l'âge de quatorze ans.

UN GRAND PARFUM

Bien qu'Ernest Daltroff, fondateur et « nez » de la maison de parfumerie Caron, se soit éteint en 1967, c'est une création emblématique de la marque qui a été proposée en cette année 1970 : *Infini* mêle une douzaine d'essences principalement florales – le jasmin, le muguet, l'iris, les lilas – mais aussi boisées – fève de Tonka, bois de santal et vétiver en notes de fond – que Caron a assemblées en insistant sur son caractère exotique et mystérieux. Le parfum est d'ailleurs sorti au lendemain de l'expédition Apollo 13, et l'on peut deviner dans ce nom une référence à l'immensité de l'univers, sans oublier qu'une conquête peut être spatiale mais aussi amoureuse...

POUR L'HOMME

Apparue sur les téléviseurs et s'affichant en grand format dans les rues, la publicité devient à la fois envahissante et créative au cours des années 1970. Pionnier du rasoir électrique, le groupe franco-allemand Braun a ainsi énormément misé sur les « réclames », mais aussi et surtout sur son département « design », dominé par la forte personnalité de l'architecte Dieter Rams dont les réalisations trouveront leur place dans de nombreux musées du monde entier. Le « Braun sixtant S », présenté ici par cette femme au regard tendre, est ainsi censé être « le plus beau rasoir qu'un homme puisse rêver de posséder »...

TOPO MYTHIQUE...

Le designer italien Joe Colombo, universellement connu depuis qu'il a conçu en 1963 le célèbre fauteuil pivotant *Elda* – immédiatement adopté par Karl Lagerfeld –, propose en 1970 un nouvel objet destiné à devenir mythique : la fameuse lampe de bureau *Topo*, avec son abat-jour en casquette et son double bras articulé en tube d'acier laqué, est aujourd'hui encore un objet particulièrement recherché. Colombo mourra prématurément, au faîte de sa gloire, en juillet 1971, laissant derrière lui un héritage artistique dont on retrouvera les échos dans les créations de la génération des designers nés à la fin des années 1960.

UNE ICÔNE

De tous les objets emblématiques des années 1970, le tabouret en plastique *Tam-Tam* dessiné par Henry Massonnet en 1968 reste celui de tous les records. Sa célébrité doit beaucoup à Brigitte Bardot qui, posant son fessier fantasmagorique sur un *Tam-Tam* à l'occasion d'un entretien en mars 1970, a fait décoller les ventes de ce tabouret minimaliste à la fois empilable, démontable, économique et ergonomique. Produit par la maison Stamp au sein de la « Plastics Vallée » du département de l'Ain, le *Tam-Tam* s'écoulera à plus de douze millions d'exemplaires au cours de la décennie.

LE CONCORDE
PASSE À LA VITESSE SUPÉRIEURE

La décision des gouvernements français et britannique de concevoir un avion supersonique avait été prise en 1962 : sept ans plus tard, le 2 mars 1969, le prototype 001 du Concorde, véritable bijou de technologie reconnaissable entre mille à son nez basculant et ses ailes en triangles isocèles, effectuait son premier vol inaugural depuis l'aéroport de Toulouse-Blagnac. Et c'est au cours de son 102e vol, le 4 novembre 1970, qu'il a atteint la vitesse de Mach 2 – soit 2 448 km/h –, conservée par le « grand oiseau blanc » pendant une durée de cinquante-trois minutes. Au cours des essais suivants, l'avion supersonique établira plusieurs records de vitesse et d'altitude : il atteindra ainsi une altitude de plus de vingt kilomètres en mars 1973. Ce n'est qu'après deux mille heures de tests des prototypes que le Concorde recevra son certificat de navigation. Le majestueux supersonique, construit par Aérospatiale, sera ainsi mis en service en janvier 1976, avec comme premier trajet un Paris-Rio de Janeiro, *via* Dakar. Vingt exemplaires seront produits dont quatorze avions commerciaux, exploités par deux compagnies seulement : Air France et British Airlines. Le terrible accident du vol 4590 Air France en juillet 2000, au cours duquel périront cent treize personnes à Gonesse, entraînera la fin de son exploitation commerciale. Les ultimes vols auront lieu en mai 2003 entre l'aéroport JFK de New York et Roissy-Charles-de-Gaulle, après quoi le Concorde deviendra une curiosité que l'on peut admirer, entre autres, au musée de l'Air et de l'Espace du Bourget.

Le Concorde 001, premier prototype du mythique avion supersonique franco-britannique, photographié dans les airs au-dessus de la région de Toulouse, le 9 mars 1969, sept jours après son tout premier vol d'essai. Il faudra attendre l'année 1976 pour que l'appareil soit mis en service commercial.

UN MICROSCOPE ÉLECTRONIQUE
BAT DES RECORDS À TOULOUSE

Inventé dans les années 1930 par des ingénieurs allemands, le microscope électronique (ME) fonctionne en mobilisant des faisceaux d'électrons qui, correctement contrôlés, peuvent être utilisés comme des lentilles optiques particulièrement puissantes.
Il est ainsi possible d'obtenir des grossissements beaucoup plus importants qu'avec les microscopes optiques. Le Laboratoire d'optique électronique du CNRS, dirigé à Toulouse par le professeur Dupouy, a mis sous tension, dans le courant de l'année 1969, un microscope de 22 tonnes, haut de 4 mètres, qui a battu tous les records : dans les premiers mois de 1970, l'équipe toulousaine a en effet réussi à pousser la tension de l'appareil jusqu'à 3,5 millions de volts, ce qui a permis d'atteindre le grossissement jusqu'à des niveaux jamais atteints. Il a ainsi été possible de contempler la structure d'alliages métalliques ou de photographier des bactéries vivantes ! La performance réalisée à Toulouse aura un retentissement formidable à l'étranger, depuis le Japon jusqu'aux États-Unis, et ouvrira la voie à la construction d'une nouvelle génération de microscopes électroniques.

Avec son élégant boîtier en bois vernis et son système de roues métalliques, le prototype de souris conçu par Douglas C. Engelbart avait fait sensation en 1968 lors de sa présentation à San Francisco, mais c'est Apple qui a déposé le brevet en 1970.

LA SOURIS D'ORDINATEUR EST BREVETÉE

Véritable génie inventeur avec vingt et un brevets déposés à son actif, l'ingénieur américain Douglas C. Engelbart a profondément révolutionné le monde de l'informatique, notamment en concevant en 1963 la première souris d'ordinateur, constituée d'une boîte en bois, de deux roues en métal et d'un bouton unique ! C'est en 1968, au cours d'un congrès d'informaticiens à San Francisco – resté dans les annales sous le nom de « mère de toutes les démos » –, qu'il a pour la première fois rendu publique son invention. Mais Douglas C. Engelbart ne touchera jamais les fruits financiers de sa création : c'est en effet le Stanford Research Institute, où il conduisait ses recherches, qui s'est chargé en cette année 1970 de faire breveter la souris… avant d'en octroyer les droits d'exploitation à Apple contre la somme dérisoire de 40 000 dollars !

XEROS FONDE LE PALO ALTO RESEARCH CENTER

La création en Californie du Palo Alto Research Center – plus connu sous son acronyme de PARC – au mois de juillet 1970 reste l'un des grands moments de ce que l'on appelle « l'informatique de communication ». Fondé à l'initiative de l'entreprise Xerox par les ingénieurs Jack Goldman et Bob Taylor, ce groupe de recherche sera à l'origine des grands concepts permettant de rendre accessibles au plus grand nombre les ordinateurs personnels : le PARC va ainsi se pencher sur les interfaces graphiques, les icônes, l'ergonomie des systèmes d'exploitation… Toutes ces découvertes seront, au cours de la décennie 1980, exploitées par d'ambitieux entrepreneurs, en premier lieu Steve Jobs, fondateur d'Apple, qui, après avoir visité les laboratoires du PARC, en saisira tout le potentiel commercial.

IBM LANCE SON « SYSTÈME 370 »

Créée au début du XXe siècle et pionnière dès les années 1930 des premiers systèmes de calculateurs sur cartes perforées, la société IBM – acronyme d'International Business Machines – ne pouvait évidemment pas rester à l'écart de la révolution informatique. Après avoir inventé dans les années 1950 le disque dur, la firme a lancé en 1965 l'ordinateur « système 360 » qui s'est encore perfectionné en 1970 grâce au recours à la puce électronique, aussi appelée circuit intégré. La série IBM 370, qui se déclinera en une douzaine de modèles consécutifs au cours des *seventies*, se perfectionnera année après année, intégrant notamment une mémoire virtuelle toujours plus importante. Après quoi pourra être lancé, en 1981, le fameux IBM Personal Computer, premier ordinateur personnel largement distribué.

Occupant un espace de quelque 8 m^3, l'ordinateur IBM 370, ici photographié vers 1970, n'était évidemment pas conçu pour un usage personnel, mais il reste le lointain ancêtre de l'IBM PC qui sera distribué à partir de 1981.

Octobre
1970

« **Martin Gray lors d'une conférence de presse le 15 novembre 1970. Un mois plus tôt, il a perdu son épouse et ses quatre enfants dans l'incendie du massif du Tanneron. Après avoir songé au suicide, il surmontera son désespoir en écrivant *Au nom de tous les miens*.**

03 DRAME DANS LE VAR

Octobre

» Les incendies de forêt ne sont pas chose rare dans le sud-est de la France, et l'été qui vient de s'achever n'a pas fait exception. Mais ce qu'affronte le Var en ce début octobre dépasse ce à quoi on peut s'attendre dans cette région boisée, où la garrigue à la végétation dégradée constitue un dangereux vecteur de feu. Une vingtaine de foyers ont touché simultanément les pentes du mont Faron, au-dessus de Toulon, les environs de La Garde-Freinet, au nord-ouest de Saint-Tropez, et surtout, au sud-ouest du département, le massif du Tanneron. C'est dans ce cadre habituellement enchanteur, connu pour être le pays du mimosa, que le feu a été le plus destructeur. Cinq mille hectares de bois et une centaine de bâtiments ont été ravagés par les flammes, mais surtout huit personnes ont trouvé la mort.

Parmi elles Dina Gray, quarante-trois ans, et ses quatre enfants âgés de deux, six, sept et dix ans, piégés dans leur voiture alors qu'ils tentaient de s'enfuir. Elle était l'épouse d'un résident de la petite commune qui donne son nom au massif, Martin Gray. D'origine juive polonaise, ce dernier a perdu toute sa famille pendant la Seconde Guerre mondiale. Lui-même déporté à Treblinka, il a réussi à s'en évader. Exilé aux États-Unis en 1947, il y a fait fortune dans le commerce des antiquités avant de s'installer à Tanneron avec son épouse. Le drame émeut la France entière. Après avoir songé au suicide, Martin Gray choisira d'exorciser sa douleur en rédigeant avec l'écrivain Max Gallo un témoignage, *Au nom de tous les miens*, qui sortira en septembre 1971 et deviendra d'emblée un best-seller.

« **Situé au nord du massif de l'Estérel, le massif du Tanneron est habituellement un lieu agréable. La Fondation Dina-Gray, créée par Martin Gray en souvenir de sa famille, veut agir pour préserver la région des incendies de forêt et enseigner à ses habitants comment réagir en cas de sinistre.**

04 Octobre — JANIS JOPLIN SUCCOMBE À UNE OVERDOSE

» La chanteuse américaine, icône de la culture hippie, a été découverte sans vie dans la chambre 105 du Landmark Motor Hotel, à Los Angeles. L'inoubliable interprète de *Ball and Chain* et de *Summertime* a succombé à une overdose d'héroïne, combinée à une consommation excessive d'alcool et de tranquillisants. Après des débuts au sein du groupe Big Brother and the Holding Company au milieu des années 1960, cette native du Texas avait débuté en 1969 une carrière solo, accompagnée par ses propres musiciens, et avait été l'une des principales vedettes du Festival de Woodstock. Mais sa consommation de stupéfiants était devenue aussi extravagante que certaines de ses tenues de scène. Elle était en train d'enregistrer un nouvel album, intitulé *Pearl* – son surnom. Janis Joplin était âgée de seulement vingt-sept ans, comme Jimi Hendrix, disparu le mois dernier dans des circonstances similaires, ou encore l'ex-membre des Rolling Stones Brian Jones, décédé en juillet 1969. Les cendres de la chanteuse, qui avait choisi d'être incinérée, seront dispersées au-dessus du Pacifique. Elle a également laissé une importante somme d'argent afin qu'une fête soit organisée en sa mémoire. Elle aura lieu le 26 octobre au club Lion's Share de San Anselmo en présence de ses nombreux amis.

Janis Joplin disparaît à seulement vingt-sept ans, ce qui lui vaut d'appartenir au tristement symbolique « Club des 27 », réunissant des stars du rock et du blues ayant trouvé la mort au même âge.

06 Octobre — LE PRÉSIDENT POMPIDOU À MOSCOU

» L'URSS a fait preuve cette année de sa volonté d'entretenir des relations apaisées avec l'Europe de l'Ouest. C'est dans ce contexte d'ouverture que Georges Pompidou, quant à lui désireux de réaffirmer l'indépendance de la politique étrangère française, débute ce jour une visite officielle à Moscou. Elle sera ponctuée de nombreuses discussions dont les deux parties salueront la franchise et l'intérêt, et s'achèvera le 13 octobre avec la signature d'un protocole d'accord par le président français et Leonid Brejnev stipulant notamment que la France et l'URSS se concerteront désormais « sur tous les aspects des situations créant une menace pour la paix ». Avant de s'envoler pour Paris, Georges Pompidou s'adressera au peuple soviétique à la télévision pour l'assurer de la sympathie du peuple français, concluant son intervention d'un « Vive l'amitié entre l'Union soviétique et la France ! »

Le président Georges Pompidou et son épouse ont profité de leur visite d'État en URSS pour découvrir la mythique ville de Samarcande, en Ouzbékistan.

« Le général Juan José Torres a déclaré lors de son accession au pouvoir : « Les universités, les travailleurs, les paysans et les militaires seront les quatre piliers du nouveau gouvernement populaire. » Il va pourtant très vite renoncer aux orientations les plus révolutionnaires de son programme.

07 Octobre
LES COUPS D'ÉTAT SE SUCCÈDENT EN BOLIVIE

» Un nouveau coup d'État se profilait depuis plusieurs mois en Bolivie. En juillet, la guérilla de l'ELN (Ejército de liberacion nacional), l'armée révolutionnaire créée sous l'impulsion d'Ernesto Guevara, en sommeil depuis la mort du Che en octobre 1967, a refait parler d'elle à Teoponte en enlevant deux employés d'une entreprise américaine. En échange de ces otages, le général Ovando Candia – chef de l'État depuis qu'il avait, en septembre 1969, empêché par la force la tenue de l'élection présidentielle – a dû relâcher dix prisonniers politiques. Et ce, au grand dam des officiers les plus à droite, qui d'ailleurs prenaient de plus en plus de distance avec le régime ces derniers temps, encouragés par les États-Unis mécontents de la nationalisation des hydrocarbures. Parallèlement, de violents affrontements ont opposé en septembre les étudiants, favorables à la guérilla, et la police. Le 4 octobre, les putschistes de droite ont donc sommé le général Ovando Candia de démissionner. Il s'y est résolu hier. Un triumvirat a alors été constitué pour prendre la tête du pays. Mais ce dernier a été lui-même chassé du pouvoir dans la nuit par le général Juan José Torres, qui a bénéficié pour ce faire du soutien de la Centrale ouvrière bolivienne. Le nouveau dirigeant bolivien se veut en effet proche du peuple et se dit « nationaliste révolutionnaire ». Le général Torres sera à son tour renversé par un coup d'État en août 1971.

08 Octobre
NOBEL DE LITTÉRATURE POUR ALEXANDRE SOLJENITSYNE

» L'Académie suédoise a osé : malgré les pressions, elle a décerné le prix Nobel de littérature à l'écrivain russe dissident Alexandre Soljenitsyne qui, avec la publication de son roman *Une journée d'Ivan Denissovitch* en 1962, a révélé au monde entier les horreurs du goulag soviétique. Ayant bénéficié, déstalinisation oblige, de la bienveillance de Khrouchtchev, Soljenitsyne est en butte aux brimades du régime depuis l'arrivée au pouvoir de Leonid Brejnev, en octobre 1964. À l'annonce de sa distinction, la presse officielle va se déchaîner contre lui. Soljenitsyne renoncera à se rendre en Suède pour recevoir son prix, craignant de ne pas être autorisé à rentrer en URSS alors que sa femme va bientôt accoucher de leur premier enfant.

Après son prix Nobel de littérature et surtout la publication en 1973 de *L'Archipel du goulag* à l'étranger, Alexandre Soljenitsyne sera contraint à l'exil, en Allemagne – il est ici photographié à Cologne en 1974 –, en Suisse puis aux États-Unis. »

« Des soldats de l'armée régulière cambodgienne patrouillant près de Phnom Penh, sur la route de Saigon, en juin 1970.

09 Octobre

PROCLAMATION DE **LA RÉPUBLIQUE KHMÈRE** À PHNOM PENH

» C'est officiel : la monarchie cambodgienne, longue d'une histoire ininterrompue de plus de douze siècles, a été formellement abolie ce 9 octobre à Phnom Penh. Le royaume du Cambodge laisse donc désormais la place à une « République khmère » dominée par les éléments les plus pro-américains et droitiers du pays. Sept mois seulement après avoir encouragé l'Assemblée nationale à voter la destitution du chef de l'État Norodom Sihanouk, le général-Premier ministre Lon Nol et le prince Sisowath Sirik Matak, véritables « champions » des élites urbaines et de l'armée du pays, se sont donné comme objectif prioritaire d'écraser les groupes de la guérilla communiste. Une grande cérémonie a été célébrée face au palais royal de Phnom Penh en présence des membres du nouveau gouvernement. Cérémonie au cours de laquelle un « monument républicain », portant les inscriptions « Liberté, égalité, fraternité, développement et bonheur », a été dévoilé. La « République khmère », hélas, ne parviendra jamais à faire éclore ces belles valeurs dans un Cambodge qui s'enfoncera irrémédiablement dans une terrible guerre civile dont le terme verra l'arrivée au pouvoir des hommes du tyran rouge Pol Pot en avril 1975...

09 Octobre

JEAN GIONO EST MORT

« Jean Giono photographié avec sa fameuse pipe dans les années 1950.

L'écrivain Jean Giono s'est également intéressé de très près au cinéma. Auteur de plusieurs scénarios, notamment tirés de ses œuvres littéraires, il a aussi réalisé en 1960 *Crésus*, avec Fernandel dans le rôle-titre. »

» Celui qui se surnommait lui-même le « voyageur immobile » s'en est allé ce 9 octobre, emporté à l'âge de soixante-quinze ans par une crise cardiaque dans sa maison de Manosque. Profondément attaché à sa « chère Provence » et inspiré par l'héritage merveilleux de l'Antiquité grecque, Jean Giono avait fait de la Nature le personnage récurrent de ses premiers romans, célébrant ses œuvres, ses ravissements mais aussi sa cruauté purificatrice. Obsédé par les questions morales et métaphysiques, Giono était surtout un pacifiste intransigeant et un adversaire acharné des totalitarismes, qu'ils soient fascistes, communistes ou techniciens. Révélé en 1951 auprès du grand public avec son roman *Le Hussard sur le toit*, il était peu après devenu membre de l'Académie Goncourt. Installé à Manosque, un village qu'il quittait le moins souvent possible, il y a laissé le souvenir d'un aimable promeneur dont l'inspiration s'épanouissait à l'ombre des oliviers et des pins parasol.

Le 14 janvier 1970, Edmond Michelet présentait à la presse, en tant que ministre des Affaires culturelles, le premier volume des monographies régionales publiées par le service de l'Inventaire général des monuments et richesses artistiques de la France.

09 Octobre — DÉCÈS DU MINISTRE EDMOND MICHELET

» Il était considéré comme le premier résistant français pour avoir distribué des tracts contre la capitulation dès le 17 juin 1940, à Brive. Arrêté et déporté durant l'Occupation, ce catholique fervent fit preuve à Dachau d'un comportement si exceptionnel que certains des détenus n'hésitèrent pas à le comparer à un saint. Plusieurs fois ministre à partir de 1945, député, sénateur, ce gaulliste convaincu était en charge des Affaires culturelles depuis juin 1969. Il s'est éteint ce 9 octobre dans sa propriété de Marcillac, en Corrèze, victime d'une hémorragie cérébrale. Edmond Michelet, qui avait fêté hier ses soixante et onze ans, sera remplacé provisoirement au gouvernement par André Bettencourt, déjà ministre délégué au Plan et à l'Aménagement du territoire, par ailleurs connu pour être l'époux de Liliane Schueller, l'héritière du groupe L'Oréal.

15 Octobre — ANOUAR EL SADATE, NOUVEAU RAÏS ÉGYPTIEN

» Les Égyptiens ont confirmé par référendum la nomination d'Anouar El Sadate à la tête de l'Égypte, approuvée par 90,4 % des votants. Après le décès de Nasser, Sadate, alors vice-président, a logiquement assuré l'intérim. Puis cet homme plutôt consensuel a été adoubé, le 5 octobre, par le Comité exécutif suprême et le comité central du parti unique, l'Union socialiste arabe. Enfin, il a été investi par le Parlement le 7 octobre. Âgé de cinquante et un ans, Sadate fut avec Nasser l'un des « officiers libres » qui renversèrent le roi Farouk en 1952. Il fut ensuite plusieurs fois ministre et président de l'Assemblée, sans pour autant se montrer particulièrement ambitieux. Sa désignation surprend donc à l'étranger, où l'on ne sait dire pour l'heure si le nouveau Raïs compte mettre en œuvre une politique plutôt prosoviétique ou plutôt pro-occidentale.

Le nouveau président égyptien Anouar El Sadate lors de sa prestation de serment au Caire. Dès le 31 octobre, des baisses de prix sur les biens de consommation courante et des augmentations de salaire dans la fonction publique seront décrétées.

17 Octobre — LE MINISTRE QUÉBÉCOIS PIERRE LAPORTE ASSASSINÉ PAR SES RAVISSEURS

» Le corps de Pierre Laporte a été retrouvé cette nuit dans le coffre d'une voiture. Le ministre québécois du Travail avait été enlevé le 10 octobre par le Front de libération du Québec (FLQ), une organisation séparatiste radicale active depuis 1963 qui a déjà organisé plusieurs attentats au Canada. Le 5 octobre, le FLQ avait enlevé le diplomate britannique James Richard Cross et formulé plusieurs exigences pour le libérer. Le gouvernement québécois refusant de céder, les terroristes ont récidivé en enlevant Pierre Laporte. L'état d'urgence a été proclamé et la loi sur les mesures de guerre, qui suspend temporairement les libertés publiques, activée. James Cross sera quant à lui délivré par la police le 3 décembre.

23 Octobre — UN VÉHICULE TERRESTRE DÉPASSE LES 1 000 KM/H

» Elle ressemble à une fusée, et d'ailleurs son moteur fonctionnant au peroxyde d'hydrogène et au gaz naturel pourrait en équiper une, mais elle ne se désolidarise pas du plancher des vaches. Avec sa carrosserie ogivale peinte en bleu, la Blue Flame arbore en effet la forme d'une flamme, surtout lorsque cette automobile d'un genre très spécial est lancée à pleine vitesse. Et quelle vitesse ! Aux commandes, le pilote américain Gary Gabelich a réussi l'exploit, inédit pour un véhicule terrestre, de lui faire dépasser les 1 000 km/h en roulant à 1 014 km/h sur la piste de Bonneville Salt Flats, dans l'Utah. La Blue Flame aurait peut-être même pu aller au-delà, mais en l'état actuel de la technologie, les pneus Goodyear qui l'équipent ne sauraient résister à une vitesse supérieure à 1 126 km/h. La poussée maximale de son moteur a donc été délibérément réduite. Le précédent record avait été établi le 15 novembre 1965 au même endroit par Craig Breedlove et son Spirit of America à près de 967 km/h. Le record de Gary Gabelich tiendra jusqu'en 1983.

La flamme bleue qui donne son nom à ce véhicule terrestre atypique est celle que produit le gaz naturel en brûlant. La construction de la Blue Flame, dont le moteur est alimenté par un mélange de peroxyde d'hydrogène et de gaz naturel liquéfié, a en effet été subventionnée par l'American Gas Association.

23 Octobre — LE MARÉCHAL TITO DE PASSAGE À PARIS

» À l'issue d'une tournée occidentale qui l'a conduit en Belgique, au Luxembourg et en RFA, le maréchal Tito s'arrête à Paris. Le Premier ministre Jacques Chaban-Delmas est venu l'accueillir à 10 h 30 ce matin à Orly et l'a accompagné à l'Élysée, où le président de la République fédérale de Yougoslavie s'est entretenu avec Georges Pompidou. La précédente visite du maréchal Tito en France remonte à mai 1956, alors que René Coty était président de la République et Guy Mollet président du Conseil. Mais Tito était en mauvais termes avec le général de Gaulle, qui a toujours refusé de le recevoir à Paris. Il faut dire que le président de la République fédérale de Yougoslavie avait, notamment, soutenu activement le FLN pendant la guerre d'Algérie. La brouille est donc terminée et les deux chefs d'État ont échangé une cordiale poignée de main sur le perron du palais présidentiel. Puis ils ont longuement discuté des affaires internationales, évoquant le Moyen-Orient, le Viêt Nam ou encore le Marché commun. Le maréchal a, comme il se doit, invité Georges Pompidou en Yougoslavie. Sans attendre la concrétisation de ce projet, Jacques Chaban-Delmas se rendra à Belgrade en avril prochain.

Le maréchal Tito (à gauche) et le président Georges Pompidou sur le perron de l'Élysée à l'issue de leur rencontre.

Salvador Allende (au centre) lors de sa prise de fonctions, le 3 novembre. À sa gauche, son prédécesseur Eduardo Frei Montalva, qui ne pouvait constitutionnellement briguer un second mandat.

24 Octobre

SALVADOR ALLENDE
PRÉSIDENT DU CHILI

Le Congrès chilien a élu président, par cent cinquante-trois voix contre trente-cinq et sept abstentions, Salvador Allende, arrivé en tête de l'élection populaire le 4 septembre. L'accession au pouvoir du leader socialiste est vue comme un bouleversement majeur pour le pays, mais aussi pour l'Amérique latine, en proie à l'agitation révolutionnaire autant qu'aux coups de force militaires, et sur laquelle plane en permanence l'ombre des États-Unis.

Au Chili, l'élection présidentielle ne comporte qu'un seul tour. Si aucun des candidats n'obtient la majorité absolue, il revient aux parlementaires de départager les deux premiers. C'est ce qui s'est produit le 4 septembre dernier. Trois candidats étaient en lice : le conservateur Jorge Alessandri, le socialiste Salvador Allende, et le démocrate-chrétien Radomiro Tomić. Alessandri, qui a déjà été président du Chili de 1958 à 1964, était le favori des sondages, mais c'est Salvador Allende qui est arrivé en tête en réunissant sur son nom 36,3 % des suffrages contre 34,9 % pour son rival de droite. Radomiro Tomić, qui a fait campagne sur un programme nettement orienté à gauche, a obtenu quant à lui 27,8 % des voix. Il revenait donc au Congrès de se prononcer. Or celui-ci est dominé par la droite et les démocrates-chrétiens de centre droit – il y a des démocrates-chrétiens de gauche, dont beaucoup ont rejoint le MAPU (Mouvement d'action populaire unitaire, créé en 1969 après une scission au sein de la démocratie chrétienne). De plus, l'écart est relativement faible entre Allende et Alessandri. Ce dernier, que les États-Unis espéraient voir élu, a proposé un « plan B » aux parlementaires : le Congrès l'élirait et il démissionnerait immédiatement, provoquant une nouvelle élection. Et ce alors que l'usage veut qu'en de pareils cas les parlementaires respectent le vote populaire en désignant le candidat arrivé en tête. Leur responsabilité était donc lourde, surtout après l'attentat dont a été victime le 22 octobre le général René Schneider, commandant en chef des armées. Le général avait en effet déclaré que l'armée suivrait la décision du Congrès, quelle qu'elle soit – en clair, qu'elle ne fomenterait pas de coup d'État. Une position fort peu appréciée par un groupe de militaires d'extrême droite, emmenés par le général

Salvador Allende (ici, en octobre 1970) avait déjà tenté à trois reprises d'accéder à la présidence. Il souhaite mettre en œuvre des réformes beaucoup plus ambitieuses que celles déjà engagées par son prédécesseur, ce qui n'a pas l'heur de plaire aux États-Unis, toujours très attentifs à ce qui se passe en Amérique latine.

La ville portuaire de Valparaíso, deuxième centre urbain du Chili, en 1969. Salvador Allende y est né le 26 juin 1908, dans une famille bourgeoise et franc-maçonne. C'est surtout en tant que médecin que le futur président a été confronté à la misère d'une partie de la population chilienne, une expérience déterminante quant à son orientation politique. »

Roberto Viaux et comptant sur l'appui des États-Unis, qui ont tenté de l'enlever. L'opération a échoué, mais René Schneider a été grièvement blessé – il décédera le 25 octobre. Par ailleurs, les élites économiques chiliennes ont dès septembre commencé à quitter le pays ou à transférer leur argent à l'étranger. Pourtant aujourd'hui, c'est bien Salvador Allende qui est confirmé par le Congrès à la tête de l'État chilien. Le candidat de l'Unité populaire – une coalition de plusieurs partis de gauche, dont le Parti socialiste, le Parti communiste, le MAPU et l'Action populaire indépendante, c'est-à-dire l'aile gauche du Parti radical – a réussi à rassurer les parlementaires démocrates-chrétiens en leur garantissant qu'il respecterait les libertés publiques. Il n'en reste pas moins qu'Allende ne disposera pas de la majorité au Parlement...

Le nouveau président est loin d'être un inconnu. Né en juin 1908 dans une famille bourgeoise, médecin de formation, cofondateur du Parti socialiste chilien, il a été député, ministre de la Santé du président radical Pedro Aguirre Cerda en 1939, sénateur et même président du Sénat de décembre 1966 à mai 1969. Et surtout candidat malheureux aux élections présidentielles de 1952, 1958 et 1964, date à laquelle il avait obtenu 38,6 % des voix face au démocrate-chrétien Eduardo Frei Montalva, auquel finalement il succède. Eduardo Frei Montalva avait déjà mis en œuvre une politique réformiste, mais Salvador Allende veut aller beaucoup plus loin. Il propose une « voie chilienne vers le socialisme », respectueuse de la démocratie mais d'inspiration clairement marxiste. Son programme prévoit de nombreuses nationalisations, dans le secteur de l'extraction du cuivre et le secteur bancaire notamment, une réforme agraire favorable aux petits paysans, une forte augmentation des salaires, la création d'un impôt sur les bénéfices des entreprises, une réforme de la santé et de l'éducation, ou encore la mise en place d'un moratoire sur la dette extérieure...

Richard Nixon n'a guère caché son mécontentement. Le gouvernement américain redoute en effet que le Chili ne s'oriente vers un socialisme à la cubaine en dépit du caractère incontestablement démocratique de l'arrivée au pouvoir de Salvador Allende, qui prendra officiellement ses fonctions le 3 novembre.

Une rue commerçante de Santiago du Chili, la capitale, au début des années 1970. Allende trouve à son arrivée à la tête du pays une situation économique préoccupante, avec une inflation de près de 35 % qui complique fortement la vie quotidienne de la plupart des Chiliens.

26 Octobre

MOHAMED ALI VAINQUEUR POUR SON RETOUR SUR LE RING

» « The Greatest » n'était plus monté sur un ring depuis 1967, ayant perdu sa licence pour avoir refusé de servir au Viêt Nam. Mais le boxeur, que la presse appelle encore souvent Cassius Clay – converti à l'islam en 1964 en même temps qu'il devenait champion du monde des poids lourds, il a pris le nom de Mohamed Ali –, a été gracié par la Cour suprême des États-Unis des peines que cette insoumission lui avait values. Le champion est donc de nouveau autorisé à enfiler ses gants. Ce soir à Atlanta, devant cinq mille spectateurs survoltés, il a affronté pour son retour à la compétition Jerry Quarry, ne laissant aucune chance à son adversaire qu'il a défait en trois rounds magistraux. « C'est plus que la victoire d'un boxeur, c'est une victoire sociale », a déclaré Mohamed Ali, faisant référence à la couleur de peau, blanche, de Jerry Quarry et à l'autre combat qu'il mène, politique celui-là, en faveur des Noirs américains.

« L'arbitre Tony Perez annonce la fin du combat entre Mohamed Ali et Jerry Quarry.

27 Octobre

LOUIS NÉEL RÉCOMPENSÉ PAR LE NOBEL DE PHYSIQUE

» Le Français Louis Néel a reçu le prix Nobel de physique pour ses travaux sur le ferrimagnétisme et l'antiferromagnétisme. Né en novembre 1904, normalien, agrégé et docteur en physique, Louis Néel a mis pendant la Seconde Guerre mondiale ses exceptionnels talents de chercheur au service de son pays. Il a ainsi réussi à mettre au point un procédé empêchant les mines magnétiques de se fixer sur la coque des navires. Président de l'Institut polytechnique de Grenoble, il est à l'origine de la création du Centre d'études nucléaires de Grenoble, qu'il dirige, et de la renommée scientifique de l'université de la capitale des Alpes. Le prestigieux prix lui a été attribué conjointement avec le Suédois Hannes Alfven, récompensé pour ses travaux en magnétohydrodynamique. Louis Néel est le septième Français à recevoir le Nobel de physique. La liste en a été inaugurée en 1903 par Pierre Curie, Marie Curie et Henri Becquerel, distingués pour leurs recherches sur la radioactivité.

Les lauréats des prix Nobel 1970 (de gauche à droite) : Luis Federico Leloir (Argentine, physique), le Français Louis Néel, Bernard Katz (Grande-Bretagne, médecine), Ulf von Euler (Suède, médecine), Julius Axelrod (États-Unis, médecine), Paul A. Samuelson (États-Unis, économie) et Hannes Alfven (Suède, physique). »

29 Octobre

UN GRAND PROJET POUR LES HALLES DE PARIS

Les pavillons Baltard des Halles de Paris en juin 1971, peu avant leur destruction. En attendant, et depuis le départ du marché de gros à Rungis, ils accueillent manifestations culturelles et événements festifs.

Le Conseil de Paris a voté une délibération adoptant le plan d'aménagement du quartier des Halles en demandant à l'État de créer une ZAC (zone d'aménagement concerté) en vue de la réalisation de la vaste opération d'urbanisme programmée. L'aménagement en question prévoit la construction sous le carreau des Halles d'un quartier souterrain comportant des équipements sportifs, culturels, commerciaux et de loisirs, une gare RER, des logements en surface dont la moitié seront des HLM, complétés de commerces et de bureaux. S'y ajouteront l'ambitieux Centre national d'art contemporain voulu par le président Pompidou sur le plateau Beaubourg, le Centre français du commerce international, des voies de circulation en grande partie piétonnières, des parkings, un petit jardin... Ces transformations d'envergure ont pour vocation de revivifier ce quartier vétuste dont nombre de bâtiments sont insalubres. Reste à décider du sort des douze pavillons Baltard libérés par le départ du marché de gros à Rungis. La Ville de Paris a autorisé qu'y soient organisées des manifestations culturelles et festives qui rencontrent un vrai succès. Seront-ils conservés ou détruits, notamment pour permettre la réalisation des travaux du RER en « fouille ouverte » – c'est-à-dire en creusant un grand trou à l'air libre ? Le débat s'annonce houleux...

29 Octobre

LILLE-MARSEILLE

SANS QUITTER L'AUTOROUTE, C'EST POSSIBLE

Georges Pompidou sur l'aire de Savigny-lès-Beaune où il est venu inaugurer le dernier tronçon de l'autoroute A6 à être mis en service. Comme l'indique la plaque qu'examine le président de la République, on se trouve là à 543 kilomètres de Lille, mais aussi de Marseille.

C'est au volant d'une R16 TS que Georges Pompidou, qui aime conduire, a inauguré le tronçon Pouilly-en-Auxois – Mâcon qui achève le tracé de l'A6. Il sera donc désormais possible de se rendre de Lille à Marseille, et inversement, sans quitter l'autoroute. Le président de la République a prononcé le discours d'usage sur l'aire de Savigny-lès-Beaune, choisie pour sa situation à égale distance des deux métropoles que relie l'autoroute. Le chef de l'État a souligné les mérites de l'autoroute en général, qui « apporte la vie » et constitue « un élément de développement économique à l'échelle européenne » essentiel. Il souhaite donc que la France construise désormais 300 kilomètres d'autoroute chaque année, soit environ le double de ce qui a été fait jusqu'alors.

Novembre
1970

Les pompiers constatant les terribles dégâts causés par l'incendie, au lendemain du drame. Le décor du dancing s'est embrasé en quelques instants, ne laissant quasiment aucune chance aux jeunes fêtards.

01 Novembre
INCENDIE DRAMATIQUE
DANS UNE DISCOTHÈQUE EN ISÈRE

» « La mort a fermé le bal. » Les titres des journaux, au lendemain de l'incendie du 5-7, peinent à mettre des mots sur la catastrophe, tant celle-ci dépasse en horreur tout ce que l'on peut imaginer. Un peu avant 2 heures du matin, ce 1er novembre, un feu se déclare dans l'une des loges de la discothèque Le 5-7 de Saint-Laurent-du-Pont alors que des centaines de jeunes gens assistent à un concert de rock du groupe Les Storms. Le décor, conçu à partir d'un agglomérat de papier mâché et de polystyrène, s'embrase aussitôt, provoquant un épais nuage asphyxiant. Le public, aspergé de plastique en combustion, se retrouve piégé entre, d'un côté, des issues de secours verrouillées par des chaînes et, de l'autre, un étroit tourniquet d'entrée... Dans cet enfer, quelques dizaines de jeunes gens parviennent enfin à forcer une porte, mais l'appel d'air crée une énorme boule de feu qui traverse la salle, brûlant vive la foule encore présente dans la discothèque. L'endroit étant dépourvu de téléphone, les secours mettront de longues heures avant d'arriver sur les lieux du drame. Le bilan de cet incendie est très lourd : au total, cent quarante-six jeunes, âgés de quatorze à vingt-cinq ans ont péri carbonisés... Un grand procès se déroulera en 1972 à Lyon, au terme duquel cinq personnes seront condamnées pour négligence, dont le maire de la commune de Saint-Laurent-du-Pont, les deux installateurs du système de chauffage et le fournisseur du décor. L'un des trois directeurs du 5-7 – les deux autres ayant péri dans l'incendie – écopera de la peine la plus lourde : 18 mois de prison dont 6 mois ferme.

Vue générale du dancing Le 5-7, au lendemain de l'incendie qui l'a ravagé.

12 Novembre
LA FRANCE ET LE MONDE FONT LEURS **ADIEUX AU GÉNÉRAL DE GAULLE**

» Un dernier hommage est rendu à l'ancien président de la République, décédé le 9 novembre. Tandis que les intimes de l'homme du 18-Juin ont assisté à son inhumation à Colombey-les-Deux-Églises, plusieurs dizaines de chefs d'État se sont réunis à Notre-Dame de Paris et plus d'un demi-million de Parisiens ont remonté les Champs-Élysées.

Sobres, silencieuses et solennelles : les funérailles du général Charles de Gaulle se déroulent ce jeudi 12 novembre à Colombey-les-Deux-Églises dans une atmosphère conforme aux volontés exprimées par le fondateur de la Vᵉ République dans un testament olographe. Dès la veille, une foule d'habitants incrédules et bouleversés a commencé à se rassembler dans les rues du petit village de Haute-Marne où se situe le domaine de la Boisserie – la résidence privée de la famille de Gaulle – afin de pouvoir saluer une dernière fois l'illustre personnage. L'émotion qui étreint la France depuis l'annonce de la mort du général est en effet à la mesure du destin exceptionnel de cet homme singulier. Son histoire, qui commence à Lille le 22 novembre 1890, est connue de tous les Français : élevé dans le culte d'une France catholique et royaliste, le jeune Saint-Cyrien se distingue dans les tranchées lors de la Première Guerre mondiale avant d'effectuer une belle carrière militaire sous le patronage du maréchal Pétain. Mais c'est l'invasion allemande de 1940 qui lui permet d'entrer dans l'Histoire : en lançant le 18 juin 1940 son appel au peuple français sur les ondes de la BBC, le général de Gaulle, qui n'est alors qu'un inconnu pour la plupart des Français, devient à jamais « l'homme qui a dit non ». Opiniâtre, il permet à la France libérée de figurer parmi les vainqueurs de l'Allemagne nazie et de participer aux grands sommets internationaux. Après plusieurs années passées en retrait du pouvoir, il revient sur le devant de la scène en 1958 à la faveur des événements d'Algérie, proposant aux Français une nouvelle constitution, celle de la Vᵉ République, taillée à sa mesure. Son volontarisme et son esprit d'indépendance offrent à la nation française la possibilité d'exercer une réelle influence sur les grands bouleversements du monde, mais suscitent également le ressentiment, voire la haine, des ultras de l'Algérie française, de la jeunesse gauchiste ou des lobbys pro-américains. Élu président de la République fin 1958, réélu en 1965, pour la première fois au suffrage universel, il est déstabilisé par les

Rassemblés devant le palais de l'Élysée, à Paris, des Français émus lisent le 10 novembre 1970 la une de *France-Soir*. »

« La messe d'hommage à Charles de Gaulle, au matin du 12 novembre dans la cathédrale Notre-Dame de Paris, est célébrée en présence de quatre-vingts souverains et chefs d'État du monde entier.

événements de Mai 68. Puis, en 1969, il doit prendre acte des résultats du référendum du 27 avril et choisit de quitter ses fonctions présidentielles. Il se retire alors dans la quiétude de son domaine de la Boisserie. Mais le vieil homme n'a jamais renoncé à son indépendance d'esprit : sa dernière action politique est une visite de courtoisie au général Franco, la réconciliation entre la France et l'Espagne étant pour lui nécessaire. Jusqu'à la fin, Charles de Gaulle aura donc su marcher à contre-courant, faisant fi des indignations sélectives exprimées par les coteries partisanes ou médiatiques... Et ce 12 novembre 1970, alors qu'il n'est plus, la phrase prononcée naguère par André Malraux prend une résonance toute particulière : « Tout le monde a été, est ou sera gaulliste. »

« **Des milliers de Français patientent, le 11 novembre 1970, pour pouvoir écrire un mot d'hommage sur des registres disposés devant le siège du secrétariat du général de Gaulle, au 37, avenue de Breteuil, à Paris.**

C'est au soir du lundi 9 novembre que le général s'est éteint. Son ultime journée s'est écoulée de façon paisible, en tous points similaire à celles qu'il passait à la Boisserie depuis son retrait de la vie politique. Il travaille le matin à la rédaction du second tome de ses *Mémoires d'espoir*, déjeune avec son épouse et se promène dans le parc de sa propriété. Puis la nuit tombe sur Colombey-les-Deux-Églises : le général, comme à son habitude, regagne la bibliothèque où l'attend Yvonne de Gaulle. Dans l'attente du journal télévisé de 20 heures, guettant les images muettes de son poste, il s'installe devant sa table de bridge sur le tapis de laquelle il étale ses cartes pour une partie de réussite. Près de lui, son épouse tricote des petits carrés de laine multicolore pour confectionner un dessus-de-lit. Soudain, à 19 h 02, le vieil homme se redresse, pris d'un malaise, puis prononce ces dernières paroles : « J'ai mal dans le dos... j'ai terriblement mal. » Il s'affaisse alors contre son fauteuil, genoux à terre. Alertés par les cris de Madame de Gaulle, le chauffeur du général, Francis Maroux,

Recouvert du drapeau national, le cercueil du général a été déposé sur un engin blindé qui le transporte de la Boisserie, lieu de résidence de la famille de Gaulle, jusqu'à la proche église de Colombey-les-Deux-Églises, au milieu d'une foule venue rendre hommage à l'homme du 18-Juin.

Honorine, la cuisinière de la Boisserie, et Charlotte, la femme de chambre, se précipitent dans le grand salon. Ensemble, ils parviennent à allonger le général sur un tapis, glissant un coussin sous sa tête. Personne n'ose encore se l'avouer, mais il faut bien se rendre à l'évidence : Charles de Gaulle est mort. Lorsqu'ils se présentent à la Boisserie vers 19 h 30, le jeune docteur Lacheny et l'abbé Claude Jaugey, curé de Colombey-les-Deux-Églises, sont bien obligés de constater le décès. Le médecin expliquera plus tard que le général a succombé à une rupture d'anévrisme de l'aorte abdominale. La mort foudroyante, à l'âge de soixante-dix-neuf ans, de l'ancien chef de la France libre est tenue secrète toute la nuit afin que Madame de Gaulle puisse avoir le temps de prévenir Philippe de Gaulle et Élisabeth de Boissieu, les deux enfants du couple.

La nouvelle, au matin du 10 novembre, fait l'effet d'une bombe. Vers 7 h 30, le président de la République Georges Pompidou reçoit un coup de téléphone du gendre du général, Alain de Boissieu, qui lui annonce la terrible nouvelle. Deux heures plus tard, les stations de radio colportent l'information. Abasourdis, les Français balancent entre déni et désarroi. « Jamais on ne retrouvera un président comme lui ! » se lamente une vieille dame face au micro tendu par un journaliste de la deuxième chaîne de l'ORTF. Les quotidiens du soir bouleverseront leur une. Celle du *Parisien* se fera lyrique : « Le général est mort debout ! » Peu avant midi, Georges Pompidou prend la parole à la télévision pour officialiser la nouvelle : « Françaises, Français, le général de Gaulle est mort, la France est veuve... En 1940, de Gaulle a sauvé l'honneur, en 1944, il nous a conduits à la Libération et à la victoire, en 1958, il nous a épargné la guerre civile, il a donné à la France actuelle ses institutions, son indépendance, sa place dans le monde. En cette heure de deuil pour la patrie, inclinons-nous devant la douleur de Madame de Gaulle, de ses enfants, de ses petits-enfants, mesurons les devoirs que nous impose la reconnaissance, promettons à la France de n'être pas indignes des leçons qui nous ont été dispensées et que, dans l'âme nationale, de Gaulle vive éternellement. »

Tandis que la France s'arrête de travailler, prise de stupeur, et que les lignes de téléphone sont saturées, le menuisier Merger de Colombey-les-Deux-Églises se lance dans la confection d'un cercueil de chêne de 2,12 mètres. Tout au long de la journée du 10 novembre, les intimes du général se relaient autour du corps du défunt : le général de Boissieu et Élisabeth, Philippe de Gaulle et son épouse Henriette, ainsi que leurs enfants respectifs. Yvonne de Gaulle, qui a décidé qu'aucun « étranger » ne serait autorisé à voir son époux mort, a poliment demandé au président Pompidou, qui souhaitait se rendre en hélicoptère à la Boisserie, de rester à Paris... Vers 20 h 30, le fils Merger se rend chez la famille de Gaulle, où l'on procède à la mise en bière. La veuve refuse le capitonnage proposé par le fils de l'ébéniste, et l'on se contente de placer un petit oreiller blanc sous la tête du général.

À la demande de Madame de Gaulle, le président Pompidou rend public le testament olographe que le général avait rédigé en trois exemplaires numérotés en 1952. Le document manuscrit insiste sur l'impératif de simplicité devant régir ses

Photographie non datée de Charles de Gaulle, alors capitaine, prise durant la Première Guerre mondiale.

Le petit village de Colombey-les-Deux-Églises a été envahi par une importante foule venue assister, même de loin, aux obsèques du général de Gaulle.

funérailles : « Je ne veux pas d'obsèques nationales. Ni président, ni ministres, ni bureaux d'assemblées, ni corps constitués. Seules, les Armées françaises pourront participer officiellement, en tant que telles ; mais leur participation devra être de dimension très modeste, sans musiques, ni fanfares, ni sonneries. Aucun discours ne devra être prononcé, ni à l'église ni ailleurs. Pas d'oraison funèbre au Parlement. Aucun emplacement réservé pendant la cérémonie, sinon à ma famille, à mes compagnons membres de l'ordre de la Libération, au conseil municipal de Colombey. »

C'est donc dans cet esprit que se déroule la cérémonie funéraire du 12 novembre. Plutôt que de faire appel aux services des pompes funèbres, Madame de Gaulle a proposé au maire de sélectionner douze jeunes hommes du village chargés de porter le cercueil. Recouvert d'un drapeau tricolore, celui-ci est déposé sur un engin blindé qui le transporte dans l'après-midi depuis la Boisserie jusqu'à l'église de Colombey-les-Deux-Églises. À 15 heures, dans un glas unanime, cinquante mille cloches sonnent à travers toute la France au moment exact où le cercueil franchit le porche de l'église pour s'en aller rejoindre le caveau familial où repose déjà le corps d'Anne de Gaulle, la fille benjamine et trisomique du couple, décédée en 1948 à l'âge de vingt ans. La foule qui accompagne le cercueil n'est constituée que par la famille du général, par les habitants du village et des alentours, ainsi que par quelques officiers généraux. Madame de Gaulle est la première à quitter le cimetière après la brève cérémonie qui accompagne l'inhumation, pressée de brûler dans l'incinérateur de la Boisserie l'ensemble des affaires de son défunt mari, notamment ses costumes et son lit. Ses enfants réussiront juste à conserver une tenue d'apparat, des képis, le casque de char du général et sa veste de cuir d'officier de blindé...

L'atmosphère intimiste de la cérémonie de Colombey-les-Deux-Églises tranche avec la messe de requiem organisée le matin même par le gouvernement français dans la cathédrale Notre-Dame de Paris. Six mille personnes, dont quatre-vingts souverains et chefs d'État du monde entier, assistent en effet à l'office religieux célébré par le cardinal Marty. Aux premiers rangs de l'assemblée, on remarque Georges Pompidou, le président américain Richard Nixon, le roi Baudoin de Belgique, le prince Rainier de Monaco, le shah d'Iran, l'empereur d'Éthiopie ainsi que plusieurs autres Africains dont Léopold Sédar Senghor et Félix Houphouët-Boigny. Américains et Soviétiques, dirigeants arabes ou israéliens, tout ce que la planète compte de grands hommes se presse dans la capitale française pour rendre un dernier hommage au chef de la France libre. Cent mille Parisiens sont rassemblés sur le parvis de la cathédrale et sous un

C'est par son fameux appel du 18 juin 1940 sur les ondes de la BBC que le général de Gaulle est entré dans l'Histoire. Cet appel n'a pas été enregistré. De même, aucune photo n'a été prise ce jour-là, celle-ci date de l'année 1941.

Le défilé des généraux français sur la place de l'Étoile lors de la libération de Paris en août 1944. De gauche à droite, on reconnaît les généraux Charles de Gaulle, Philippe Leclerc de Hauteclocque, Marie-Pierre Kœnig et Alphonse Juin.

ciel gris... Dans tout le pays, des cérémonies plus ou moins improvisées ont lieu et des messes sont célébrées. Dans les grandes comme dans les petites villes, les commerces baissent leur rideau, les administrations restent fermées, les salles de spectacle n'ouvrent pas leurs portes.

Après les émouvantes cérémonies de Notre-Dame de Paris et de Colombey-les-Deux-Églises, c'est une foule gigantesque d'un demi-million de personnes qui se réunit en fin d'après-midi autour de la place de la Concorde avant de converger lentement vers l'avenue des Champs-Élysées derrière des rangées de drapeaux tricolores. Près de la flamme du soldat inconnu de l'Arc de triomphe, une énorme croix de Lorraine est dressée, formée de milliers d'œillets, de roses rouges et blanches.

Dès le 13 novembre, Madame de Gaulle se fera inscrire sur la liste d'attente de la maison de retraite des Sœurs missionnaires de l'Immaculée-Conception, près de l'École militaire, à Paris. Refusant la plupart des sollicitations et propositions d'hommages, elle se résoudra à accepter qu'une immense croix de Lorraine haute de 44 mètres soit hissée sur les hauteurs d'une colline voisine de la Boisserie. Pesant plus de 1 500 tonnes, cette œuvre qui sera inaugurée en juin 1972 en présence du président Pompidou et d'Yvonne de Gaulle fera écho à un souhait exprimé naguère par le général qui, évoquant cette colline forestière où il aimait se promener, avait griffonné ces quelques mots : « Si un jour on veut marquer un lieu après moi, c'est ici qu'il faudra le faire, mais très simplement. Pas de statue. Peut-être une croix de Lorraine. » Yvonne de Gaulle rejoindra son époux et sa fille Anne en novembre 1979, prenant place dans le tombeau familial dont la simplicité et la sobriété – une simple pierre tombale blanche sans plaques ni fleurs – tranchent avec l'exceptionnelle envergure de l'ombrageux homme du 18-Juin.

Le 4 juin 1958, depuis le balcon du gouvernement général d'Alger, Charles de Gaulle lance son célèbre « Je vous ai compris ! » face à une foule enthousiaste.

Bâtie sur les hauteurs d'une colline voisine de la Boisserie, la monumentale croix de Lorraine rendant hommage au général de Gaulle sera inaugurée en juin 1972 en présence de son successeur à l'Élysée Georges Pompidou et de sa veuve Yvonne de Gaulle.

Conférence de presse donnée à l'Élysée le 27 novembre 1967 au cours de laquelle le général de Gaulle, président de la République depuis près de neuf ans, condamne l'occupation des territoires palestiniens par l'armée israélienne tout en affirmant la légitimité de l'État hébreux à disposer d'une terre au Proche-Orient.

13
Novembre

LE CYCLONE DE BHOLA

S'ABAT SUR LES CÔTES DU BENGALE

Au Pakistan oriental (actuel Bangladesh), des survivantes de la catastrophe se tiennent sur les ruines de leur foyer.

» Cinq cent mille morts : tel est le terrible bilan humain du cyclone qui s'abat sur le Bangladesh en ce mois de novembre 1970. À ce terrible bilan vont s'ajouter des conséquences économiques des plus dramatiques et, bientôt, une guerre d'indépendance meurtrière.

La catastrophe naturelle qui frappe, ce 13 novembre, les côtes du Pakistan oriental et celles de l'État indien du Bengale-Occidental restera la plus meurtrière jamais enregistrée dans l'histoire de l'humanité. On estime en effet que cinq cent mille personnes ont péri sous le double assaut d'un cyclone tropical et d'un tsunami météorologique d'une violence inédite.

À l'origine de ce drame, une simple tempête, Nora, née début novembre dans le Pacifique. Si l'intensité de Nora s'était progressivement affaiblie, elle s'est ragaillardie en arrivant le 8 novembre dans le golfe du Bengale, au point de se transformer en cyclone tropical trois jours plus tard. Au moment où elle est arrivée sur les côtes du Pakistan oriental, elle atteignait le degré 3 sur l'échelle de Saffir-Simpson, avec des vents soufflant à plus de 200 km/h. Si le vent a fait de nombreux dégâts sur terre et sur mer, la vraie catastrophe a été provoquée par le déferlement, dans les premières heures du 13 novembre, d'une onde de tempête – l'autre nom du tsunami météorologique – haute de 5 à 9 mètres ! Cette barrière d'eau salée, détruisant tout sur son passage et charriant de multiples débris, s'est abattue sur des terres très densément peuplées et situées quasiment au niveau de la mer. Face à cette vague géante qui s'est enfoncée sans rencontrer la moindre résistance, les habitants des côtes n'avaient presque aucune chance. On estime que neuf mille bateaux de haute mer ont disparu avec leurs équipages, soit près de cinquante mille personnes, ainsi que quatre-vingt mille pêcheurs côtiers. La région de Chittagong, qui possède le premier port du Bangladesh, a été particulièrement touchée : ainsi, la moitié des cent soixante-sept mille habitants de la préfecture de Tazumuddin ont péri dans la catastrophe... Si aucun bilan précis ne pourra jamais être établi, il est acquis que plus d'un demi-million de personnes ont perdu la vie, tandis que quatre millions ont été affectées par des blessures, la perte de leur maison, de leur récolte ou de leur bétail. Une

En plus des cinq cent mille morts, environ quatre millions de personnes ont été affectées par les conséquences du cyclone de Bhola.

étude a aussi démontré que seulement 2 % des enfants de moins de deux ans habitant dans les zones touchées ont survécu à la catastrophe...
Ce cyclone – que l'on nommera plus tard le « cyclone de Bhola », du nom de la plus grande île du Bangladesh – aura de multiples conséquences, et en premier lieu une crise humanitaire majeure aggravée par la salinisation trop importante de l'eau courante, la disparition des parcelles agricoles, la mort de centaines de milliers de têtes de bétail ainsi que la destruction de la plus grande partie de la capacité halieutique du pays.
Confronté à une telle catastrophe, le gouvernement central du Pakistan – situé à 1 500 kilomètres à l'ouest – aura le plus grand mal à organiser un plan d'aide en faveur des populations sinistrées du lointain Pakistan oriental. Les Bengalis – l'ethnie majoritaire du pays – se désoleront de voir la république de l'Inde, la France, la Grande-Bretagne et les États-Unis mettre beaucoup plus de moyens pour leur venir en aide et reconstruire les infrastructures que le gouvernement pakistanais d'Agha Mohammad Yahya Khan... Cette très mauvaise gestion de la catastrophe de la part des dirigeants pakistanais aura d'ailleurs de lourdes répercussions sur le plan politique : aux élections législatives du 7 décembre 1970, le parti autonomiste du Pakistan oriental – l'Awami League – obtiendra ainsi un score historique de 75 %, ce qui déclenchera une intervention armée particulièrement brutale de l'armée pakistanaise. Une guerre entre les deux Pakistans, à laquelle va s'associer l'Inde, va ainsi se dérouler en décembre 1971, aboutissant à une défaite du gouvernement central et à la partition du pays. Le Pakistan oriental, accédant à l'indépendance, prendra le nom de Bangladesh – littéralement « le pays du Bengale » – et sera bientôt reconnu par l'ensemble des pays du monde. Au-delà de son terrible bilan humain, le cyclone de Bhola restera le seul à avoir provoqué le déclenchement d'une guerre.

La guerre de 1971 entre les deux Pakistans provoquera la mort de plusieurs millions de personnes et poussera sur les routes de l'exil des foules considérables.

Vue générale de Dakka (aujourd'hui capitale du Bangladesh), en juillet 1970. Le cyclone de Bhola a provoqué une guerre entre les deux Pakistans qui a abouti à la proclamation en 1971 de la République populaire du Bangladesh.

Fort de ses soutiens dans l'armée, Hafez Al-Assad, photographié ici en décembre 1970, réussira à conserver le pouvoir en Syrie.

13 Novembre

HAFEZ AL-ASSAD
PREND LE POUVOIR EN SYRIE

» Dirigée depuis 1963 par le Baas, la Syrie a été ce 13 novembre le théâtre d'un nouveau coup d'État fomenté par l'une des factions de ce parti d'obédience socialiste et panarabe. Alors qu'il venait d'être relevé de ses fonctions de ministre de la Défense, le général Hafez Al-Assad a utilisé les nombreux appuis dont il disposait dans l'armée pour orchestrer un putsch contre les hommes forts du régime, Salah Jedid et Noureddine Al-Atassi. Appartenant à la faction prosoviétique du Baas, tous deux ont immédiatement été jetés en prison. La veille, ils avaient pourtant réussi à mettre Hafez Al-Assad en minorité lors d'un congrès extraordinaire du parti Baas, l'accusant d'avoir échoué à venir en aide aux Palestiniens réprimés par le pouvoir jordanien. Mais c'était sans compter sur la capacité d'Al-Assad à mobiliser les nombreux partisans qu'il avait su placer au sein des institutions militaires. Habile et impitoyable, il deviendra à partir de février 1971 le chef incontesté de l'État syrien, position qu'il occupera jusqu'à sa mort, en 2000. Son fils Bachar Al-Assad lui succédera alors, assurant la continuité du régime « laïc » et nationaliste du Baas.

17 Novembre

LUNA 17 DÉPOSE
UN ASTROMOBILE SUR LA LUNE

» Moins de deux mois après le succès de la mission Luna 16, le programme soviétique d'exploration spatial Luna est entré dans une nouvelle phase, ce 17 novembre, avec l'alunissage réussi de l'astromobile Lunokhod 1 sur la mer des Pluies. C'est la première fois que l'homme réussit à télécommander depuis la terre un véhicule lunaire. Le vaisseau qui le transportait, Luna 17, avait décollé du cosmodrome de Baïkonour, dans la république soviétique du Kazakhstan. Propulsé par huit roues motrices, Lunokhod 1 est un astromobile tubulaire équipé de quatre caméras et de plusieurs appendices articulés lui permettant d'effectuer divers tests scientifiques. Fonctionnant à l'énergie solaire, il voyagera sur plus de 10 kilomètres et sera opérationnel pendant onze jours lunaires, soit l'équivalent de trois cent vingt jours terrestres. Il effectuera plusieurs dizaines de milliers de photos et cinq cents tests.

L'astromobile Lunokhod 1, photographié lors de l'un de ses tests dans un désert d'Asie centrale.

Traces laissées le 17 novembre 1970 par l'astromobile Lunokhod 1 à la surface de la Lune.

25 Novembre — MORT DE **YUKIO MISHIMA** PAR ***SEPPUKU***

» L'écrivain japonais Yukio Mishima a mis fin à ses jours, ce 25 novembre, à Tokyo, de façon spectaculaire : il a eu recours à un *seppuku*. Connu dans le monde entier pour son œuvre romanesque empreinte de tragique et d'héroïsme, fasciné par le passé impérial du Japon et les traditions militaires des samouraïs, il a choisi de mettre en scène son sacrifice ultime, accompagné par quatre jeunes hommes. Après avoir pénétré de force dans le quartier général de la Force d'autodéfense japonaise d'Ichigaya et pris en otage le général Mashita, l'écrivain a tenté d'haranguer depuis un balcon les quelque huit cents élèves-officiers présents dans la cour, les exhortant à la révolte contre l'insignifiance de l'époque et appelant au rétablissement des valeurs sacrées. Confronté à leurs sarcasmes et leur apathie, Mishima a choisi de se trancher lui-même l'abdomen, reproduisant ainsi la forme du suicide rituel des samouraïs. Son amant, Morita, lui a ensuite tranché la tête avant de se livrer à son tour à un *seppuku*. Quelques heures avant d'accomplir cet acte, Yukio Mishima avait posté à son éditeur le dernier roman de sa tétralogie *La Mer de la fertilité*, dont le deuxième tome, *Chevaux échappés*, décrivait justement en détail le rituel de la mort volontaire par éventration.

Yukio Mishima, le crâne enserré dans un *hachimaki*, haranguant les élèves-officiers du quartier général de la Force d'autodéfense japonaise quelques minutes avant de se suicider par *seppuku*.

29 Novembre — **NINA RICCI** NOUS A QUITTÉS

» La couturière et styliste franco-italienne Nina Ricci est décédée ce 29 novembre à Paris, à l'âge de quatre-vingt-sept ans. Le nom de celle que l'on surnommait la « Dame blanche » est indissociable de la maison de mode que son fils unique, le publicitaire avant-gardiste Robert Ricci, avait fondé en 1932. L'atelier, ouvert rue des Capucines avec une quarantaine de coutières, était devenu dès 1946 une marque à la notoriété internationale, cumulant la Haute couture et la parfumerie. La création de *L'Air du temps*, en 1948, installera la maison Nina Ricci au firmament du monde des parfumeurs. Laissant progressivement, à partir des années 1950, la responsabilité des créations au couturier Jules-François Crahay, Nina Ricci avait pris l'habitude de vivre dans la villa Kerjannic, dans le nord du Finistère, loin des quartiers huppés de la capitale et de l'avenue Montaigne, où se trouve le siège de la prestigieuse maison.

Un modèle arbore l'une des créations du couturier de la maison Nina Ricci, Jules-François Crahay, en 1955.

Née à Turin en 1883, Nina Ricci, de son vrai nom Maria Adélaïde Nielli, était arrivée en France encore enfant. Ici, un portrait non daté de la styliste.

Décembre
1970

Manifestation en faveur du divorce sur la place Saint-Pierre de Rome, haut lieu de l'Église catholique, opposée à son instauration en Italie.

« Le divorce tout de suite » clame la pancarte brandie par cette jeune femme lors d'une manifestation organisée en faveur de son instauration, à Rome en 1970.

01 L'ITALIE LÉGALISE LE DIVORCE

Décembre

C'est un bouleversement majeur au sein de l'institution du mariage qui s'est produit ce 1er décembre en Italie avec la promulgation d'une loi introduisant la possibilité du divorce. Cette rupture législative, mais aussi culturelle, est d'autant plus importante qu'elle se déroule dans un pays où le régime matrimonial repose – depuis 1929 – sur une double organisation, à la fois étatique et religieuse. En vertu du Concordat signé entre l'Italie et l'Église catholique, les citoyens ont la possibilité de se marier devant un ministre du culte, et l'union produit alors les mêmes effets civils que si le mariage était contracté par voie étatique. Dans les faits, l'extrême majorité des mariages sont d'ailleurs célébrés dans cette forme concordataire sacrée – entre 98 et 99 % en 1970 ! On comprend ainsi que l'Église catholique veille avec beaucoup d'attention à toute modification du régime matrimonial... Les Italiens y sont d'autant plus sensibles que la seule époque où le mariage étatique s'est substitué au mariage catholique remonte à l'occupation napoléonienne... Soucieux de défendre la perpétuité du lien conjugal et son caractère sacramentel, le Vatican et l'Église catholique italienne se sont donc vivement opposés aux arguments du lobby « divorciste ». Portée par un député socialiste nommé Loris Fortuna, la loi a finalement été adoptée, malgré l'activisme de personnalités du parti chrétien-démocrate et de théologiens. Les Italiens, qui devront en 1974 confirmer cette modification du régime matrimonial par référendum, se prononceront alors à 60 % en sa faveur. Le divorce restera cependant encore longtemps une procédure complexe, très encadrée, voire dissuasive.

07 Décembre
WILLY BRANDT AU GHETTO DE VARSOVIE

Présent pour signer un traité frontalier avec les autorités polonaises, le chancelier allemand Willy Brandt a surpris le monde en s'agenouillant devant le Mémorial du ghetto juif de Varsovie.

Le processus de détente entre la République fédérale d'Allemagne et le « bloc de l'Est » entre ce 7 décembre dans une nouvelle phase. Premier chancelier allemand à faire un voyage officiel en Pologne depuis la Seconde Guerre mondiale, Willy Brandt a signé avec le Premier ministre polonais Józef Cyrankiewicz un accord historique qui acte la reconnaissance pleine et entière par l'Allemagne de la frontière Oder-Neisse, un tracé qui avait été défini en 1945 lors de la conférence de Potsdam. Le chancelier social-démocrate, ardent partisan de la *Neue Ostpolitik* qui vise à normaliser les relations avec la dictature soviétique et ses obligés, entérine donc un bornage frontalier germano-polonais qu'une partie des Allemands de l'Ouest continue de considérer comme illégitime et humiliant.

Mais Willy Brandt est allé encore plus loin : lors de sa visite au Mémorial du ghetto juif de Varsovie et quelques secondes après avoir déposé une gerbe de fleurs face au monument des héros, il s'est agenouillé, les yeux clos et les mains jointes, s'immobilisant pendant près d'une demi-minute. Ce geste improvisé, qui tranche avec les usages protocolaires habituels, a profondément marqué les esprits et suscité des commentaires fort divers.

Les autorités et la presse polonaises, prises de court, resteront de marbre face à cette génuflexion qui met à mal l'image longtemps colportée de l'Allemand de l'Ouest « impérialiste ». En Allemagne fédérale, si certains ont salué le symbole ostentatoire de la pleine reconnaissance par un dirigeant de l'ampleur des souffrances endurées par les populations juives de Pologne sous la dictature hitlérienne, d'autres ont estimé que l'agenouillement silencieux de Willy Brandt était par trop théâtral. Près de la moitié des Allemands, selon un sondage qui sera publié par le magazine *Der Spiegel*, trouveront ainsi que cette génuflexion était « exagérée ».

L'image de ce chef de gouvernement, figé dans une posture repentante fera évidemment le tour du monde et la une des magazines européens et américains. L'hebdomadaire *Time* ira jusqu'à faire de Willy Brandt son « homme de l'année » 1970.

Les photographies de Willy Brandt agenouillé face au monument des héros de Varsovie ont fait le tour du monde, provoquant des réactions contrastées.

Willy Brandt (2e à partir de la gauche) et le président du Conseil des ministres de Pologne Józef Cyrankiewicz (2e à partir de la droite) signant le traité frontalier germano-polonais du 7 décembre 1970.

08 Décembre — UNE FEMME À L'ACADÉMIE GONCOURT

» La romancière belgo-française Françoise Mallet-Joris est élue membre de l'Académie Goncourt au « 10e couvert », occupé précédemment par Pierre Mac Orlan, décédé en juin. Depuis sa création en 1900 grâce à un legs des écrivains Jules et Edmond de Goncourt, l'Académie a accueilli peu de femmes à la table autour de laquelle elle décerne son prestigieux prix. Avant Françoise Mallet-Joris, seules Judith Gautier, bien oubliée aujourd'hui, et Colette y ont été admises. Née en 1930 à Anvers, Françoise Mallet-Joris s'est fait connaître très jeune, en 1951, en publiant *Le Rempart des béguines*, un roman mettant en scène une relation amoureuse entre deux femmes. Elle a depuis signé une dizaine d'ouvrages parmi lesquels *La Maison de papier*, paru cette année et rencontrant un succès considérable. La romancière, dont les convictions féministes sont bien connues, y met en scène avec brio sa vie quotidienne de femme, de mère et d'écrivain.

« Françoise Mallet-Joris chez Drouant, alors qu'elle vient tout juste d'être élue membre de l'Académie Goncourt. Les « Dix » se réunissent chaque premier mardi du mois dans un salon particulier, dit salon Goncourt, de ce célèbre restaurant du IIe arrondissement de Paris depuis le 31 octobre 1914.

12 Décembre — PEOLE, UN SATELLITE EXPÉRIMENTAL DANS L'ESPACE

» Le Centre national d'études spatiales (CNES) a lancé aujourd'hui depuis la base guyanaise de Kourou le satellite Peole, à l'aide de la toute nouvelle version de la fusée Diamant, baptisée Diamant B, dont la première utilisation opérationnelle remonte à mars dernier. Peole est un prototype qui doit permettre de valider le programme Eole, développé par le CNES et la NASA dans le but d'améliorer le recueil des données météorologiques. Il est doté de près de six mille cellules photovoltaïques à la technologie innovante associant tellurure et sulfure de cadmium, qu'il a mission de tester avant le lancement du premier satellite Eole, prévu l'an prochain. Peole a été placé sur orbite basse et commencera en janvier à tester la collecte, auprès d'un ensemble de ballons-sondes – le programme Eole prévoit d'en déployer cinq cents au total –, d'informations qu'il relaiera ensuite vers la Terre. Le satellite réalisera également des mesures géodésiques grâce à un miroir réflecteur de faisceau laser. Malgré quelques petits problèmes techniques, la mission de Peole sera couronnée de succès, ouvrant ainsi la voie au déploiement de son grand frère Eole.

Vue d'artiste représentant le satellite Peole en orbite autour de la Terre. » Prototype mesurant 66 centimètres de haut pour 70 centimètres de diamètre, Peole va permettre la mise au point du système de stabilisation par gradient de gravité que doit utiliser le programme Eole.

14 Décembre — LE SÉNAT S'EMPARE DE L'AFFAIRE DES ABATTOIRS DE LA VILLETTE

» À la suite d'une demande du groupe socialiste formulée le 8 octobre dernier, le Sénat a décidé de créer une commission d'enquête « relative à l'aménagement et à la gestion des abattoirs et du marché d'intérêt national de La Villette ». L'opération en cause est en effet dénoncée comme un véritable scandale par l'opposition et la presse du fait de ses coûts incontrôlables. Décidés en décembre 1958 et évalués alors à 174 millions de (nouveaux) francs, les travaux de modernisation et d'extension des abattoirs ont débuté en 1961. Depuis, la facture n'a cessé de s'envoler pour s'établir en 1970 à 1,25 milliard de francs. Surdimensionnée, entachée d'erreurs techniques et de mauvaises décisions administratives, l'opération apparaît comme un fiasco particulièrement onéreux pour le contribuable. La Ville de Paris s'en est d'ailleurs désengagée en août dernier. De surcroît, l'exploitation des nouveaux équipements est déficitaire. Et il est désormais question de transférer à Rungis, en totalité ou en partie, le marché de la viande qui les complète. La commission sénatoriale instituée ce jour remettra ses conclusions en avril 1971, établissant la responsabilité pleine et entière de l'État. Les travaux d'achèvement, interrompus en mai 1970, ne reprendront pas, et le dernier bœuf sera tué à La Villette le 14 mars 1974.

Une vue d'ensemble des abattoirs ultramodernes de La Villette avant leur démolition en mars 1974. Une partie de la structure en béton armé de la salle des ventes sera conservée et deviendra dans les années 1980 la Cité des sciences et de l'industrie.

15 Décembre — LA PLACE DE L'ÉTOILE DEVIENT LA PLACE CHARLES-DE-GAULLE

» Dès le lendemain des obsèques du général de Gaulle, le Conseil de Paris avait fait connaître son souhait de rebaptiser la place de l'Étoile en son hommage. Cette décision a suscité quelques remous, dont l'écho s'est fait entendre ce matin. À midi, le Premier ministre Jacques Chaban-Delmas et le président du Conseil de Paris Didier Delfour ont en effet dévoilé, à l'angle des Champs-Élysées et de l'avenue de Friedland, la première des nouvelles plaques qui concrétisent ce changement d'appellation. Ils étaient accompagnés de personnalités et d'anciens résistants, parmi lesquels André Malraux, la maréchale Leclerc ou encore Alain de Boissieu, gendre du général de Gaulle, qui représentait sa famille. Quelques contestataires obstinés ont crié « Vive l'Étoile ! ». Mais des « De Gaulle ! De Gaulle ! » partis de la foule, venue nombreuse pour assister à la cérémonie, les ont rapidement fait taire.

Une admiratrice du Général accroche, le 13 novembre 1970, une rose à l'une des plaques qui indiquent désormais le nouveau nom de la plus célèbre des places de la capitale. Le Comité national de défense de la place de l'Étoile n'a pu empêcher ce changement. Il était présidé par l'ancien ministre Paul Antier, qui avait essayé de se porter candidat contre de Gaulle à l'élection présidentielle de 1965, sans plus de succès.

« Le ministre ouest-allemand de l'Économie Karl Schiller et le ministre français des Transports Jean Chamant (de gauche à droite) se serrent chaleureusement la main après la signature en mai 1969 d'un accord sur le futur Airbus 300.

Henri Ziegler, ici photographié à Paris en mars 1970, a été responsable du programme Concorde avant de devenir le premier administrateur d'Airbus Industrie.

18 Décembre

NAISSANCE D'AIRBUS

» Face au géant américain Boeing, les constructeurs aéronautiques européens ne faisaient pas le poids. Le programme Airbus, dont les ateliers sont basés à Toulouse, affirme en ce mois de décembre 1970 sa volonté de rebattre les cartes de l'aviation commerciale mondiale.

Le géant aéronautique français Aérospatiale et le groupe allemand Messerschmitt-Bölkow-Blohm s'allient officiellement au sein du programme Airbus, dont l'objectif est aussi ambitieux que salutaire : concurrencer The Boeing Company et démontrer que la « vieille Europe », si elle mutualise ses forces, est encore capable d'assurer un leadership à l'échelle mondiale. Pour comprendre les raisons qui ont présidé à la création de ce consortium européen, il faut remonter au début des années 1960. L'industrie européenne de l'aéronautique commerciale est alors constituée d'une vingtaine de constructeurs – dont les principaux sont britanniques, français et allemands – qui ne peuvent pas rivaliser avec les géants américains, et en particulier avec Boeing dont l'avion phare, le 707, exerce une domination incontestée à travers le monde. L'évolution du marché aéronautique dans les années 1960, caractérisée par le développement du tourisme intra-européen et de ses lignes courtes ou moyennes, rend nécessaire et urgent un réel projet collaboratif des constructeurs et motoristes aéronautiques d'Europe. Si le principe d'une collaboration est alors acquis, la concrétisation d'une telle entreprise synergique reste un gigantesque chantier tant les enjeux financiers et techniques sont complexes.
En septembre 1967, les ministres des Transports allemand, français et britannique signent à Londres un protocole d'accord, mais les Britanniques décident bientôt de quitter le projet, furieux que les produits du motoriste Rolls-Royce n'aient pas été retenus. Cette défection profite à l'Allemagne de l'Ouest, qui choisit de s'engager de façon plus consistante dans l'alliance. Au printemps 1969, le projet devient plus précis : le programme – qui sera baptisé Airbus – va s'axer sur la création d'un bimoteur, moins gourmand en carburant qu'un trimoteur. Les concepteurs du projet s'entendent pour créer un gros-porteur « simple », en tous cas moins sophistiqué que le majestueux mais coûteux Concorde. Les Allemands s'occuperont ainsi du fuselage et des gouvernes ; les Français se concentreront sur le caisson, le cockpit et l'assemblage final ; les Britanniques ne sont pas totalement absents puisque le groupe Hawker Siddeley est chargé de réaliser la voilure. Le groupe néerlandais Fokker participe également à cette alliance symbiotique.

Quant au chef d'orchestre de ce gigantesque programme, il est français et s'appelle Roger Béteille. Polytechnicien de grande envergure, il héritera bientôt du surnom de « Monsieur Airbus »... C'est lui qui décide, à la tête d'une équipe restreinte, de ne privilégier qu'une seule chaîne de montage vers laquelle convergeront des sous-ensembles complets. Choisi pour son climat ensoleillé qui convient mieux que les ciels allemands pour les essais en vol, le site de Toulouse va ainsi devenir l'épicentre industriel d'Airbus.
Le premier avion qui sortira des ateliers de Toulouse sera l'Airbus A300. La première commande, passée par Air France en septembre 1970, concerne six exemplaires. Capable de transporter deux cent soixante-dix passagers et équipé de moteurs conçus par les Américains de General Electric, ce moyen-courrier sera officiellement présenté au public à Toulouse en septembre 1972. Son vol d'essai, qui se déroulera dans des conditions météorologiques exécrables, aura lieu le 28 octobre de la même année. Fils d'Henri Ziegler, premier administrateur gérant d'Airbus Industrie, le pilote d'essai Bernard Ziegler, qui deviendra l'une des personnalités les plus populaires d'Airbus, dira que c'était « un vol de routine en même temps qu'un vol historique ». L'Airbus A300, qui sera mis en service en 1974 et produit à cinq cent soixante et un exemplaires, sera suivi par plusieurs « familles », dont l'A320 (le deuxième gros-porteur le plus vendu au monde, après le Boeing 737), l'A340 (premier quadriréacteur du groupe) et l'imposant A380, à la fois gros-porteur – jusqu'à huit cent cinquante-trois passagers – et long-courrier puisque capable de relier New York et Hong-Kong sans escale.

Des militaires visitent le cockpit de l'Airbus A300 à l'occasion du Salon aéronautique du Bourget, près de Paris, en mai 1969.

L'Airbus A300 sur une piste d'essai à Toulouse en août 1972, quelques jours avant d'être présenté au public.

Photographie prise le 12 décembre 1970 lors des « émeutes de la Baltique », cinq jours avant que le pouvoir communiste de Władysław Gomułka ne décide de réprimer violemment les manifestants.

20 Décembre – ÉTAT D'URGENCE EN POLOGNE

» Les « émeutes de la Baltique » qui secouent la dictature communiste polonaise depuis le milieu du mois de décembre ont eu raison de Władysław Gomułka : le Premier secrétaire du Parti ouvrier unifié polonais est en effet contraint, ce 20 décembre, de quitter ses fonctions après quatorze ans de pouvoir. Confronté à un large mouvement de contestation populaire provoqué par l'augmentation du prix des denrées alimentaires, le pouvoir communiste de Gomułka avait choisi la violence la plus extrême comme réponse, mobilisant des dizaines de milliers de policiers et de soldats armés. Le 17 décembre, plus de quarante manifestants ont été tués, mille ont été blessés et trois mille arrêtés... Conscients que la répression n'allait pas réussir à venir à bout d'une telle révolte, les cadres communistes polonais, en accord avec Moscou, ont donc choisi de remplacer Gomułka par Edward Gierek. Celui-ci, d'origine ouvrière, présentera ses excuses au nom du Parti et annoncera la suppression des augmentations du prix des produits alimentaires.

Confronté à l'impopularité et la brutalité de Władysław Gomułka, le Parti communiste polonais a favorisé l'accession au pouvoir d'Edward Gierek. Photographié ici durant les années 1970, ce dernier restera Premier secrétaire du Parti ouvrier jusqu'en 1980.

23 Décembre – RÉGIS DEBRAY LIBÉRÉ

» Il purgeait une peine de prison depuis trois ans et huit mois en Bolivie. L'écrivain et philosophe Régis Debray est libéré ce 23 décembre suite à une campagne internationale menée par les milieux de la gauche révolutionnaire française. Brillant élève de l'École normale supérieure, Régis Debray s'est engagé en 1965 au sein de la révolution cubaine castriste puis a suivi Che Guevara dans les maquis communistes boliviens. Arrêté en avril 1967 dans la région de Mayupampa par les autorités boliviennes, il est brutalement interrogé, confirmant la présence de Che Guevara au sein de la guérilla. Accusé d'être entré clandestinement en Bolivie et d'avoir « pris les armes contre le gouvernement constitué », Régis Debray est condamné à une peine d'emprisonnement militaire de trente ans par le tribunal militaire de Camiri. Son camarade Che Guevara, arrêté en octobre 1967, a quant à lui été exécuté sans ménagement peu après sa capture... Grâce à des négociations secrètes entre le gouvernement français et le pouvoir bolivien, le jeune révolutionnaire français a donc pu quitter sa geôle et s'envoler vers le Chili où il est attendu par le président Salvador Allende. Il passera Noël et le jour de l'An chez le poète Pablo Neruda, à Santiago, avant de repartir pour Cuba et retrouver son ami Fidel Castro.

Photographie de Régis Debray, prise au Chili quelques jours après sa libération.

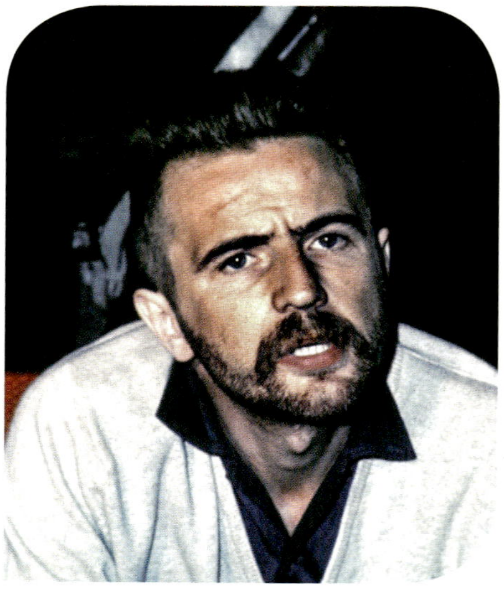

23
Décembre

LA TOUR NORD DU **WORLD TRADE CENTER** EST INAUGURÉE

» La construction des tours jumelles du World Trade Center de New York a été lancée à l'initiative du milliardaire David Rockefeller. La tour nord est officiellement inaugurée une semaine après l'installation de ses tout premiers locataires. Ce projet d'un « centre international du commerce » situé à proximité du port de New York a été au centre de nombreux débats dès la fin de la Seconde Guerre mondiale. Confiés par Rockefeller à l'autorité portuaire et à l'architecte Minoru Yamasaki, les travaux ont été présentés au public en 1964 et la construction a débuté deux ans plus tard. Haute de plus de 400 mètres, la tour nord – aussi appelé One World Trade Center – possède 110 étages, ce qui a nécessité la conception d'un efficace système d'ascenseurs combinant des ascenseurs à grande vitesse qui desservent de vastes *Sky lobbies* situés au 44e et 78e étages, et des ascenseurs secondaires qui rendent accessibles les autres étages. La tour nord, tout comme sa jumelle qui sera achevée en 1972, disparaîtra dans le fracas des attentats islamistes du 11 septembre 2001. Elle sera remplacée en 2014 par un nouveau gratte-ciel de 540 mètres, également baptisé One World Trade Center.

« **Photographie des deux tours du World Trade Center, prise en octobre 1970. La tour nord (à gauche) est alors sur le point d'être achevée.**

29
Décembre

DES MILLIERS D'AUTOMOBILISTES **BLOQUÉS PAR LA NEIGE**

Un routier bloqué près de Montélimar prend son mal en patience après les terribles intempéries de ce mois de décembre 1970.

» Venue d'Europe septentrionale, une vague d'air froid a causé une indescriptible confusion sur la Vallée du Rhône et en particulier sur l'autoroute A7, où des milliers de véhicules restent prisonniers ce 29 décembre. D'exceptionnelles chutes de neige se succèdent en effet dans la région depuis le 26 décembre, aussi bien dans les hauteurs qu'en plaine. À cause d'un mistral particulièrement violent qui accompagne ces précipitations neigeuses, des congères se sont formées, provoquant ici et là quelques scènes d'autant plus chaotiques que les températures ont littéralement plongé. La conséquence la plus spectaculaire de ces aléas climatiques a été l'arrêt complet du trafic routier sur l'autoroute A7 entre Montélimar et Valence, mais aussi sur la plupart des routes de l'Ardèche et de la Drôme. Des milliers d'automobilistes se sont ainsi retrouvés piégés, incapables de conserver le contrôle de leur véhicule. Totalement débordées, les autorités ont dû mobiliser des engins lourds de l'armée qui, tentant de se frayer un chemin entre les véhicules abandonnés, ont apporté secours, vivres et couvertures aux « naufragés de la neige », dont beaucoup n'ont eu d'autres choix que de braver le froid pour trouver refuge chez des particuliers ou dans des salles publiques.

À l'annonce du verdict du procès des militants basques d'extrême gauche, de nombreuses manifestations ont lieu en Europe, et notamment à Paris, sur la place de la République.

30 Décembre

PROCÈS DE BURGOS :
FRANCO GRACIE LES CONDAMNÉS À MORT

» Changement d'ambiance en Espagne : accusés d'assassinat, des militants de l'organisation basque ETA qui avaient été condamnés à mort ont été graciés par le général Franco suite à une campagne internationale.

Ouvert le 3 décembre, le procès de seize individus appartenant à la mouvance indépendantiste basque d'extrême gauche (ETA) s'achève ce 30 décembre par un geste fort du général Franco : le Caudillo, âgé de soixante-dix-huit ans, a accordé sa grâce à six accusés contre lesquels avaient été prononcées des peines capitales. Au-delà de ce geste inattendu, le procès de Burgos restera historique à plus d'un titre. Solidairement poursuivis pour le meurtre en 1968 du chef de la police politique de la province basque de Guipúzcoa, les seize accusés – parmi lesquels deux prêtres – étaient soutenus par de nombreux Basques qui, à l'instar des Espagnols dans leur ensemble, n'hésitent plus à défier et contester le pouvoir franquiste. Les partisans du général Franco, de leur côté, ont mis en garde la population espagnole contre ce qu'ils appellent « les démons de l'anarchie, de l'extrémisme, de la discorde et de la critique négative ». Pour la première fois, ce procès s'est tenu en public et devant des journalistes venus des quatre coins du monde, ce qui a permis de mettre au grand jour les méthodes brutales, voire sadiques, de la police d'investigation de l'État espagnol. Le verdict, prononcé le 28 décembre, était lourd : six condamnations à mort prononcées par les juges, de lourdes peines de prison pour neuf autres accusés (sept cent vingt-quatre ans au total !) et un seul acquittement. En apprenant la nouvelle de ces six peines capitales, de nombreux militants et sympathisants de la mouvance indépendantiste basque ont organisé des manifestations, des marches et des occupations qui ont, en retour, incité les soutiens du régime de Franco à investir eux aussi les rues espagnoles. Plus largement, de nombreuses voix se sont fait entendre dans le monde, enjoignant le général à suspendre les condamnations à mort. Le pape Paul VI lui-même a écrit le 29 décembre au Caudillo, lui demandant de faire usage de son droit de grâce. Conscients qu'il aurait été contre-productif pour le pouvoir de faire des membres de l'ETA des martyrs, des ministres espagnols ont aussi joué de leur influence auprès de Franco, qui a donc finalement choisi de commuer, ce 30 décembre, en peines d'emprisonnement les condamnations à mort.

Le 17 décembre 1970, le général Franco (les bras levés), accompagné du prince Juan Carlos Ier (derrière lui), salue depuis la place de l'Orient, à Madrid, les dizaines de milliers de personnes venues lui apporter leur soutien et exprimer leur colère suite à l'assassinat d'un officier de police abattu à son domicile par des activistes de l'organisation basque d'extrême gauche ETA.

31 Décembre — VOTE D'UNE LOI SUR LES SUBSTANCES STUPÉFIANTES

» La loi N° 70-1320, « relative aux mesures sanitaires de lutte contre la toxicomanie et à la répression du trafic et de l'usage illicite de substances vénéneuses », a été adoptée à l'unanimité ce 31 décembre par l'Assemblée nationale. Cette loi, qui conjugue un volet répressif – l'usage privé et récréatif des drogues est désormais prohibé – et un volet médical, intervient dans un contexte de défiance grandissante du pouvoir vis-à-vis des tendances subversives d'une certaine jeunesse encline à la contre-culture et à l'aventurisme militant. L'irruption en France des mouvements de mode *beatnik*, hippie et « psychédélique », mais aussi la radicalité violente des groupes anarchistes et maoïstes, ont encouragé les gouvernants à faire voter ce texte qui intègre également un article visant à punir « la présentation sous un jour favorable de l'usage des stupéfiants ».

Confronté à la recrudescence de la consommation de produits stupéfiants depuis les années 1960 – y compris les « joints » –, l'État a choisi de recourir à un arsenal législatif particulièrement restrictif.

31 Décembre — PROCÈS DE LENINGRAD : QUINZE ANS DE TRAVAUX FORCÉS

» La question de la condition des juifs d'URSS a pris une ampleur inattendue ces derniers jours à l'occasion de ce que l'on appelle désormais le procès de Leningrad. Alors que douze citoyens soviétiques dont neuf juifs – poursuivis pour « trahison, passage à l'ennemi et fuite à l'étranger » – comparaissent depuis le 25 décembre devant un tribunal spécial à Leningrad, diverses voix se font entendre dans le monde afin d'alerter l'opinion internationale sur le sort des accusés. Cette mobilisation a porté ses fruits puisque ce 31 décembre la Cour suprême commue les condamnations à mort prononcées contre deux d'entre eux en une « simple » peine de quinze ans de travaux forcés. Les douze mis en cause ont été arrêtés en juin 1970 à Leningrad alors qu'ils s'apprêtaient à monter dans un petit avion à destination de Tallinn, la capitale estonienne. Ils ont aussitôt été accusés d'avoir planifié le détournement de l'appareil vers la Suède. Leur procès, qui s'est déroulé à huis-clos et en l'absence de journalistes non soviétiques, restera un modèle de justice inique mais permettra aux juifs d'URSS de mieux faire entendre leur droit à l'émigration vers Israël. Les dirigeants soviétiques, soucieux de poursuivre le processus de détente, autoriseront peu à peu leurs citoyens d'origine juive à quitter l'URSS pour l'Europe de l'Ouest, les États-Unis ou l'État hébreux.

Une vue des berges de la Moïka, à Leningrad, à la fin des années 1960.

CHRONOLOGIE INTERNATIONALE ANNÉE 1970

Janvier

1er. L'âge de la majorité civile et politique est abaissé au Royaume-Uni de vingt et un à dix-huit ans. Il ne le sera en France que quatre ans et demi plus tard, le 5 juillet 1974.
2. La Bourse de Londres adopte officiellement le système métrique.
3. Après quelques jours de trêve, les combats reprennent dans la zone démilitarisée du Viêt Nam entre le Front national de libération du Sud-Viêt Nam et les Américains.
5. Quelque trente-cinq mille mineurs des Asturies, en Espagne, entament une grève de quatre semaines.
5. La rupture d'un barrage près de Mendoza, en Argentine, fait plus de cent morts et des centaines de sans-abri.
5. Un très violent séisme provoque la mort de plusieurs milliers de personnes dans le Yunnan, dans le sud-ouest de la Chine. Le monde extérieur n'en sait alors quasiment rien, les autorités chinoises restant pratiquement silencieuses à ce sujet.
21. À Milan, en Italie, étudiants et syndicalistes d'une part, et policiers d'autre part s'affrontent violemment. Une quarantaine de personnes sont blessées.
22. L'Irak rompt ses relations avec l'Iran, dont l'ambassadeur est expulsé.
27. Le rouble devient la monnaie officielle du CAEM (Conseil d'assistance économique mutuelle, aussi appelé Comecon), organisation d'entraide économique entre pays communistes créée par l'URSS de Staline en 1949 et en réponse au plan Marshall.
27. Renforçant la coopération monétaire au sein de l'Europe des Six, le plan Barre est adopté à Bruxelles.

Février

1er. José Figueres Ferrer est élu président de la République du Costa Rica, pays qu'il a déjà présidé entre 1948 et 1949, et de 1953 à 1958.
2. À Munich (RFA), pour la première fois dans l'histoire de la médecine, une transplantation de nerfs est réalisée.
2. Le philosophe et mathématicien britannique Bertrand Russell s'éteint au pays de Galles, à l'âge de quatre-vingt-dix-sept ans.
4. Un coup de grisou à Fouquières-lès-Lens, dans le Pas-de-Calais, cause la mort de seize mineurs. Onze autres sont blessés.
7. Une cinquantaine de maisons s'effondrent dans le Borinage, en Belgique, à la suite d'importants affaissements de terrain.
9. Le leader palestinien Yasser Arafat est reçu à Moscou, une première.
10. Un avion américain sans pilote est abattu au-dessus de l'île de Hainan, en Chine.
13. L'incendie criminel du foyer israélite de Munich, en Allemagne fédérale, fait sept morts.
22. 99,97 % des électeurs sénégalais approuvent la réforme constitutionnelle instaurant la fonction de Premier ministre au Sénégal.
24. Les cours reprennent à l'université Paris-Dauphine, après une grève de six semaines.
25. Vente aux enchères record à New York : *Le Cyprès et l'Arbre en fleur* de Vincent Van Gogh est adjugé pour l'équivalent de 7,15 millions de francs.
27. Dans le midi de la France, quelque trente mille viticulteurs manifestent contre les importations de vin algérien.
27. Alberto Fuentes Mohr, ministre des Affaires étrangères du Guatemala, est enlevé. Il est échangé un jour plus tard contre un guérillero des Forces armées rebelles (FAR).

Mars

1er. En Autriche, pour la première fois, les socialistes remportent les élections législatives.
2. Ancienne colonie britannique, la Rodhésie se proclame république indépendante, et le Parlement est dissout. Cette république perdurera jusqu'en 1979.
8. Disputé en France, le septième championnat du monde de handball est remporté par la Roumanie, victorieuse en finale de l'Allemagne de l'Est. C'est le troisième titre mondial pour les Roumains, après ceux de 1961 et 1964.
15. Impliqué dans un attentat manqué perpétré le 8 mars contre le président de la République de Chypre, l'archevêque Makarios III, Polycarpos Georgadgis, ancien ministre de l'Intérieur et de la Défense du pays, est assassiné.
20. Vingt et un États et gouvernements signent à Niamey, au Niger, l'acte de naissance de l'Agence de coopération culturelle et technique (ACCT). Cette nouvelle organisation intergouvernementale fondée autour du partage d'une langue commune, le français, est l'ancêtre de l'Organisation internationale de la Francophonie.
21. Le général Carlos Arana Osorio est élu président de la République du Guatemala au terme d'une élection marquée par la fraude et les pressions exercées sur les électeurs par l'armée et la police.
24. La Fédération internationale de tennis exclut l'Afrique du Sud de la Coupe Davis, pour cause d'apartheid.
29. La Fédération française de football reconnaît l'existence dans le pays du football féminin.
31. Reliant Tokyo à Fukuoka, le vol Japan Airlines 351, effectué sur un Boeing 727 avec cent quinze personnes à son bord, est détourné par neuf étudiants membres de l'armée rouge japonaise. Leur objectif est de se rendre à Cuba, mais faute de carburant, l'appareil se pose à Pyongyang, en Corée du Nord. Tous les otages seront libérés, les autorités nord-coréennes offrant l'asile politique aux pirates.

Avril

2. Ancien protectorat britannique, le Qatar se dote de sa première constitution. Le pays obtiendra sa pleine indépendance en septembre 1971.
5. Enlevé le 31 mars par des guérilleros, Karl von Spreti, ambassadeur d'Allemagne au Guatemala, est retrouvé mort.
10. En France, l'Assemblée nationale met en pratique pour la première fois la procédure des questions d'actualité.

13. Libéré grâce à l'intervention du journaliste Jean-Jacques Servan-Schreiber du régime des colonels, qui l'avait assigné à résidence en 1967 puis transféré dans un camp et hospitalisé, le compositeur grec Mikis Theodorakis est accueilli par trois cents personnes en liesse à l'aéroport du Bourget, près de Paris.
14. Clifford Dupont est nommé président de la toute jeune République de Rhodésie.
15. Le Conseil de l'Europe condamne le gouvernement grec pour violation de la Convention européenne des droits de l'Homme.
19. Le conservateur Misael Pastrana est élu président de la République de Colombie. Il entrera en fonction le 7 août.
20. À Vienne, en Autriche, les Américains et les Soviétiques entament des négociations sur les accords SALT I de non-prolifération des armes atomiques. Les traités qui en découleront seront signés en mai 1972.
24. La république est proclamée en Gambie, ancienne colonie britannique devenue indépendante. Son premier président est Dawda Jawara, élu par l'Assemblée nationale. Il le restera jusqu'en 1994.
25. La Bourse de Wall Street, à New York, atteint son plus bas niveau depuis sept ans.

Mai

4. Dans la ville de Kent (Ohio, États-Unis), la garde nationale tire sur des étudiants lors d'une manifestation contre la guerre du Viêt Nam et l'intervention américaine au Cambodge. On déplore quatre morts et une dizaine de blessés.
6. À Milan, en Italie, le club néerlandais Feyenoord Rotterdam remporte la Coupe des clubs champions européens de football en battant en finale les Écossais du Celtic Glasgow (2-1).
11. À New York, le Conseil de sécurité de l'ONU vote à l'unanimité en faveur de l'indépendance du Bahreïn, protectorat britannique depuis le XIXe siècle. Cette indépendance sera effective en septembre 1971.
13. L'Espagnol Luis Ocaña remporte le Tour d'Espagne cycliste.
15. Le Comité international olympique exclut l'Afrique du Sud, en raison de sa politique d'apartheid.
16. Joaquín Balaguer est réélu président de la République dominicaine à l'issue d'une campagne extrêmement violente qui a vu une centaine de personnes appartenant à la gauche et à l'extrême gauche assassinées par des commandos paramilitaires proches de la police et de l'armée.
17. Le club de La Voulte sportif est sacré champion de France de rugby. Les Ardéchois ont battu en finale l'AS Montferrand (3-0).
19. L'Algérie reconnaît officiellement le régime est-allemand.
20. Roger Garaudy, qui fut le chef de file des intellectuels du Parti communiste, est exclu du parti en raison de ses prises de position contestataires. Il se rapprochera au fil des ans des milieux écologistes puis de l'extrême droite, avant d'être condamné en 1998 pour négationnisme.
20. Silencieux depuis 1968, le leader chinois Mao Zedong appelle tous les peuples de la planète à s'unir contre l'impérialisme des États-Unis.
25. L'ancien ministre tunisien de l'Économie Ahmed Ben Salah est condamné dans son pays à dix ans de travaux forcés pour avoir abusé de la confiance du président Habib Bourguiba. Il parviendra en 1973 à s'évader et à gagner l'Algérie.

Juin

1er. Enlevé le 29 mai par des guérilleros de l'organisation politico-militaire des Montoneros, Pedro Eugenio Aramburu est exécuté. À la faveur d'un coup d'État, il avait dirigé l'Argentine entre 1955 et 1958. Son cadavre sera retrouvé le 16 juillet.
7. En Suisse, un projet visant à réduire le nombre d'immigrés à 10 % de la population est rejeté par référendum, avec 54 % de « non », contre 46 % de « oui ».
7. Les Internationaux de France de tennis, disputés au stade Roland-Garros à Paris, ont vu la victoire, chez les dames, de l'Allemande de l'Ouest Helga Masthoff, victorieuse en finale de l'Australienne Karen Krantzcke. Chez les hommes, c'est le Tchécoslovaque Jan Kodeš qui l'a emporté. Il s'est imposé en finale face au Yougoslave Željko Franulović.
10. Alors que les combats font rage au Cambodge, les Vietcongs s'emparent des temples d'Angkor. U Thant, le secrétaire général de l'ONU, lance un appel pour la sauvegarde de ces lieux exceptionnels.
15. Enlevé le 11 juin, Einfried von Holleben, ambassadeur d'Allemagne au Brésil, est relâché en échange de la libération de quarante prisonniers politiques.
18. Au Royaume-Uni, Edward Heath devient Premier ministre après la victoire surprise des conservateurs aux élections régionales. Il succède au travailliste Harold Wilson.
21. Dans un climat de contestation générale, le président José Velasco Ibarra, qui accomplit son cinquième mandat à la tête de l'Équateur, s'arroge les pleins pouvoirs, dissout le Congrès et suspend la Constitution. Il sera renversé par un coup d'État en 1972.

Juillet

1er. Le programme du nouveau gouvernement britannique est présenté solennellement au Parlement, à Londres. Le discours que prononce Élisabeth II à cette occasion est télévisé et en couleur, une première.
4. Le tournoi de tennis de Wimbledon, au Royaume-Uni, a vu la victoire, chez les hommes, de l'Australien John Newcombe, qui a battu en finale son compatriote Ken Rosewall. Chez les femmes, l'Australienne Margaret Smith

Court s'est imposée en finale contre l'Américaine Billie Jean King.
13. Le président Mao Zedong rencontre en Chine André Bettencourt, ministre français du Plan et de l'Aménagement territorial.
22. Des membres de l'Armée de libération nationale (ELN), la guérilla bolivienne, enlèvent deux techniciens est-allemands à Teoponte. Les otages seront échangés contre dix prisonniers politiques.
30. Un tremblement de terre fait cent soixante-quinze morts dans le nord de l'Iran.

Août

9. Un avion de la compagnie nationale péruvienne Lansa s'écrase dans les Andes. Sur les cent personnes présentes à bord, seul le copilote a survécu.
9. La collision de deux trains près de Bilbao, en Espagne, fait plusieurs dizaines de morts et quelque cent quatre-vingts blessés.
12. Marie-Antoinette Iôn, l'épouse du Premier ministre français Jacques Chaban-Delmas, meurt dans un accident de la route.
14. La Yougoslavie et le Vatican renouent leurs relations diplomatiques, suspendues depuis dix-huit ans.
17. Soleimane Frangié est élu président de la République du Liban.
30. Dans la zone du canal de Suez, Israël abat cinq chasseurs Mig 2 égyptiens pilotés par des Soviétiques.

Septembre

8. Les pays non alignés se réunissent pour trois jours à Lusaka, en Zambie. C'est leur troisième conférence depuis la création du mouvement, en 1961.
11. Une tornade fait onze morts et des centaines de blessés dans la région de Venise, en Italie.
11. Le typhon Georgia tue plusieurs dizaines de personnes aux Philippines.
19. Le prolongement de la ligne 8 du métro parisien jusqu'à Maisons-Alfort est inauguré.
19. Le Premier ministre Jacques Chaban-Delmas est élu député de la 2e circonscription de Bordeaux, battant très largement, notamment, Jean-Jacques Servan-Schreiber, candidat du Parti radical socialiste.
15. Le Norvégien Edvard Hambro est élu président de la 25e session de l'Assemblée générale des Nations unies.
24. En France, le turbotrain Paris-Cherbourg est mis en service.
25. L'écrivain américain d'origine allemande Erich Maria Remarque (né Erich Paul Remark), auteur du célèbre *À l'ouest rien de nouveau* (1929), s'éteint à l'âge de soixante-douze ans, à Locarno, en Suisse.

Octobre

3. En France, le gouvernement porte de 100 à 120 francs la redevance pour les téléviseurs.
7. Parution en France du premier tome des *Mémoires d'espoir* du général de Gaulle.
8. Des pluies torrentielles s'abattent sur la région de Gênes, dans le nord de l'Italie, entraînant de dramatiques inondations qui font trente-cinq morts et huit disparus, tandis que des milliers de personnes doivent être évacuées.
10. Les îles Fidji proclament officiellement leur indépendance lors d'une cérémonie présidée par le prince Charles, fils de la reine britannique Élisabeth II. Le pays, ancienne colonie britannique, devient le trentième membre du Commonwealth.
18. Chef du Front de libération nationale (FLN) durant la guerre d'indépendance algérienne et opposant au régime en place en Algérie du général Houari Boumédiène, Krim Belkacem est découvert assassiné dans un hôtel de Francfort, en Allemagne.
24. La police met la main sur 52 kilos d'héroïne dissimulés dans une voiture à Paris.
24. Les représentants des cent vingt-sept pays membres célèbrent à New York les vingt-cinq ans d'existence de l'Organisation des nations unies.
25. Le général René Schneider, chef des Armées chiliennes, succombe aux blessures qu'il a reçues trois jours plus tôt alors que des militaires putschistes tentaient de l'enlever.

Novembre

1er. Arrivé à la tête du Congo-Kinshasa en 1965 à la faveur d'un coup d'État, le général Mobutu est élu président du pays à la quasi-unanimité. Il était le seul candidat à ce scrutin. Il conservera le pouvoir jusqu'en 1997.
11. La célèbre firme britannique Rolls Royce, qui fabrique des voitures de luxe et des réacteurs d'avion, annonce, à la stupeur générale, enregistrer un déficit de l'équivalent de 634 millions de francs. Le titre s'effondre en bourse. Rolls Royce déposera le bilan en février 1971, avant d'être nationalisée et de reprendre ses activités.
12. Le leader soviétique Andreï Gromyko est reçu au Vatican par le pape Paul VI.
12. En URSS, l'écrivain Andreï Amalrik, auteur de *L'Union soviétique survivra-t-elle jusqu'en 1984 ?*, est condamné à trois ans de détention pour avoir « diffamé l'État soviétique ».
16. En Jordanie, de violents combats entre l'armée et des Palestiniens font une vingtaine de morts et de nombreux blessés.
16. Le physicien nucléaire soviétique Andreï Sakharov crée le Comité pour la défense des droits de l'Homme en URSS et la défense des victimes politiques. Son engagement en faveur de cette cause lui vaudra de recevoir le prix Nobel de la paix en 1975.
19. Le Grand Prix du roman de l'Académie française revient à Bertrand Poirot-Delpech pour *La Folle de Lituanie*.
20. Le magazine *Elle*, dirigé par sa fondatrice Hélène Lazareff, organise des états généraux de la femme à Versailles.

21. Au Nord-Viêt Nam, les Américains mènent d'importants bombardements.
22. Un groupe d'émigrés guinéens hostiles au régime de Sékou Touré et appuyés par des militaires portugais prend des bâtiments publics de la capitale de la Guinée, Conakry, et libère des prisonniers politiques. Le pouvoir parvient à reprendre le contrôle de la situation quelques heures plus tard. D'autres attaques suivront dans les prochains jours, ainsi qu'une épuration de grande envergure conduite par Sékou Touré.
23. Le souverain pontife Paul VI promulgue un *motu proprio* en vertu duquel les cardinaux âgés de plus de quatre-vingts ans ne pourront désormais plus prendre part à l'élection du pape.
25. Paul VI, qui a entrepris un voyage de dix jours en Asie et en Océanie, échappe à un attentat à son arrivée à Manille, aux Philippines.
25. Le président des États-Unis, Richard Nixon, limoge son sécrétaire à l'Intérieur Walter Hickel, officiellement pour « manque de confiance mutuelle ». Six mois plus tôt, le ministre avait adressé au président une lettre, publiée, dans laquelle il lui demandait de prêter une plus grande attention au malaise de la jeunesse américaine.
29. Félix Houphouët-Boigny, au pouvoir depuis 1960, est réélu, pour un troisième mandat de cinq ans, président de la République de Côte d'Ivoire. Il était le seul candidat en lice. Quatre autres mandats suivront.
30. En France, le prix Médicis est attribué à Camille Bourniquel pour *Selinonte ou la Chambre impériale*, tandis que le prix Fémina revient à François Nourissier pour *La Crève*.
30. En France, les enseignants du secondaire sont en grève pour 48 heures.

Décembre

1er. Des nationalistes basques enlèvent Eugen Beihl, consul d'Allemagne de l'Ouest, non loin de Saint-Sébastien, en Espagne. Le diplomate sera libéré le 25 décembre.
7. Au Pakistan, les deux partis d'opposition sortent largement vainqueurs des élections générales, remportant les deux tiers des sièges.
7. Giovanni Bucher, l'ambassadeur de Suisse au Brésil, est enlevé à Rio de Janeiro par des membres de l'Avant-garde populaire révolutionnaire. Il sera libéré le 6 janvier 1971 après la libération et l'expulsion vers le Chili de soixante-dix prisonniers politiques.
8. Une grève générale a lieu au Royaume-Uni, en protestation contre un projet de réforme de la législation du travail.
12. Réunis à Caracas, au Venezuela, les membres de l'Organisation des pays exportateurs de pétrole (OPEP) décident d'augmenter le prix du pétrole, de faire front commun et d'entamer des négociations avec les grandes compagnies pétrolières internationales.
14. En France, Maurice Genevoix reçoit le Grand Prix national des Lettres.
14. Rencontre à Nouadhibou, en Mauritanie, entre le roi du Maroc Hassan II, le président mauritanien Moktar Ould Daddah et le chef de l'État algérien Houari Boumédiène. Au cours de cette entrevue historique, les trois dirigeants manifestent leur adhésion au principe de l'autodétermination des populations du Sahara.
15. Les pays membres de l'Organisation de l'aviation civile internationale (OACI) adoptent à La Haye, aux Pays-Bas, une convention internationale pour la répression de la capture illicite d'aéronef, autrement dit de la piraterie aérienne.
17. Alors que se multiplient en Espagne des manifestations en faveur des nationalistes basques jugés à Burgos, une contre-manifestation favorable à Franco rassemble quelque cent mille personnes à Madrid. D'autres suivront dans les prochains jours.

INDEX 1970

CRÉDITS

AFP

© AFP : pp. 11h, 14h, 16b, 22m, 25h, 25b, 27h, 33h, 35h, 35b, 40h, 41h, 49bd, 51bd, 75m, 90bd, 91h, 101m, 102, 105h, 106h, 108h, 108b, 110h, 112bd, 118h, 118m, 118b, 129b, 136h, 146h, 146b, 148b, 152h, 152b, 154h, 155bd, 159h, 160hd, 161h, 161b, 163b.
© ABC CHRISTOPHEL/AFP : p. 52b.
© ANP/AFP : p. 20h.
© KIPPA/ANP/AFP : p. 115b.
© Georges BENDRIHEM/AFP : p. 44hg.
© Rhata BENGHATIT/AFP: p. 13h.
© DESK/AFP : p. 19b.
© DPA Picture-Alliance/AFP : pp. 10h, 138b.
© FILES/DPA Picture-Alliance/AFP : p. 114b.
© Konrad GIEHR/DPA Picture-Alliance/AFP : p. 97b.
© HEIDTMANN/DPA Picture-Alliance/AFP : p. 79h.
© Dieter KLAR/DPA Picture-Alliance/AFP : pp. 39b, 42m.
© Sven SIMON/DPA Picture-Alliance/AFP : p. 78h.
© WEREK/DPA Picture-Alliance/AFP : p. 78m.
© EPOCA FILMS/TALIA FILMS/CHRISTOPHEL/AFP : p. 84h.
© FILES/AFP : p. 160hg.
© FILES-IPPA/AFP : p. 61h.
© Yves GACON/AFP : p. 34hg.
© Franck GUIZIOU/HEMIS/AFP : p. 72.
© Bernard ALLEMANE/INA/AFP : pp. 39h, 145h.
© Georges CHEVRIER/INA/AFP : p. 53h.
© Jacques CHEVRY/INA/AFP : pp. 32h, 50mg.
© Aimé DARTUS/INA/AFP : p. 125h.
© Georges GALMICHE/INA/AFP : p. 95.
© Claude JAMES/INA/AFP : p. 85b.
© Daniel LEFEVRE/INA/AFP : p. 51mg.
© Alain LIENNARD/INA/AFP : pp. 50bd, 91m.
© Josée LORENZO/INA/AFP : p. 49mg.
© Jean-Claude PIERDET/INA/AFP : p. 53b.
© JUVAGOL-MEXPORT/AFP : p. 79b.
© LA PROVENCAL/AFP: p. 40b.
© François MAZURE/AFP : p. 11b.
© Marcel DOLE/PHOTO12/AFP : p. 87h.
© Michael HOLTZ/PHOTO12/AFP : p. 38h.
© SPUTNIK/AFP : pp. 24h, 34b, 100m, 117hg, 117hd.
© BELYETSKIY/SPUTNIK/AFP : p. 104md.
© ERMOSHKIN/SPUTNIK/AFP : p. 153b.
© KUZNECOV/SPUTNIK/AFP : p. 13b.
© MALYSHEV/SPUTNIK/AFP : p. 121b.
© Lev NOSOV/SPUTNIK/AFP : p. 96bg.
© Vladimir VDOVIN/SPUTNIK/AFP : p. 165b.
© STAFF/AFP : pp. 101b, 129hg.
© STF/AFP : pp. 21b, 29h, 63m, 69h, 120h, 120b, 138h, 140m, 145b, 149h.
© TASS/AFP: p. 16h.
© UPI/AFP : pp. 8m, 134, 162b, 163h.

AKG-IMAGES

© akg-images : pp. 30hg, 36h, 36m, 103 bg, 109h.
© Album/akg-images : p. 86h.
© 20 TH CENTURY FOX/Album/akg-images : pp. 23h, 67hd.
© CINERAMA/Album/akg-images : p. 85h.
© DISNEY/Album/akg-images : p. 87b.
© FILMS CORONA VALORIA/Album/akg-images : p. 62b.
© FILMS DU CAROSSE ARTISTES ASSOCIÉS/Album/akg-images : p. 82.
© MARKET SQUARE PRODUCTION/Album/akg-images : p. 84b.
© Claude MATHIEU/Lira/Fida/Album/akg-images : p. 9h.
© POLYSCOPE BV KODANSHA/Album/akg-images : p. 67m.
© PARAMOUNT PICTURES/Album/akg-images : pp. 54b, 86b.
© Paul ALMASY/akg-images : pp. 14b, 20b, 71b, 73h.
© ARKIVI/akg-images : p. 17.
© Bildarchiv Monheim/akg-images : p. 70hd.
© Jacques BOISSAY/akg-images : p. 122h.
© Hervé CHAMPOLLION/akg-images : p. 136b.
© East News/akg-images : p. 162hd.
© Daniel FRASNAY/akg-images : p. 94h.
© François GUÉNET/akg-images : p. 116bg.
© HERITAGE-IMAGES NATIONAL MOTOR MUSEUM/akg-images : p. 141h.
© IMAGNO VOTAVA/akg-images : p. 113m.
© INTERFOTO/akg-images : pp. 71h, 115h, 130b.
© Mondadori Portfolio/ akg-images : pp. 66m, 78b, 107h, 133bg.
© Mario DE BIASI/Mondadori Portfolio/akg-images : p. 19h.
© PICTURE ALLIANCE PHOTOSHOT/akg-images : p. 76m.
© PICTURE ALLIANCE DPA/akg-images : pp. 31h, 31bd, 31bg, 38b, 113b, 126-127, 128md, 162hg.
© Pictures From History/akg-images : pp. 30hd, 63b, 105bd, 155h.
© Science Photo Library/akg-images : p. 58b.
© Science Source/akg-images : p. 66b.
© Jürgen SORGES/akg-images : p. 70hg.
© SPUTNIK/akg-images : pp. 24b, 109md.
© ULLSTEIN BILD/akg-images : p. 142h.
© UNIVERSAL IMAGES GROUP/akg-images : pp. 80h, 144h, 154m.
© Hugues VASSAL/akg-images : pp. 42h, 44m, 47h, 47b.
© Jacques VIOLET/akg-images : pp. 21h, 122b.

LEEMAGE – BRIDGEMAN – RUE DES ARCHIVES

© Leemage : pp. 127, 150h.
© Agip/Leemage : pp. 8h, 12h, 12b, 23b, 28b, 43h, 43b, 46hd, 46mg, 48hd, 55m, 60m, 64h, 64b, 65hg, 65md, 68b, 77m, 88h, 90mg, 106b, 113h, 124m, 125b, 128hg, 140h, 141b, 147bg, 147bd, 148h.
© ARCHIVIO ARICI/Leemage : pp. 97h, 123.
© Luc BOEGLY/ARTEDIA/Leemage : p. 71m.
© Gerald BLONCOURT RDA/Leemage : p. 164h.
© Giovanni CORUZZI/Leemage : pp. 48hg, 61b, 76b.
© DPA PICTURE ALLIANCE/Leemage : pp. 62h, 74h, 157h, 157b, 159b.
© FARABOLA/Leemage : pp. 56b, 126bg, 142b.
© FOTOGRAMMA/Leemage : pp. 156hd, 156bg.
© FOTOTECA/Leemage : p. 55b.
© Mael KERNEIS/Leemage : p. 124h.
© KEYSTONE/ZUMA/Leemage : pp. 32b, 37h, 57b, 69b, 74b, 75b, 81b, 99mg, 105bg, 119h, 137b.
© MIRRORPIX/Leemage : pp. 55h, 104bg, 153h.
© MP PORTFOLIO/Leemage : p. 155bm.
© NASA NOVAPIX/Leemage : p. 58h.
© D.DUCROS/CNES/NOVAPIX/Leemage : p. 158b.
© PHOTO JOSSE/Leemage : p. 103bd.
© Michel SIMA/RDA/Leemage : p. 93m.
© Everett/CSU/RDA/Leemage : p. 119b.
© Luisa RICCIARINI/Leemage : p. 27bg.
© Roger ROCHE/Leemage : p. 80b.
© ROXALACH/Leemage : p. 133h.
© SPAARNESTAD/Leemage : p. 133md.
© SSPL/Leemage : p. 59bd.
© SUPERSTOCK/Leemage : p. 137h.
© Ewing GALLOWAY/UIG/Leemage : p. 131b.
© SOVFOTO/UIG/Leemage : p. 154b.
© Underwood Archives/leemage : p. 110b.
© Leemage/Bridgeman: pp. 56h, 67hg, 77h, 77b, 81h, 103h, 144b, 151h.
© Bridgeman : 34-35h, 60h, 83b, 93b, 94b, 100b, 114h, 126h, 129hd, 130h, 132h, 139bd.
© ADEL PRODUCTION/PARAMOUNT PICTURES/DILTZ/Bridgeman : p. 83h.
© Agip/Bridgeman : pp. 10b, 15h, 26h, 26m, 29m, 30b, 73b, 88m, 98, 101h, 131h, 132b, 158h.
© Collection Elzingre/Bridgeman: p. 45mg.
© Everett Collection/Bridgeman : p. 27bd.
© FONO ROMA/CSFF/Bridgeman : 116h.
© LES FILMS CORONA/CSFF/Bridgeman : p. 116bd.
© CSU Archives/Everett Collection/Bridgeman: p. 26b.
© GRANGER/Bridgeman: pp. 59h, 59bg, 135b.
© Louis MONIER/Bridgeman : p. 9b.
© Patrick MORIN/Bridgeman : p. 18h.
© PICTURE ALLIANCE/Bridgeman: p. 54hg.
© PVDE/Bridgeman : pp. 52h, 135h.
© René SAINT PAUL/Bridgeman : pp. 112bg, 139bg
© Brigitte HELLGOTH/SZ PHOTO/Bridgeman : p. 92h.
© TALLANDIER/Bridgeman : p. 89h.
© Everett BAC/Rue des archives : p. 45b.
© IMAGO/rue des archives : p. 76h.
© PICTURE ALLIANCE/Rue des archives : p. 66h.

ROGER-VIOLLET

© Roger-Viollet : pp. 28h, 33b, 41b, 57h, 89b, 99b, 107b, 117b, 139h, 143h, 150b, 151m, 151b.
© ALINARI/Roger-Viollet : p. 104h.
© Vincenzo BALOCCHI/ALINARI/Roger-Viollet : p. 18m.
© Bibliothèque Marguerite Durand/Roger-Viollet : p. 111bd.
© Jean-Pierre COUDERC/Roger-Viollet : p. 149b.
© Jacques CUINIÈRES/Roger-Viollet : p. 15b.
© Catherine DEUDON/Roger-Viollet : p. 111bg.
© Iberfoto/Roger-Viollet : p. 143m.
© Jean MARQUIS/Roger-Viollet : p. 99hd.
© PA Archive/Roger-Viollet : p. 22b.
© The Image Works/Roger-Viollet: p. 165h.
© TopFoto/Roger-Viollet : p. 121h.
© Ullstein Bild/Roger-Viollet : pp. 37b, 68m, 96hd, 164b.

PHOTOS DE COUVERTURE

Haut gauche : © AFP
Haut droit : © Agip/Leemage
Bas gauche : © CSU Archives/Everett Collection/Bridgeman
Bas droit : © Farabola/Leemage

MIXTE
Papier issu de sources responsables
FSC® C118234

Achevé d'imprimer en Slovénie en janvier 2021

Dépôt légal : Octobre 2019